BLUE BOOK OF CHINA'S
INTELLIGENT
FINANCIAL INDUSTRY

中国智能金融产业蓝皮书

张世强 编著

图书在版编目（CIP）数据

中国智能金融产业蓝皮书/张世强编著. —北京：中国发展出版社，2018.3

ISBN 978-7-5177-0825-4

Ⅰ.①中… Ⅱ.①张… Ⅲ.①智能技术—应用—金融业—研究报告—中国 Ⅳ.①F832-39

中国版本图书馆CIP数据核字（2018）第023473号

书　　名：中国智能金融产业蓝皮书
著作责任者：张世强
出 版 发 行：中国发展出版社
（北京市西城区百万庄大街16号8层　100037）
标 准 书 号：ISBN 978-7-5177-0825-4
经　销　者：各地新华书店
印　刷　者：三河市东方印刷有限公司
开　　本：787mm×1092mm　1/16
印　　张：16
字　　数：240千字
版　　次：2018年3月第1版
印　　次：2018年3月第1次印刷
定　　价：88.00元

联 系 电 话：（010）68990646　67899620
购 书 热 线：（010）68990682　68990686
网 络 订 购：http://zgfzcbs.tmall.com
网 购 电 话：（010）68990639　88333349
本 社 网 址：http://www.develpress.com.cn
电 子 邮 件：cheerfulreading@sina.com

《中国智能金融产业蓝皮书》编委会

序

金融是现代经济的核心，更是国民经济的血脉。2017 年全国金融工作会议上，习近平总书记强调，金融是国家重要的核心竞争力，金融安全是国家安全的重要组成部分，金融制度是经济社会发展中重要的基础性制度。党的十九大指出，中国特色社会主义进入了新时代，我国主要矛盾已经转化为“人民日益增长的美好生活需要和不平衡不充分的发展之间的矛盾”。作为优化配置资源的重要手段，金融服务实体经济的能力在解决发展“不平衡不充分”问题中扮演着不可或缺的关键角色。党的十九大进一步提出了“贯彻新发展理念，建设现代化经济体系”，要求“加快建设实体经济、科技创新、现代金融、人力资源协同发展的产业体系”。2017 年 12 月 8 日，习近平总书记在中共中央政治局就实施国家大数据战略进行第二次集体学习时指出，推动互联网、大数据、人工智能同实体经济深度融合。智能金融作为科技创新与现代金融融合发展的新型业态，已经成为“增强金融服务实体经济能力”以及“守住不发生系统性金融风险底线”的重要策动力。

当前，我国金融业处于产业变革的关键时期，机遇与挑战并存。一方面，金融增长与实体经济发展相背离是目前我国经济发展呈现“脱实向虚”的根源。随着我国金融市场化程度的进一步提升，金融市场持续扩张，资本流动规模和频率不断上升，导致虚拟经济急剧膨胀，资金“脱实向虚”的趋势越来越明显。另一方面，在金融网络化程度越来越高的趋势下，金融风险呈现出越来越明显的多元性、复合性和交叉性的特征，变得更加隐蔽、更具扩散性和破坏性，系统性风险陡然上升。与此同时，以高精尖技术在金融领域的应用为特征的新一轮的金融创新开始提速，传统金融的壁垒正在松动，以智能金融为特征的新金融时代将要来临。

当前，互联网、大数据、人工智能等技术的广泛应用正改变着金融业的内部结构和外部环境，加速重构金融的业态和格局，推动金融业向着智能金融转变。人工智能等最新科技向金融领域加速渗透，金融的发展空间获得了空前提升，金融的科技化、普惠化以及安全化已经成为难以逆转的潮流。金融与人工智能具有天然的耦合性，二者的结合拓宽了金融的服务领域，降低了金融服务的成本，带来了更加个性化和多样化的服务形式，增强了金融的普惠性。金融科技已经成为金融创新的重要力量。可以预见，随着科技的持续进步，科技驱动的金融创新将会加速出现，金融业将会进入一个全新的发展阶段。在后金融危机时代，智能金融的兴起不仅扮演着助力实体经济改革创新和转型升级的关键力量，而且担负着稳定日益复杂和严峻的金融安全形势的重要使命，战略意义十分显著。

我国正处于“三期叠加”的特殊阶段，经济结构面临深刻调整。国内外经济和金融形势愈加复杂，进一步加大了国内实体经济发展的不确定性，加剧了解决经济社会发展中的深层结构问题。在国内金融市场变革加快、系统性风险上升的背景下，做好金融风险防范工作，促进金融业态创新，是应对我国目前经济虚实失衡、结构矛盾突出的当务之急。在新时代，我国金融业应当把握新一轮科技浪潮的重大机遇，在智能金融领域率先布局，以此来推进金融业供给侧结构性改革，增强金融服务实体经济的能力，守住不发生系统性风险的底线，助力现代化经济体系建设。

科技的快速发展正在开启金融的新纪元，一个更加开放、包容、平等的金融格局初露端倪，整个社会经济结构的深度变革已箭在弦上。值此金融变革之际，我们系统梳理了金融发展的最新动向，对智能金融的现状和趋势做了较为全面的介绍和分析，最终形成了本书。本书编著的初衷是希望能够为智能金融的发展做出一些有益的探索，我们也欢迎业内人士以及关心金融发展的读者们与我们共同讨论交流金融未来的发展。

国研智库董事长　包月阳

2018 年 3 月

前　言

金融是现代信息技术与实体经济深度融合的重要通道，随着人工智能强势崛起，智能金融时代正扑面而来，汹涌之势无法阻挡。进入21世纪，大数据快速应用不断加速着金融的普惠化，进一步为智能金融打开了成长空间，嗅觉敏锐的各类资本纷纷瞄准这一领域加速布局，全球数百亿美元的市场争夺战已经打响，仅中国市场的人工智能类企业就已经超过千家，并以无法想象的速度持续扩张。人工智能与金融的结合正在构建新的金融格局和金融秩序，为弥补传统金融功能短板、克服旧金融体系的内在缺陷创造改革机遇，同时也开始以某种特别的方式挑战人类的道德底线和心理防线，对金融监管者的能力提出了新的要求，带来了一系列关于人机关系的新课题。

纵观全球，金融业已成为技术革新和商业应用方向最契合的领域之一，智能金融正在开启人类经济和社会运行的新时代。从微观层面来看，人工智能将推动金融业跨入高度数据化轨道，帮助金融企业更准确地进行身份认证、更科学地进行风险管理和控制、更全面地解读市场信息、更合理地提出投资策略和运营方案，在节省人力的基础上大幅度提高金融企业的效率和效益；从宏观层面来看，人工智能有望改变传统金融业的生态，改变银行等金融机构的经营模式，打通不同金融业态的连接渠道，使大金融系统内各个板块之间的联系更加紧密，行业聚合效应、产品智能程度和服务普惠性明显提升。

与此同时，对智能金融的担忧也开始蔓延。由于金融行业对人工智能的感知最为敏锐，对金融智能化趋势的担忧更多的时候也就是对人工智能本身的担忧。从市场层面来看，一些标准化程度极高且较多依靠体力的低专业技能岗位正在悄然消失，越是智能化的科技对职业岗位的替代率越高，“失业”问题会不会骤然爆发令人担心；从社会层面来看，人工智能会不会让机器产生自我意识，从而做出一些冲击人类道德和心理底线的事情，引发了不少人的忧虑，极端者甚至认为这是人类迈向自我毁灭的开始。

“服务实体经济、防控金融风险、深化金融改革”是当下所有金融工作者共同追求的目标，写作本书则仅仅出于行业常识普及和理论探索的目的，我们希望能为一切对智能金融话题感兴趣的读者提供一个全窗口了解的框架图。全书分为十章，前两章概述了智能金融的发展现状以及时代新机遇，第三章至第八章分别从智能客服、智能获客、智能银行、智能投顾、智能风控等角度分领域介绍了智能金融的重点应用板块，最后两章基于对智能金融未来趋势的预测（特别是限制因素和潜在风险）提出了我国智能金融产业发展的建议。

本书写作之际，正值“北京国际智能金融产业示范区”被列入“北京市服务业扩大开放综合试点”金融服务领域示范项目，这意味着北京市在智能金融领域率先进行了尝试，有望将金融服务业带向一个新的高度。尽管我们在努力追赶科技的脚步，但信息时代，每天都是新的，书中不足之处，请读者朋友们指正。

目　录

第一章

智能金融的产生及发展现状

智能金融依赖于金融科技，侧重于人工智能技术的合理运用，聚焦于金融服务的高效性与便捷性的提升。尽管国际上对于智能金融尚未有统一的定义标准，但近年来人工智能的再次兴起给金融业带来了无尽的想象空间，二者的融合发展将金融科技推向舆论和市场的巅峰，不仅引起了金融行业的重大变革，而且正在给整个社会经济结构带来日益深远的影响，其产生的背景、发展演变的过程和当下展示出来的突出特征都值得积极关注。

一、智能金融的产生背景及突出特征

随着互联网科技的快速兴起，作为计算机科学分支的人工智能技术被带到了一个新的高峰，金融业也面临着向海量数据收集、精准高效决策分析的方向转型。在这样的背景下，“人工智能 + 金融”应运而生，它不同于传统金融、互联网金融、金融科技，是一个全新的概念。

（一）智能金融产生背景及主要逻辑

智能金融（Intelligent Finance，简称为 IF）是将人工智能全面应用于金融的产物，以人工智能、大数据、云计算以及区块链等高新科技为核心要素，它能够有效地提升金融机构的服务效率，将金融服务的广度和深度拓展到一个新的高度，使得全社会都能够获得具有平等、高效、专业性质的金融服务，从而实现金融服务的智能化与个性化以及定制化。也就是说，智能金融就是建立在金融物联网基础上，通过金融云使金融行业在业务的开拓、业务的流程和业务客户服务等方面得到全面的提升，进而能够实现金融业务、金融管理、金融安防智慧化的一种金融服务。智能金融的产生依赖于科技的发展，特别是人工智能的出现，更归功于金融行业对传统金融业进行的改革创新。

互联网、大数据等科技的发展催生出了人工智能，人工智能是计算机科学的一个分支。人工智能就是研究如何将人类才能做的工作以及智能赋予到计算机身上，换句话说，人工智能其实就是研究如何使用计算机去做过去只有人类才能够做的工作。人工智能的出现对很多已经开始进入萧条时期的行业来说简直如沐春风，他们在人工智能的身上寻找到了自身行业的转机。人工智能能够节省很多人力物力，使得行业的成本大大降低，因而更加获得资本的欢迎与接受。与此同时，传统金融行业在科技与时代的冲击下，不得不寻求创新与发展，为自己谋一条“生路”，在这种情况下，金融行业看到了人工智能的出现，同时也看到了金融行业的光明前景——就是与人工智能结合，在降低金融行业成本的同时提供更加高端化、智能化、个性化、定制化的金融服务。

人工智能的强项在金融行业方面，体现在其具有精准的理性分析、高效的决策和强大的信息储备能力，这些都是金融行业未来的发展方向，而这正是人工智能的强项。在这样的时代背景下，金融与人工智能结合而成的产物——智能金融出现了。科技进步让人工智能技术从幻想一步步变成现实，同时也逼得传统金融行业开始寻求创新和转型发展。这样金融行业与人工智能才能得以结合，衍生出新的金融行业——智能金融。这是一个跨时代的、具有革新意义的创新，也是新金融体系中不可分割的一种金融类型，不仅对于金融这个行业体系来说极其重要，而且对于人类发展史来说也是一个“里程碑”式的跨越。人工智能在处理信息方面的强大能力对于金融这样一个纯数据的行业来说可谓是如虎添翼。同时，相较于人工来讲更强，人工智能够给金融行业提供的投资策略等也更为多样化，还可以避免人工操作的人为主观性，所以相对更加的客观与公正。除此之外，人工智能还可以让客户享受到更加智慧、更加主动的金融服务以及更加高效率、高安全性的智能化投资，甚至于未来的金融服务生态也有可能因此而重构。在这样的背景下，借助科技引领金融，通过携手优秀的第三方机构合作，建立专业、安全、体验好的科技智慧金融服务体系，成为很多互联网金融企业未来的战略方向。

（二）智能金融与传统金融的联系与区别

传统金融，主要是指只具备存款、贷款以及结算三大传统业务的金融活动。在广义上的金融泛指一切与信用货币的发行、兑换、保管、融通、结算等有关的经济活动，甚至还包括金银的买卖，但是狭义的金融专指信用货币的融通。简单来说，金融就是资金的融通。金融与科技的结合虽然仍然保留了金融的本职属性，但仍然让金融形态出现了一些变化。我们所研究的智能金融与传统金融之间存在着一定的联系和不可忽视的区别。

智能金融虽说是新金融体系改革创新和转型升级而衍生出的产物，但是它与传统金融还是具有一些联系的。智能金融在本质上是为了推动资金的有序流动，反观传统金融体系，它的所有金融活动的本质同样是为了推动资金的有序流动。这在一定程度上说明了智能金融与传统金融是存在一些联系的。除此之外，智能金融是在传统金融的基础上运用人工智能技术衍生出来的一种新兴形式的金融服务，是在传统金融的实物金融基础上而进行的金融活动，同时智能金融的产生依赖于传统金融的转型升级与改革创新。

除去这些联系，智能金融与传统金融的区别还是比较多的，智能金融并不是传统金融信息化的升级版本，也不是传统金融的网络化，事实上，智能金融和传统金融有着显著的区别，智能金融彻底改变了传统金融的服务主体、服务内容、服务方式和服务组织。具体体现在四个方面：一是服务主体不同；二是市场主导不同；三是服务状态不同；四是演化动力不同。

智能金融与传统金融的区别具体为：其一，服务主体不同。在传统金融的情况下，金融机构与用户形成一对一的服务关系，也就是说金融机构分别向每一个用户提供服务。例如银行、保险、证券及中介服务机构等，凭借自身建设的网点、网站，分别为客户提供金融服务。各家金融机构以及中介服务机构则各自为战，行业之间各家金融机构竞争多于合作，每个金融机构基本上独立完成主要的营销活动，包括寻找用户、制定营销组合、售后服务等。然而到了现在，中国的中小企业已达到千万量级，由银行包揽全部业务过程显然已经不现实，也就是说，原有金融服务模式已经不能满足实际的发展需要。而且，一个行业成功的秘诀之一就是“合作”，而智能金融的新兴模式为各金融机构带来了转机，带来了合作中又不乏竞争的光明前景。在智能金融体系下，金融服务的形式呈现多对一的服务关系，即多个金融机构通过合作连接在一起，形成一个共同体，大家各尽所长，形成一个完善的产品，然后共同服务同一个用户。这样不仅服务效率会大大提高，客户对于金融服务的满意度也会更上一层楼。金融机构之间以及金融机构与用户之间依托开放的服务平台，互联互通，相互交换信息，形成紧密的分工和协作关系。每个金融机构都只是服务链条的一个节点，按照服务分工，充分发挥自身优势，为用户提供专业化的服务。①所有这些节点的专业化服务汇集到一起，形成一个个完整的一站式服务包，分别作为一个整体呈现给用户，用户的体验满意度提高了，就会有更多的人投入到金融行业，这样就会大大提升金融行业的盈利，因此相较于传统金融而言，智能金融效率更高，服务成本更低，也代表了未来金融业的发展方向。

（三）智能金融与互联网金融的联系与区别

根据中国人民银行等十部门发布的《关于促进互联网金融健康发展的指导意见》，互联网金融是指传统金融下的金融机构与新兴的互联网企业利用目前的互联网技术以及信息通信技术来实现资金支付、投资、融通和信息中介服务的新型金融业务模式。然而，它并不仅仅是互联网和金融行业的简单结合，而是在实现了安全、移动等网络技术水平上，在网络大幅度普及和被接受后，为了满足新需求而产生的新业务以及新模式，这是传统金融行业与互联网技术融合发展的新兴业态。与此同时，互联网与金融行业相结合的互联网金融是依托云计算、大数据等最新技术，在开放的互联网平台上形成的功能化金融业态及其服务体系，包括基于安全的网络平台的金融服务体系、金融组织体系、金融市场体系、金融产品体系以及互联网金融监管体系等，并且同时具有信息金融、普惠金融、碎片金融和平台金融等与传统金融不同的金融业务模式。智能金融将会是互联网金融未来发展演变的重点方向之一。

智能金融和互联网金融之间联系还是比较紧密的。第一，就其特点而言，二者都有成本低、效率高、覆盖面广、发展速度快等特点。首先，智能金融和互联网金融都依托于计算机的发展，二者随着科技的发展而出现，都在与金融行业结合形成新的金融服务之后，都为金融行业节省了大量的人力物力，使得金融行业开展金融服务的成本大大降低；其次，通过互联网和人工智能技术也就是包括使用云计算、

① 叶秀敏：《智慧金融的特征及与传统金融的区别》，《信息化建设》，2012 年第 9 期。

大数据库、物联网技术等去收集信息来进行一系列的金融服务，大大增高了金融服务的效率，毕竟信息化对于金融行业来说是极其重要的，而互联网和人工智能都能够为金融行业收集到更大量、更全面、更具体的信息；除此之外，二者还都具有覆盖面广和发展速度快等特点，互联网和人工智能自出现到覆盖全世界就用了相较而言比较短的时间。就我国而言，互联网的覆盖面到目前为止已经超过80%，而人工智能技术更是渐渐深入到人们的生活，比如手机上的微助理等等都是人工智能的体现。在金融行业更是如此，互联网金融衍生出的众筹、第三方支付、P2P网贷等在生活中更是随处可见，短短时间就已经发展到拥有极大的用户群体，可见其发展速度之快、覆盖面之广。第二，互联网金融和智能金融对信息处理的技术基础都依赖于云计算技术。在目前这个信息大爆炸的时代，金融行业的发展前景必然指向对信息处理又快又好的金融服务，而这种时候融合云计算的互联网金融和智能金融便成为了金融行业创新发展的必然方向。说起云计算，它是基于互联网发展下出现的新型计算模式，它将数据、应用、软硬件等计算资源，以服务的形式通过互联网进行统一调试和管理，然后形成无限扩展的计算资源池，进而供用户随时获取、按需使用①。在云计算的保障下，资金供需双方信息通过社交网络揭示以及传播，被搜索引擎标准化和组织化，最终可以形成时间连续、动态变化的信息序列。可以给出任何资金需求者或者资金需求机构的风险定价或动态违约概率，而且成本还极低。这样，金融交易的信息基础就满足了。

说起智能金融和互联网金融的区别，顾名思义智能金融指的是“人工智能”和金融相结合，而互联网金融则指的是“互联网”与金融相结合。究其本质，互联网金融和智能金融的区别主要在人工智能和互联网的区别上。李彦宏认为，互联网时代在目前可以被分为三个阶段：一个是PC互联网时代，一个是移动互联网时代，还有一个就是正在进入的人工智能时代。② 这只是一个循序渐进的过程，互联网技

① 谢世清：《论云计算及其在金融领域中的应用》，《金融与经济》，2013年第2期。

② 李彦宏：《人工智能的互联网时代已经到来》，《网易科技报道》，2016年第9期。

术的成熟造就了人工智能技术的成功，而人工智能则在互联网的基础上又运用了物联网技术，物联网简而言之就是指把所有物品通过射频识别等信息传感设备与互联网连接起来，实现智能化识别和管理。物联网通过人工智能感知、识别技术与普适计算以及网络的融合应用，被称为继计算机、互联网之后世界信息产业发展的第三次浪潮。物联网技术的成熟则将人工智能推上了成功之巅，以前在互联网时代，人们都是通过键盘、鼠标、触屏等输入设备进行信息输入，可是到了物联网的世界，人们只需要用声音输入、运用人脸识别等输入信息，不仅方便快捷许多，更是科技的一大进步。再说到与人工智能和互联网相结合的金融行业——智能金融和互联网金融，二者便是运用不同的技术在各自的金融服务领域各展拳脚，并且二者的侧重点也不一样，互联网金融侧重于开展众筹、网络信贷、第三方支付等，而智能金融则侧重于开展智能理财项目助手、为客户提供量身订制的个性化服务以及优化金融业务服务等。

（四）智能金融与金融科技的联系与区别

金融科技，由英文单词 Fintech 翻译而来，Fintech 则是由金融“Finance”与科技“Technology”两个词合成而来。金融科技，主要指代那些可用于改革传统金融服务方式的高新技术，同时也是指技术带来的金融创新，它能创造新的模式、业务、流程与产品，既可以包括前端产业也包含后台技术。狭义的金融科技是指非金融机构借助于移动云计算、大数据、人工智能、移动互联网等各项新科技来重塑传统金融机构组织、产品与服务的创新金融活动。从事金融科技的非金融机构普遍具有轻资产、上规模、低利润率、易合规、高创新的特征。广义的金融科技则是指技术创新在金融业务领域的应用，泛指金融与科技的一切结合。FinTech 以技术和数据为核心驱动力，正在渐渐改变金融行业的生态格局。2016 年 3 月，国际金融稳定理事会于首次发布了关于金融科技的专题报告，报告中对“金融科技”的概念进行了初步定义。根据国际金融稳定理事会的定义，金融科技是指技术带来的金融创新，它能创造新的业务模式、应用、流程或产品，从而对金融机构、金融市场和金融服务的提供方式造成重大的影响。

其实就金融科技与智能金融之间的联系来说，二者都是基于云计算、大数据、区块链以及人工智能等一系列的技术创新，并且全面应用于借贷融资、支付清算、零售银行、保险、财富管理、交易结算等六大金融领域。从金融发展的趋势来看，智能金融是金融行业未来的主要形态。同时，金融科技与智能金融一样都是科技与互联网发展的产物，二者联系紧密，并且在一定范围内，二者互相合作，为金融行业带来了更多新的机遇与创新。除此之外，金融科技在智能金融的理财服务上也可以发挥重要的作用，金融科技的作用主要体现在对信息收集与处理的进一步智能化、系统化和自动化趋势，这既包括了前台投资决策，也包括中后台的风险管理和运营管理。

智能金融和金融科技的区别可以用一句话来概括：金融科技是手段，智能金融是目的。具体来讲就是，在金融行业内，随着科技与互联网的飞速发展，传统金融行业面临着不进行改革创新与转型升级就只能止步不前的情况，这种时候就不得不考虑采用科技的新兴手段，将之与金融行业相融合，进而发展出来一个新的金融体系和一些创新的金融服务。在这种情况下，就出现了金融科技，即“金融”与“科技”相结合的产物，也就是运用云计算、互联网、大数据等新的科学技术创造出的新的金融模式。金融科技为金融行业提供了新的发展手段和发展方向，而科技则催生出一系列互联网产物，其中就包括在互联网技术的基础上而衍生出的人工智能，金融科技的发展让人们看到了人工智能与金融行业相结合的光明前景，因此人们采

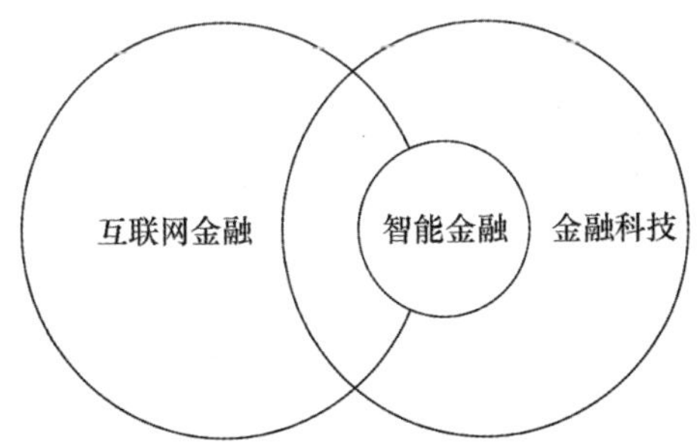

图 1-1　智能金融与互联网金融、金融科技之间的关系

用金融科技的一系列手段也就是云计算、大数据、互联网、区块链等去创造出“人工智能”和“金融”相结合的产物——智能金融。因此我们说，金融科技是手段，而智能金融才是目的，是金融科技发展到一定程度后才诞生出来了智能金融。

二、国外智能金融的发展现状

智能金融是将人工智能与金融行业结合起来所发展的新型金融，主要体现在人工智能技术参与到金融工作的某个环节中，然后提高整体金融工作的效率。人工智能对金融的冲击十分巨大，在并购、证券研究、投资银行业务、财富管理等金融业务上都有渗透，并不断改变着整个金融行业的业态。在国外，虽然智能金融的发展时间并不长，但也有许多值得我们去了解的地方，包括基础信息服务、投资研究系统、融资交易系统以及理财与资管系统等几个方面。

（一）基础信息服务

1. 信息管理系统状况

金融行业的基础数据是极其大量的，基础数据往往又是不开放的，如果被封闭在 Excel、pdf 等文件格式里，人们不得不花很大的精力去收集、整理、处理这些数据，这浪费很多的人力资源。鲍捷认为现在身处移动时代，人们需要经常对信息做轻量级的处理，之前访问性不好的传统金融数据工具已经无法满足需求。通过把数据转化为“链接数据”的技术手段可以提高可访问性。①

不管是在哪个领域，对待基础数据的管理都是至关重要的。在金融行业中，国外发达国家的信息管理系统的特点是：信息技术使用全面推广，设备比较先进、金

① 鲍捷：《知识图谱如何助力实现智能金融》，《金卡工程》，2016 年第 7 期，第 45 ~ 49 页。

融信息系统功能齐全、金融服务完善、金融信息自动化程度高、安全保密性强、关注前沿技术动态，积极利用先进技术、吸收并重视高技术人才，确保金融信息系统建设的标准化。这些发达国家将技术与信息管理结合起来，运用大数据、云计算、人工智能等手段将客户基本信息、企业信息以及其他金融机构的信息系统化的管理起来，不仅便于查找，还使得数据的管理更加轻松方便。

欧美发达国家的信息管理系统的发展现状主要体现在：由之前单纯地使用IT技术对数据进行保存处理转到与客户直接交流为其提供服务；金融信息技术托管范围十分广泛；银行数据中心分布的不断变化；金融信息中心建设强大。可以看出，这些结合了智能因素的信息管理，十分注重信息的备份、恢复建设、共享、低成本化等，对于今后的信息管理系统的发展打下了良好的基础。

2. 政府信息服务状况

大数据时代的政府信息服务开始向个性化、智慧化、泛在化的方向发展，在政府信息服务的创新方面也面临着不同程度的机遇与挑战。政府信息服务领域中，大数据的应用已经成为许多国家政府关注的焦点问题。美国与澳大利亚政府分别在2012年与2013年相继发布了《大数据研究和发展计划》与《公共服务大数据战略》。美国政府还专门组建了相关委员会以从事政府在线服务数据分析与优化工作。[①] 大数据极大地提升了政府在线服务决策制定的科学性。近年来，很多发达国家在线服务平台均采用了以用户为中心的服务方式，建立用户和政府之间服务效果反馈的有效通道的用户需求和行为大数据挖掘技术，探究出了基于不同数据源的政府信息服务创新模式。

国外的政府信息服务起步较早，现在已经发展到一种很成熟的状态。虽然是有很多的发展机遇，但同时也有着诸多的挑战。大数据可能造成政府信息服务公平性的损害。大数据的个性化信息服务的特点，将政府信息服务用户从单一社会群体划

---

① 于施洋、王建冬等：《大数据环境下的政府信息服务创新：研究现状与发展对策》，《电子政务》，2016年第1期，第26~32页。

分为具有不同风险水平的若干个子群体，有可能对社会凝聚力造成潜在的损害，主要是因为若干个子群体的差异化破坏了政府信息服务的均等化原则；在政策制定过程中，操作者意识形态倾向性会对数据采集与解读和发布方式产生影响，进而影响政府信息服务运转；大数据分析在政府信息服务中的应用还有可能会侵害公民的隐私权。

（二）投资研究系统

1. 风险投资状况

风险投资又被称为创业投资、风险资本，具体是指风险投资家将资本用于投资高风险、高收益的高科技产业的一种经济行为。它的服务对象不仅仅局限于那些拥有高科技的企业，还包括具有很大发展潜力的新兴企业或者中小企业。在智能金融的发展中，风险投资是与高新技术产业的发展紧密结合在一起。风险投资公司的资本不仅仅给各国的高科技企业提供了初始资金，还大大方便了高科技企业的融资，为高科技产业的发展提供了有力的资金支持。

20 世纪 90 年代美国的投资行业快速发展，在这背后，运用了大量的互联网高科技领域的概念的炒作，急剧加速了美国的互联网经济的泡沫，2000 年之后的三年风险投资额和项目都在急剧下降。现如今，美国的风险投资迎来了智能化的时代，在以往高科技技术的基础上发展了人工智能，使得风险投资更加智能化，这种风险投资不仅仅推动了人工智能的发展，还促进企业间竞相开发新产品来应对激烈的竞争，这些金融创新不仅服务了美国的经济，使得美国尽早走出危机，而且维持了美国的国际竞争力，让美国在许多方面仍处于世界的领先水平。

2. 母基金服务状况

母基金（FOF）是以股权投资基金作为投资对象的特殊基金。它是一种不直接投资股票债券而专门用于投资其他证券投资基金的基金，通过这种投资其他资金的方式从而间接持有股票、债券资产，是一种结合了基金产品的创新以及销售创新的基金新品种。

在人工智能这一大环境下，欧美等发达国家，其资金来源的 20% 来自于母基金，股权投资基金已经超越了股票的二级市场，并成为了金融业的支柱之一。截至 2016 年末，美国共有 1445 只 FOF，总规模 18703.64 亿美元。在同样发达的欧洲，截至 2016 年末共有 2003 只 FOF，规模达到 3754.45 亿美元。从全球范围来看，2017 年第一季度，共有 11530 只 FOF，全球公募基金 FOF 总规模达到 3.4 万亿美元。其中，美国作为全球基金业最发达的国家，2016 年末 FOF 总规模达 1.8 万亿美元，占到全球 FOF 的 53%。而全球私募股权投资数据库 Preqin 的统计，早在 2006 年，FOFs 就管理了全球私募股权投资基金资产总额的 38%，第二大资金来源公共养老金的比例也只有其 1/2。从国际上看，母基金是帮助投资者买“一篮子基金”的基金，通过专家二次精选，降低非系统性风险，在这一过程中，可以运用人工智能来对风险进行预测、处理，再经过这一数据专家进行选择投资，降低基金投资的风险。

3. 高净值投资人状况

高净值投资人是资产净值在 100 万美元资产以上的人在金融产品或者其他金融服务上投资的社会人群。

在美国，至少有 2023518 个家庭的资产超过 300 万美元，其中，716611 个家庭的资产达到 500 万到 1000 万美元，318978 个家庭的资产超过 1000 万美元。在投资金融产品这一方面，有很多的高净值投资人群表示要增加海外的金融投资，其主要目的就是分散风险，其次就是保值增值。就目前数据来看，这些要求增加海外金融投资的高净值投资人的海外金融投资平均占他们总投资的 16%。在这些人中有将近 80% 的人选择银行作为海外金融投资的主要渠道，然后就是证券、基金、期货公司，紧接着是保险、保险代理公司。高净值人群多选择的海外投资金融产品的国家主要就是美国、中国、澳大利亚、加拿大、英国和日本。

尤其是随着人工智能与金融的结合，高净值投资人看到了金融业的新方向，那些喜欢投资差异化产品，喜欢尝试新事物的投资人更加愿意去接触这一新兴金融领域，当在了解到智能金融所能够带来更加快捷的金融服务，更加高的金融效率时，智能金融就在这些人中逐渐流行起来。在美国，高净值投资人在智能金融领域所投资的数量在逐步增加，虽然智能金融的发展时间不长，但从整个宏观经济的大环境来看，智能金融的发展是非常有前途的。

（三）融资交易系统

1. 企业信用评估

企业信用评估是指信用评估机构对征集到的企业信用信息，依据一定指标进行信用等级评估的活动。

在国外，随着智能金融的发展，在企业的信用评估这一方面出现了基于大数据的企业信用评估方法。这种评估将影响企业信用的影响因素和数据，运用众因子加权聚合贝叶斯算法，计算偿债能力以及财富创造能力对评估主体的影响。运用智能企业信用评估系统计算企业信用的偏离度和可调式核心指数，通过函数预测算法来确定未来周期内受评主体的信用情况，达到企业信用风险预测。根据企业信用的影响因素和数据、影响企业信用因素的权重系数、企业信用风险监测预警的偏离度分析当前企业信用水平，整个过程脱离信用分析师的主观意识，直接由数据决定评估报告，用自然语言生成技术对评估报告进行优化，从而实现高质量的评估报告的自动生成。

在互联网发展的今天，随着大数据、云计算的出现，这些在企业的信用评估中的应用十分的广泛。国外的许多信用评级机构在对企业信用评估时都采用智能的企业信用评估方法对其进行评估。这样不仅更加便捷和高效，而且还能减少在人力这一方面的消耗。按照这样的一个发展趋势来看，智能企业信用评估在国外的发展具有非常可观的前景。

2. 企业风险评估

企业风险评估是对所收集的关于风险管理初始信息和企业各项业务管理及其重要业务流程进行的风险评估，其主要目的是对企业的风险进行查找与描述并对所识别出的各种风险对实现企业目标的风险价值与影响程度进行评价，给出风险控制的优先次序等。具体包括风险识别、风险分析和风险评价三个步骤。① 有关金融企业的风险评估主要包括债券风险评估、证券风险评估、股票风险评估和其他金融衍生品风险评估等。

在国外，人工智能在企业风险评估中应用才刚刚起步，比如在风险评估的模型中，模糊综合评判法、熵理论、神经网络法等是智能方法，但相关应用还不是很广泛，未来仍然是一个具有很大发展空间的领域。

国际金融领域隐藏着诸多风险，有着潜在的危险。众所周知的 1992 年欧洲货币危机，席卷了欧洲的众多国家，芬兰的马克与意大利的里拉不得不由固定汇率变为自由浮动汇率，与此同时，英镑也受到巨大冲击从而退出欧洲货币体系；1998 年的亚洲金融危机，首先席卷泰国，接着马来西亚、新加坡、日本和韩国、中国等地也都遭到金融危机的侵蚀。金融危机导致许多国家经济出现问题，政治上也出现混乱。在金融企业方面，一旦遇上金融危机，很容易面临破产。英国巴黎银行的破产、日本大和银行被停业、香港怡富投资管理公司被吊销营业执照等等都体现出国际金融行业的风险性。随着科技的发展和互联网的出现，经济的发展出现了一种新的动力——人工智能。现阶段，许多金融机构将人工智能运用到金融领域中，比如风险评估、智能客服、智能风控、智能投顾等等。国外人工智能在企业风险评估中的应用还没有达到驾轻就熟的地步，但其发展趋势也是逐渐的将人工智能融入企业风险评估中去。在风险评估方面，金融机构可以与银行进行合作，既能够为银行降低风险成本，还能为银行创造风险定价方面的优势。

（四）理财与资管系统

1. 基金销售

在金融市场中，基金是很重要的一部分。由一只“狗”所引发的一系列的热潮，到现在还未散去，这也掀起了人工智能与基金相结合的热潮。其实，在国外，

① 扎世君、李角奇：《企业全面风险管理的流程及措施》，《企业改革与管理》，2008 年第 7 期。

智能与基金的结合已经出现。比如美国“智能贝塔”在基金投资方面的应用，结合互联网技术特别是大数据设计产品上，基金公司从社交、购物、财经资讯网站或搜索引擎中获得数据并将数据整理作为其选股标准，发行多只智能贝塔产品，这一过程体现出了资产管理人的偏好，也显现出主动管理的迹象。但随着“智能贝塔”的发展，其也出现了很多的问题，比如投资者并没有真正理解什么是智能贝塔，相关概念对于个人投资者过于复杂，难以理解，并且投资回报与传统指数基金不同，费用开销也更高。

在人工智能与基金投资相互结合的这一方面，各个国家还只是处在一个逐渐探索的阶段。部分领域的结合已经发展的相当可观，像大数据与云计算运用到基金销售中去，方便了信息管理，对客户的喜好偏爱有了更加系统化的处理等等。而部分应用则暴露出很多的问题，比如投资与回报差异很大、投资风险很高、客户被骗等等。

2. 智能投资顾问状况

“智能投资顾问，也称智能配置理财，自动化理财等，是指互联网金融平台运用在线风险测评等渠道，收集客户的理财需求、抗风险能力等数据。以投资组合理论为理论基础，量化金融模型人工智能技术分析处理投资者相关数据。并依据计算结果，在线向客户推荐与其自身投资能力相匹配的个性化投资组合方案，并可在后期依据大数据持续追踪投资收益的一种信息智能化投资顾问服务。”①

智能投资顾问是在2010年左右发源于美国，是通过基于互联网技术算法为客户提供资产管理组合建议，包括基金、债权、股票、期权等多类型配置。其业内最知名的两家公司Betterment和Wealth-front，“截止2016年2月底，利用Wealth-front智能投资顾问系统决策投资的金额接近30亿美元，Betterment通过智能系统管理的资金总额在2015年就已超过30亿美元。”

美国智能投资顾问行业在近几年快速发展，出现了Betterment、Wealth-front、

① 吴磊：《智能投资顾问的运行风险与监管对策》，《时代金融》，2016年第10期，第261~262页。

Personal Capital 等一大批专门从事智能投资顾问的金融科技企业。由于智能投资顾问的服务成本低、技术性强且发展前景广泛的优势，大型传统金融机构纷纷与其合作，通过这种合同关系共同发展金融。2015 年以来，高盛、德意志银行、贝莱德等大型金融机构通过收购新兴智能投资顾问平台或自主开发的方式开始布局智能投资顾问领域。①

其他国家的智能投资顾问的发展相对于美国来说是比较欠缺的，但是很多国家的年轻一代投资者对智能投顾的接受度整体达到 70% 以上并逐渐成为财富管理主力，从而为智能投顾市场长期稳定发展提供了良好的机遇。

三、国内智能金融的发展现状

我国金融业于 2015 年开始关注智能金融，而后从 2015 年下半年开始智能金融在我国开始快速发展。从我国国家战略重点上看，2016 年年中开始，我国的国家人工智能战略由注重智能制造和机器人层面向重视人工智能的整体生态布局转变。国家层面开始为人工智能的发展应用提供一系列的资金和创新政策加以鼓励与支持。由于社会大环境的转变，金融便成为人工智能最先应用与发展的行业之一，智能金融已经被列入国家规划，在可预见的未来势必展示出更强大的生命力。当前我国智能金融生态系统由提供人工智能技术服务的公司、传统金融机构、新兴金融业态以及相关监管机构共同组成。智能金融公司根据侧重不同可以分为自动报告生成、人工智能辅助、金融搜索引擎、智能投资顾问这四类，而当前智能金融最重要的是风控系统、监管系统、支付系统和终端。

① 吴磊：《智能投资顾问的运行风险与监管对策》，《时代金融》，2016 年第 10 期，第 261 ~ 262 页。

（一）智能金融风控系统

智能金融风控系统是人工智能在金融领域的重要应用。当前智能风控模式已被金融科技公司广泛应用。随着进入互联网金融时代，大量的用户仅仅使用手机作为金融终端，这一人群往往缺乏央行征信，虽然这个庞大的市场十分诱人，但是传统的风控手段已经很难判断用户的信用水平。金融行业借助于人工智能和大数据，风控能力得到了质的突破。当前智能金融主要体现在智能投顾、智能风控等几个方面。虽然智能投顾领域当前可以说最为热门，但目前仍然处于人机结合的阶段，并没有真正将投顾智能化，还不属于真正的智能投顾。人工智能辅助人类，实现完全智能还需一定时间。相比之下，作为金融企业持续稳健运营的必要基础，智能风控更为普遍，一家金融企业要想成为技术驱动型金融公司，智能风控系统必不可少。

智能风控企业一般分为研发自用型、纯技术输出型和混合型三种类型，实施智能金融风控系统通常需要三个主要步骤。首先是数据的收集整理和处理。数据是智能风控的基础，用户在注册信息、日常交易使用的过程中都会产生数据并被智能风控系统获取，同时智能风控系统还可以获取第三方的数据，例如政府、征信机构等。这些数据中有很大一部分是散乱的，必须经过处理才能形成对信用评估有价值的信息。其次是建立模型。其中最重要的是信用评定以达到反欺诈的目的，反欺诈能够确保平台的安全，这一部分最能看出人工智能的实力强弱。最后是机器学习。机器学习就是让模型在实践中不断更新迭代使其更加完善，具有能够快速自我更新的强大优点。

（二）智能金融监管系统

随着技术的发展，金融服务越来越便捷，这种服务给投资者提供便捷的同时也给目的不纯的投机违法者提供了可乘之机，加大了传统监管的难度。

我国目前处在分业经营向混业经营转变的进程中，混业监管模式与分业经营模式的不匹配产生了一定的监管风险。其中，跨行业、跨部门、业务交叉性强的这些互联网金融领域普遍存在的问题在智能金融领域也同时存在，而目前我国金融业正在实行的分业监管模式，难免存在着监管真空现象，监管风险被放大。

就当前而言，在全世界范围内智能金融的业务创新的速度都要领先于对其应用进行监管的速度。因此，很多国家的金融监管部门根据这种情况制定了比较灵活的措施进行监管。例如英国与新加坡的监管部门在一定程度上对市场的准入标准进行简化，允许机构即时落地运营智能金融相关的应用，但前提是不能损害投资者权益，运营之后监管部门再根据其业务的发展情况来判断是否可以将这个应用进行推广。这一监管方式又称之为沙盒监管方式。智能金融如果想要进行推广，还必须满足很多传统金融监管的要求，这里面包含了业务操作流程的规范性、通过反洗钱审查、客户和投资者相关评估等要求。然而，这些要求无疑会给智能金融企业带来很多的监管压力。

关于智能金融监管方面面临的问题，清华教授李稻葵同时表达了对监管不足产生的风险与监管过度产生的问题的担忧。李稻葵认为监管不足是不能触碰的底线，它会引发一系列的社会问题，因为智能金融相关技术的出现可能会影响到许多储户对于资金存放态度的转变，而他们对智能金融由往往不够了解，这容易给打着智能金融与金融创新而实际不合规、不合法的企业以可乘之机。过度监管这方面，李稻葵认为政府和监管部门为了挖掘智能金融的相关技术如区块链技术的隐秘性以及提高互联网交易安全性，会提出很多要求加大监管。然而这会把很多原来不透明的金融交易公开。随着智能金融进一步的发展，对于有关部门，公民将没有隐私可言。公民的一举一动都会被政府掌控。因为现金交易和货币交易伴随着我们日常生活的点点滴滴，这是需要提前了解防范的。①

对于人工智能在金融监管方面，中山大学软件研究所做过研究，合理运用专家系统、机器学习、数据库中的知识发现建立金融监管信息系统。系统首先将金融监

---

① 李稻葵：《智能金融：监管与创新》（http：//www. ocn. com. cn/chanjing/201612/xhlae09113725. shtml）。

管领域人类专家的知识形式化，存入知识库中，这其中包含了国际上通用的金融监管指标和针对我国国情的特定指标。系统通过对各金融机构监管信息的智能处理，定期形成对被监管机构以及辖内金融安全度的综合评价，对可能发生的风险及时监测并发出预警，对各项监管指标严重偏离标准值的金融机构及时提出监管质询或现场检查等监管措施。现场检查结果作为新的知识形式化后又可以充实到知识库中。系统生成大型的监管数据库、案例库和档案库，通过 KDD 技术，从中抽取新的规律，充实到知识库中，以适应金融形势的发展变化，提高系统的效能。①

（三）智能金融支付系统

支付系统也可以称之为清算系统，它由完成支付指令传送与资金清算的专业技术手段以及提供支付清算服务的中介机构共同组成，它是完成债权债务清偿及资金转移的一种金融安排。

在支付智能化方面，蚂蚁金服一直走在前列，比支付宝晚了 10 年成立的蚂蚁金服，旗下第一个收纳的就是支付宝这一一直作为其坚挺力量的业务。支付宝 2016 年度交易额达 30. 3 万亿元，同年中国社会消费品零售总额约 33. 2 万亿。中泰证券在

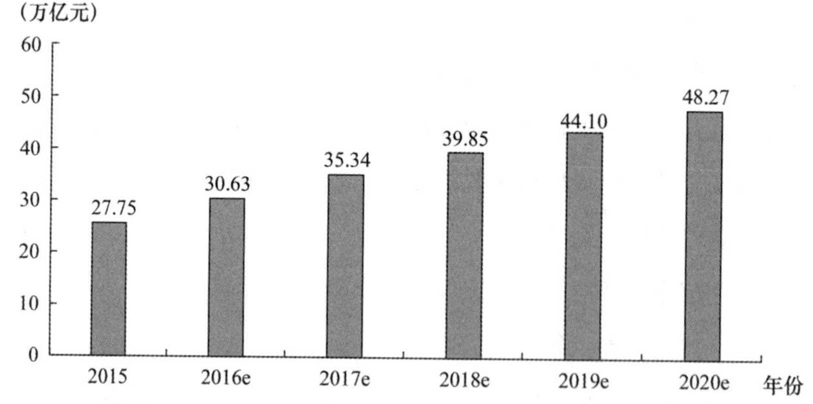

图 1－2　2015～2020 年中国第三方支付市场交易规模预测

资料来源：前瞻产业研究院。

① 张启宏：《基于人工智能的金融监管信息系统》，《现代计算机》，2002 年第 6 期，第 49～51 页。

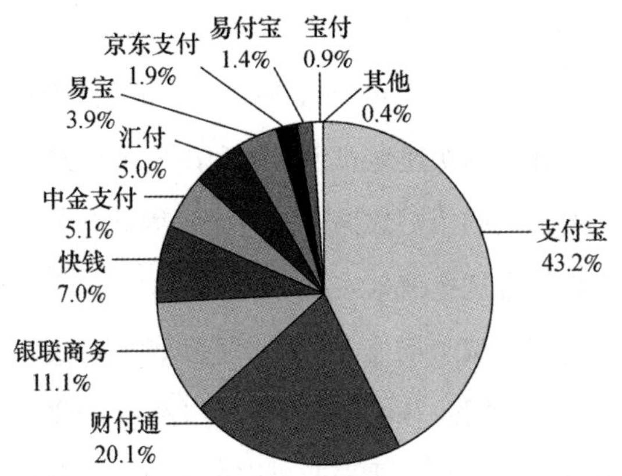

图 1－3　2016 年中国第三方互联网支付交易规模市场份额

资料来源：艾瑞咨询。

其发布的互金研报中总结："互金巨头、实体产业以及金融机构对于支付这一金融入口的争夺越来越激烈，我们看到在技术创新方面，蚂蚁金服收购 EyeVerify，在'人脸支付'技术之后研发'眼纹支付'。"从密码输入到指纹识别，然后刷脸，再到现在的眨眨眼，智能金融支付方式在不断地向多样化发展。

（四）智能金融终端

终端顾名思义是"最终的端头"，用于信息的输入和结果的输出，起源于早期计算机系统。因为个人计算机出现以前，计算机系统昂贵，设备庞大，一台拥有运算处理能力的主机往往需要连接多个不具备运算处理能力的终端，以承担输入信息和输出结果这类基础工作。

对于我们目前常见的终端有手机和用于非现金支付的 POS 机等，这些计算机设备可以在移动中使用，因此是移动通信终端。随着时代的发展，终端已经由不具备信息处理能力到现在处理能力极为强大。2017 年许多手机的 CPU 主频已经能够达到 2. 5GHz，而仅仅几年以前，2. 5GHz 的 CPU 主频对于电脑来说也可以称之为中高配了。因此目前移动终端的承载能力使智能金融终端的拓展成为可能。

优秀的金融终端会涵盖所有与投资相关领域的数据、报告以及新闻等等。在金融终端的背后，是庞大的数据运营团队、技术团队以及强大的数据中心和实时网络。交易类数据的实时性和数据的完整性对金融终端十分重要。例如，当你在终端上看到一家感兴趣的公司时，你可以快速地找到所有和该公司相关的数据、新闻、价格、报告、建议等等，这需要强大的历史数据库来整合。因此智能金融终端便是运用人工智能来自动地、迅速地整合这些信息并反馈出来。

目前全世界在金融终端领域两家独大，分别是彭博和路透。我国的金融终端有同花顺、大智慧以及东方财富网的 Choice 与万德资讯等金融终端。2017 年上半年华泰证券推出了智能金融终端 MATIC，为专业投资者提供定制化服务。智能金融终端以人工智能整合大数据对研究例如全球宏观经济等大范围数据具有很好的作用。人工智能产品未来可以通过金融机构终端，搜索查看金融产品的专业资讯，还可以提供投资顾问服务，进行资产优化管理，对投资进行答疑解惑等。

截止 2017 年 9 月，我国自动报告生成类的有腾讯推出的 Dreamwriter 和搜狐的智能报盘，腾讯的 Dreamwriter 是能够瞬时输出分析和研判的写作机器人。人工智能辅助类尚空缺，这一类包含有机器学习、自然语言处理、知识图谱三个阶段，国外的典型代表是 Kensho。金融搜索引擎类有文因互联与同花顺旗下的问财。智能投资顾问类有弥财。对整个智能金融行业覆盖较为全面的则是蚂蚁金服，囊括了智能支付、征信、智能投顾、智能客服、区块链等。

总体而言，智能金融在我国方兴未艾，我国也具备发展智能金融的基础条件，未来会有很大的发展前景，但是风控系统、监管系统有待完善。

第二章

人工智能给金融行业带来的机遇

金融行业是一个极为符合马太效应的行业，在资本为王的时代，贫者没有任何的话语权，而作为一个服务业，普通的仅仅拥有小额资金的投资者也几乎享受不到服务，稀缺的金融服务资源被少数资本雄厚的个体抑制或被群体所占据。而人工智能的出现与发展为改变这一现状带来了契机。人工智能的模拟作用可以简化大量工作，它的理论和技术与金融完美结合以后将使人们感受到金融作为一个服务行业的本质。《“十三五”国家科技创新规划》中明确提出重点发展大数据驱动的类人智能技术方法，推动科技与金融融合。而后《新一代人工智能发展规划》更是对智能金融提出了更为明确的要求，其中包括要建立能够提升金融多媒体数据处理能力的金融大数据系统，通过创新相关产品与服务发展新的金融业态，支持金融行业运用智能金融相关的设备和技术，倡导建立智能的金融风险防控与预警系统等。随着转型压力的迫近，目前智能金融已经在智能投顾、智能客服、智能风控、智能银行、区块链、金融搜索引擎、金融云、身份识别等领域发挥作用。虽然智能金融的发展存在不小的潜在风险与较多的制约因素，但智能金融迅速发展的趋势已不可阻挡。

一、人工智能快速崛起并展示出强大优势

人工智能（Artificial Intelligence）简称 AI。它衍生于计算机科学，利用模拟甚至延伸人类智能的技术、方法与理论使之能够现实应用的一门新兴的技术科学。它的应用是通过制造出能够对事物做出与人类似的反应行为的机器来实现的。人工智能领域的研究主要包括机器人、自然语言处理、图像识别、语言识别以及专家系统等。从上个世纪人工智能的出现到目前为止，人工智能已经涵盖了大量学科领域与专业。人工智能科学是非常富有挑战性的，它涉及的范围、领域都很广泛，相关从业人员也必须懂得哲学、心理学、计算机科学等诸多的相关学科的知识。人工智能的思考方式虽然不同于人，但它是对人的思考方式过程进行的模拟，很有可能青出于蓝而胜于蓝。我们可以预想，通过人工智能的发展而伴随产生的相关产品仍将会是人类智慧的结晶。总的来说，人工智能的研究目的是使人类从复杂繁琐的体力和脑力劳动中解脱出来。

（一）从两次“人工智能冬天”到全面复兴

人工智能概念诞生于 1956 年，诞生后几十年来出现了连接主义学派、行为主义、统计主义等分支，并且无一例外地都失败了。人工智能的发展史上经历了两次寒冬：第一次是 1974 年，逻辑理论下的人工智能系统难以工程化；第二次是 1987 年，爆发了全球范围内史无前例的金融危机。进入 21 世纪，随着大数据时代的到来，人工智能才开始全面复苏。

1. 第一次“人工智能冬天”

1956 年，John McCarthy 组织了一次学会，被认为是人工智能之父的他将许多对机器智能感兴趣的专家学者聚集到“Dartmouth”进行了长达一个月的讨论。从此，

一个名为“人工智能”的全新领域诞生了。虽然这次举办的学会讨论没有得出太好的结果，但它并不是一无是处的，因为它至少使人工智能的创立者们得以聚集，为以后的研究打下基础。明斯基、西蒙等人，在60年代末至70年代初时，认为人工智能存在的问题可以在十年之内解决。当时出现了逻辑学，逻辑学在当时具有非常高的学术地位。早在1943年，数理逻辑学家W. Pitts与心理学家W. Mcculloch就在分析总结神经元的基本特性后提出了相关的数学模型，为神经网络的发展奠定了基础。现在广泛被应用的SUM机器学习算法也在当时出现了。60年代时甚至出现了与当前知识图谱类似的语义网络。因此，早在五十年前，就已经具备了当前人工智能的各个分支的一些基础事物与理论。

70年代中期，问题开始出现。当时认为逻辑可以攻克所有的问题，学者撰写发表了大量的相关文章，包括麦卡锡等人，而后在建模时发现大量问题。五六十年代的学者们没有料想到，知识与其相关工程之间有着难以逾越的鸿沟。例如一类简单神经网络不能解决的分类问题便击倒了神经网络理论。

1973年，耗费了巨额资金和漫长等待后，依然没有能让人工智能成为实物、带来实际价值。人工智能在最后一根导火索下崩塌了，那就是应用数学领域的大师，詹姆斯·莱特希尔爵士给英国科学研究委员会所做的报告。人们开始逐渐放弃对人工智能的幻想。莱特希尔用详尽的数据和调查结果严厉批判了人工智能产业的发展现状，并且断言“人工智能研究没有带来任何重要影响。”

在这一阶段，人工智能局限于纸上谈兵。

2. 第二次“人工智能冬天”

1987年，随着中东局势的不断紧张，美国经济预期的不断恶化最终导致了华尔街的金融大崩溃，也就是所谓的“黑色星期一”。1987年10月19日，纽约股市开盘后道·琼斯指数仅仅经过一小段波动后就突然下跌，截至休市，道·琼斯指数暴跌逾20%，这已经超过了1929年10月29日纽约股市暴跌的纪录。如果把暴跌的市值折算成货币，这次暴跌瞬间使得美国资本市场的5000亿美元蒸发了，这相当于那时美国近1%的GDP。

1975 年第一台 LISP 计算机研制成功。到了 20 世纪 80 年代，这种广泛被看好可以实现自然语言处理、知识工程、工业分析的计算机类型，成为了商业追逐的风口。据统计，到 20 世纪 80 年代中期美国已经有 100 家以上的 LISP 公司，这在当年可谓新兴产业中的翘楚。另一方面，1981 年日本工业部开始了第五代计算机项目研究。这在当时日本经济腾飞的大背景下受到了全世界的广泛关注，美英等国也开始考虑重新开始自主发展人工智能计算机。

而在 20 世纪 80 年代中期的时候，人工智能开始慢慢有了转机。首先在学界，机器学习开始取代逻辑理论成为主流。而反向传播算法为代表的多层神经网络被研发成功，成为直到今天都是影响人工智能界的大事。由于多层神经网络的自我排错性和兼容性良好，带来了人工智能逼近通用的新希望。学者们提出通过做并行分布处理来解决异或问题，这就是能够和图灵机对等的误差反向传播（BP）算法与梯度下降。至此人们对人工智能的期望开始上升。人们开始对人工智能大量投入资金，而后不久金融危机爆发。华尔街的大崩溃，全球范围内迎来了史无前例的金融危机。而 LISP 机产业也裹挟其中，由于 LISP 的真实应用场景欠奉，危机中的资本界很快失去了耐心，泡沫急速破碎，相关公司近乎全线破产，人工智能又一次成为了欺骗与失望的代名词。这次人工智能之冬非常漫长，这与 20 世纪 90 年代个人计算机时代正式到来有一定关系，人们对人工智能计算机失去耐心后开始转向 PC。

3. 人工智能全面复兴

说起人工智能，电影形象早已深入人心，而近年来最著名的莫非 AlphaGo 与人类国手间的对战。李世石与柯洁的相继失败表明当前围棋界的最高水平已被人工智能占据。阿尔法围棋入选中国 2016 年度的媒体十大新词展现了人工智能在当今社会的巨大影响力。窥一斑而知全豹，围棋领域对于全人类领域来说微乎其微，可见人工智能已经渗入我们的日常生活，只是我们没有发觉。因为电影的广泛传播，不少人只关注人工智能的“人”，侧重于形象化，显然这是一个误区，无人驾驶技术便是反例，“智”的作用远高于“人”的形象。

如今的人工智能再繁荣，与前两次一样，都是由几大利好消息作为核心支撑而产生。首先是深度学习的崛起让人工智能业界看到了全新希望，其次移动芯片等计算系统硬件的飞跃，也人工智能需要的庞大运算力成为可能。更关键的是大数据时代的到来，让需要人工智能必须的数据不再遥不可及。这是AI最大的利好消息，以至于让学界和商界不那么担忧第三次“人工智能冬天”。

根据人工智能的冬天来临的征兆与导火索，我们不难发现，人工智能热度退却进入休眠时期有以下几个特征。

首先，在某一时期总有另一种科学技术取代人工智能引领时代，或许那种技术看起来并不如人工智能那么高大上，但是数据与事实证明了一切。

其次，人工智能是经济繁荣发展的产物，人工智能往往在提出一个理论但尚未被验证的情况下便受到社会资金的追捧，这种情况下，由于大量资本涌入，研究加速，从而证明目前提出的人工智能理论是存在问题的或无效的，资金便会迅速撤出，人工智能研究便会迅速停滞。

最后，人工智能和国家发展例如产业政策息息相关，有点类似军备竞赛，如果一国产业重心转向人工智能，由于人工智能对产业变革的能力过于巨大，任何国家都不会坐视不理，从而争相发展，人工智能迅速繁荣。然而一主流国家战略转向，由于蝴蝶效应，很有可能使得人工智能迅速进入寒冰期。

人工智能可以颠覆各个产业，但正因为它有极强的颠覆性。对人工智能的应用需要全面的而不能仅仅像普通计算机科学一样在原有格局下补充完善，所以如果没有强大的改革决心而是投鼠忌器，人工智能的冬天注定还会到来，因为在这种情况下，人工智能只能是原有工业体系等的附加技术。人工智能的冬天规律性的往返，发展间歇性的中断便使其难以取得重大突破。与此相矛盾的是社会发展需要循序渐进、步步为营，产业变革是社会发展的核心因素之一，如果发生重大问题，社会稳定受到冲击，后果不可估量。这与人工智能的颠覆性产生冲突，毕竟谁也不敢孤注一掷的拿整个人类的前途去冒险。人工智能的理论需要验证，时间差也是一个较大的问题，社会资金无法承受长期且回报未知的投资。既然如此，人工智能不宜在兴起的时候对它过于追逐，可以在某些行业先行试验，慢慢地从颠覆一个个特定行业开始，稳扎稳打，进而影响整个社会。

一件前所未有的事正在发生，那就是人工智能的每一个学派都走向了辉煌。随着机器学习的发展，神经网络走向辉煌。作为知识图谱的外衣，逻辑主义走向辉煌。而现在人工智能正在发生的转变是其发展历史上从未有过的，它是一个前所未有的转变。

（二）人工智能的“类人”潜力使其逐步成为诸多行业的基础技术

人工智能具有许多的“类人”潜力，这些潜力就是博弈、感知、决策、反馈。

人工智能能够替代人们进行简单的重复劳动，创造商业价值。拥有人工智能的机器人不一定要取代人，大多数情况下他只要能辅助人就可以了。人们觉得人工智能出现以后很多工作会消失，大量相关从业者会失业。事实上，人工智能应该作为各个行业的基础技术存在，起到很好的辅助功能。所以工具一定程度上是在辅助人而不是取代人。

人工智能目前已经能实现了很多功能，例如语音识别、自然语言理解、数据挖掘、计算机视觉。

语音识别。Siri 是人们最耳熟能详的以语音识别为基础技术的软件，它本身的技术并没有特别大的亮点，真正的亮点是它的模式。将语音识别直接与搜索引擎结合在一起，产品体验做得较好。并且这样的模式可以采集到更多数据，使得系统的精度越来越高。

自然语言理解。我们现在用的搜索引擎、中文输入法、机器翻译都和自然语言理解相关。

数据挖掘。随着近年数据量的疯狂增长，数据挖掘也有了长足进步。最具有代表性的是前几年著名的 Netflix challenge，Netflix 公司公开了自己的用户评分数据，让研究者根据这些数据对用户没看过的电影预测评分，谁先比现有系统好 10%，谁就能赢 100 万美元。

计算机视觉。目前越来越多的领域跟视觉有关。自动驾驶就是最容易映入人们眼帘的运用计算机视觉的技术。

二、传统金融行业的转型压力迫近

众所周知，传统的金融行业在执行上总是“嫌贫爱富”的，对于普通劳动者与那些经济能力较弱的中小型企业来说，想要获得全面且丰富的金融服务是很困难的。尤其是随着信息科技的发展，互联网的出现，使得传统的金融在金融市场中难以立足。以支付宝来说，它方便了人们的银行金融业务，普及了金融产品与服务，招揽了大量的资金闲散用户，迫使传统的金融机构如银行不得不推陈出新，打破原有的金融方式，才能够满足个人投资需求以及社会金融市场的发展趋势。在金融科技快速发展的时代，传统金融行业所面临的转型压力迫近。

（一）传统金融行业服务无法满足中小企业融资需求

一直以来，中小微企业都是国民经济不可或缺的一部分，我国经济能否成功转型在很大程度上取决于中小企业的成败。算上大量的微型企业，中小微企业占我国企业总数的99%，贡献了我国60%的GDP和50%的税收。但是我国的中小微企业能够获得的资金资源少、资金获得成本较高，从而束缚其生产力的提升，也限制了中小微企业的发展和壮大。根据数据资料显示，95%的中小微企业没有与金融机构发生任何的借贷关系，许多不可抗力的因素使得中小企业融资难、融资贵的问题得不到解决。大企业由于资源丰富、实力雄厚，能够通过大量投资推动创新，将金融发展推向高潮，这也就间接导致了资源向大企业流动，出现了许多的资源错配、过配。从企业内部自身与外部的分析我们应该认识到，大企业在创新进取这条路上能够一直走下去而存活的比例仅仅不到万分之一，而这万分之一的企业中还包含了企业内部的不断改革颠覆，而来自于中小微企业对大中型企业的替代和高利润高成长性行业的不断诞生才能真正推动历史的进步。

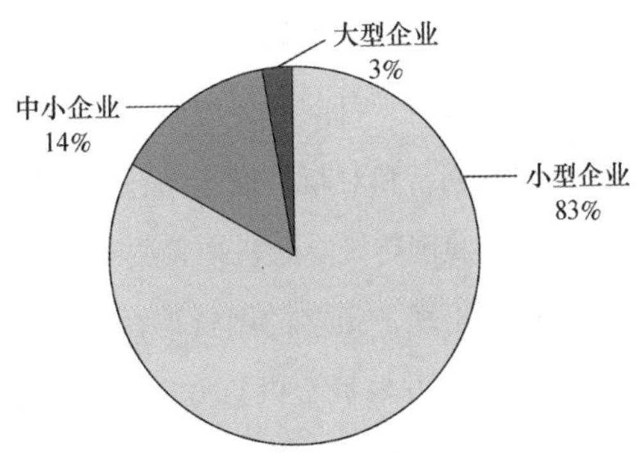

图2－1 各类规模企业占企业总数的比例

资料来源：国家统计局。

在传统金融的认知中，对能否融资成功，就是看个人或者企业是否拥有足够的担保与抵押品。由于传统的银行资金体量大，土地房产抵押就决定了传统银行业的风险控制技术，由于信贷人员占总员工比例较低，对贷款审批和放款流程较长，这样一来，就导致了贷款风险大的特性，这也解释了传统金融机构追求大项目，且偏爱基础设施、地产等资金需求量大的企业的现象。换句话说，如果个人或者企业抵押或担保不足，就很难获得贷款进行融资。小微企业如果在正规或者非正规金融机构拥有账户、并经常使用，很可能带来较高的收入和投资，企业发展也会更加健康和可持续。但是，我国小微企业目前融资面临的问题较为突出，其抵押与担保不足，许多的金融机构或银行不愿意贷款给小微企业。根据世界银行全球数据库通过比较分析金砖国家与我国的普惠金融发展情况，我国正规金融机构的账户和存款数量远高于其他金砖国家，但是，在中小企业和个人信贷领域则明显落后其他国家。经尹振涛等在2014年的调查发现，我国银行在那个时期主要向大中型企业贷款，其中大企业贷款覆盖率为100%，中型企业贷款覆盖率为90%，而小企业仅为20%，微型企业几乎没有被覆盖。并且根据中国证券报初步统计，当时银行为小企业融资的贷款利率高达10%～15%。另外，根据万得温州民间融资综合利率指数得出，2014年民间融资综合利率和小额贷款公司放款利率均在20%左右。所以尹振涛最后认为我国小微企业获得贷款的实际利率远远高于基准利率。① 可见，小微企业从银行或正规金融机构获得贷款的可能性较低。考虑到国家经济的发展，无论是政策、税收还是金融资源都应该向中小企业倾斜，目前的传统金融机构和架构无法向中小微企业提供，中小微企业金融机构的创新和对新兴模式的包容在极大的程度上影响了实体经济的创新与发展。很显然，我国传统金融机构无法满足中小企业的融资需求。

随着互联网的发展，逐渐出现了很多的网贷平台，比如P2P，它类似于淘宝与天猫电子商务，主要是资金需求方与资金供给方通过网络借贷平台达成交易，P2P网贷的出现以及迅速发展在解决中小微企业的融资问题有着积极的作用，它将传统的民间借贷做延伸，部分满足了个人经营的消费需求和大众理财的需求，借贷双方能够在市场中自由地获取金融服务，突破了金融中介的束缚，增加了中小微企业的融资的可得性，同时也从另一个方面加速了传统银行业的改革与发展。

对于中小企业的发展，我国应该高度重视，关键是要改变传统金融行业服务无法满足中小企业融资需求的现状，从这一问题的根本出发，寻求能够让传统金融行业适应现阶段金融行业的发展，这样一来传统金融行业就要在这一方面进行创新，甚至是转型。

（二）传统金融行业无法有效满足个人投资需求

传统的金融行业主要是从银行等金融机构获取金融产品与服务。人们需要到银行排队等候办理业务，在有些地区甚至缺乏像银行这种最基础的金融机构，个人投资者享受金融产品服务十分不便。传统金融在地区上存在极大的差异，其主要资产与业务集中在东部经济发达地区，资金来源不平衡的情况下，运用也不平衡，现阶段传统金融的贷款主要投向大型的及国有的工业企业，因此个人投资者的需求显然无法被满足。除此之外，学者研究发现银行的负债结构单一，其本身其业务结构不

① 尹振涛：《中国普惠金融发展的模式、问题与对策分析》，《纵横经济》，2016年，第103～107页。

平衡，主要依靠利差盈利，这些都将导致其盈利模式存在较大的不确定性，并且很容易受到来自新型金融体系的冲击。[①] 其所面临的诸多挑战限制了传统金融行业的发展，尤其是传统的金融行业无法有效地满足个人投资需求。

随着我国经济的快速发展，消费者不断增加对投资的需求，同时对服务的要求也不断严格起来。消费者们希望在能够享受到金融产品的同时，还想要更加快捷方便地完成自己的投资。在传统的金融行业下，随着人们日益增加的投资需求，办理业务的低效性不断体现。排长队、长时间等这些都降低了金融产品服务的效率，使得在金融行业投资的供给不能满足个人投资的需求，阻碍了经济的发展。

表 2-1　2011～2015 年全国农村贫困人口数据及发生率

年度	标准（元）	当年贫困人口减少（万人）	年底贫困人口（万人）	贫困发生率（%）
2011	2536	4328	12238	12.7
2012	2673	2339	9899	10.2
2013	2736	1650	8249	8.5
2014	2800	1232	7017	7.2
2015	2855	1442	5575	5.7
2016	2952	1240	4335	4.5

资料来源：各银行官网。

特别地，截止到 2016 年底，我国贫困人口仍然有 4335 万。不仅有 14 个连片特困地区，除了京津沪三个直辖市外，其余 28 个省级行政区都存在贫困线以下的群众，贫困程度依然很深，与国外相比，我国的贫困人口比例较高，低收入群体特别是农村贫困居民迫切需要脱离贫困。根据国家统计局发布的数据显示，我国居民收入的基尼系数从 2009 年开始就持续走低，2016 年全国居民收入基尼系数为 0.465。虽然看上去我国基尼系数在持续降低，但贫富差距仍然很大，与发达国家相比，我国居民收入差距的压力仍然存在，收入分配改革还需要进一步完善。在我国农村地区，银行类金融机构物理网点密度还没有达到 20 世纪 90 年代的水平，居住在偏远

① 赵浩森：《新方位背景下传统金融业转型策略探索》，《金融在线》，2016 年，第 74～75 页。

山区的农村居民无法享受到便捷的金融服务，就连存款、开户、贷款、保险这些基础金融等业务都很难享受得到；再加上一些地区的地理位置偏僻，一些保险制度不完善，甚至还没有普及，一些地区的保险服务还基本上处于空白状态。因为扶贫政策的不够深入，一些特困群体没有得到帮助，而这些人群迫切地需要摆脱贫困。处在这些地区的人们想要办理业务时需要长途跋涉，不辞辛苦地到相距很远的银行去办理，当去到银行时没准还会碰到人太多、排队太慢的问题，那好，今天就白来了，

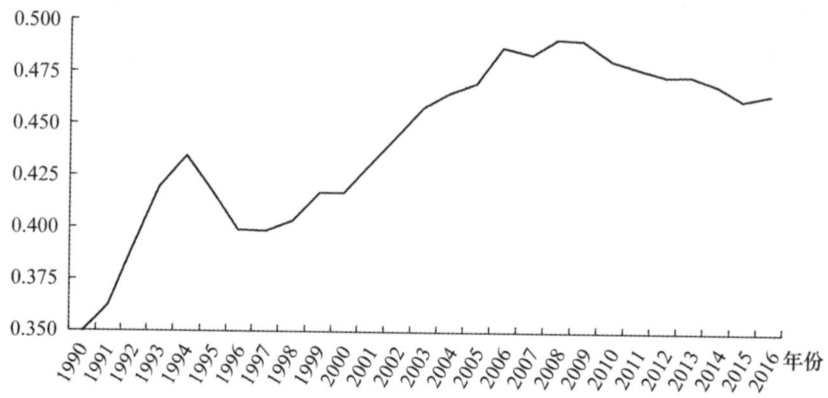

图 2-2 中国收入基尼系数变化趋势 1990~2016 年

资料来源：国家统计局。

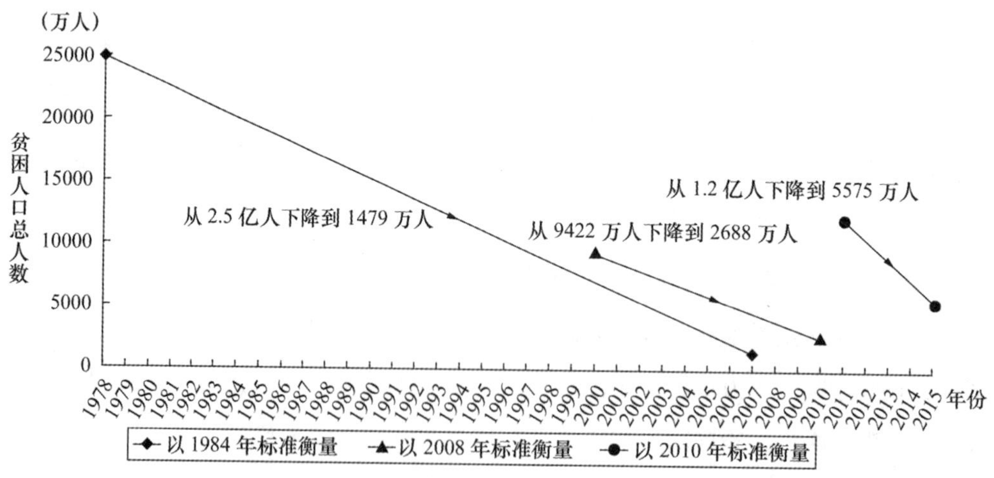

图 2-3 不同年份衡量标准下贫困人口的变化

资料来源：《中国扶贫开发报告》（2016）。

明天再继续吧。传统银行的分布不均匀与日益增长的投资需求的矛盾导致传统金融行业的效率低下，尤其是使人们不能够平等地享受到金融产品服务，也不符合最近国家提倡的发展“普惠金融”。

从金融产品的角度来看，传统金融行业的金融产品趋于单一化，而且门槛较高。个人投资者不再满足于单一化、标准化的金融产品，反而更愿意去追求差异化、便捷化的金融产品。传统金融行业不能在这一方面有效地满足个人投资的需求，人们转而将希望寄托在别的金融机构上，比如蚂蚁金服。蚂蚁金服旗下有支付宝、余额宝、招财宝、蚂蚁小贷等品牌，其主要针对小微企业和普通消费者，使得投资更加快捷方便。其中的余额宝面向中小投资者，用户可以通过支付宝不限额地向余额宝的账户中转入任意的金额，相当于投资基金。在资金存入账户后投资者还可以根据自身需要随时消费、转账、转入或转出，投资起来十分便捷。传统的基金理财产品与其相比较而言，门槛较高，需要投资者拥有大量资产，一次性投入较多金额的资金并且投资以后的资金不能随用随取，办理手续也很繁琐，并不受年轻的中小投资者的欢迎。余额宝对于那些没有太多的积蓄，不能够一次性拿出很多的投资资金进行投资，生活节奏较快，熟练掌握互联网操作，经常网络购物，不喜欢太繁琐的手续的投资者来说，是很受欢迎的。

当传统金融行业无法满足个人投资需求时，就要考虑是否要推陈出新甚至转型，来满足个人日益增长的投资需求。

（三）金融科技的强大竞争力迫使传统金融机构加速转型

近年来，金融科技逐渐变成了一个很火的名词。自2006年以来，许多的互联网金融企业要转型为金融科技企业，或者是着重强调金融科技的驱动。传统的金融机构也在这个大形势下，强调大数据、云计算、区块链等前沿技术的探索。与此同时，我国也建立起了金融科技委员会，世界各国之间的金融科技的交流也在逐步推进。根据李森收集的数据显示，2013 年全球金融科技领域的投资金额为 40. 5 亿美元；2014 年为 122. 1 亿美元，较上年翻了 3 倍，其中 11% 的资金为 A 轮投资；2015 年获得的投资总额更是达到 191 亿美元，其中 138 亿美元投向由风投支持的金融科技企业。[①] 2016 年这一数字已经达到 250 亿美元。尤其是随着高盛、富达等各个全球的传统金融巨头向科技公司转型，金融科技（FinTech）已经成为国内互联网金融企业跟风的目标。以科技为驱动，国内的互联网金融行业已经掀起了一场转型升级之变，甚至触动到传统金融行业。可见，金融科技已经成为金融业的一个大趋势。

科技渐进式地影响着金融业。许多的传统金融企业看到了科技对金融发展的有利因素，纷纷转型为金融科技公司。首先，技术的改进，为支付、贷款、融资等业务提供很大的便利。数字化实现了对信息多样化的超越，降低了交易的成本，使信息管理更加简单、信息处理更加便捷、交易更加方便，同时，互联网打破了交易时空的界限，使得金融产品的交易趋于自由化、安全化，其效率会大大提高、覆盖人群也会变广，金融供给能力得到提升；其次，用户习惯会不断变化，并且这一变化非常明显，比如微信支付在一个很短的时间内就成为我们最常用的支付方式。在这种变化之下，银行的服务方式不能够满足客户的需求，服务的效率也有所降低，传统的金融机构在经营方式以及产品的创新方面被迫发生变化。

金融科技初创企业正是依托于互联网技术、大数据、云计算等为客户提供更加便捷、快速、高效低成本的金融产品服务。随着时代的发展，消费者生活习惯、消费习惯的变化，客户们不再喜欢标准化的传统金融产品，而是更加青睐于差异化的快捷金融产品。这样一种发展背景促进了金融科技初创公司的发展，其公司之间的竞争以及迅速发展的趋势为传统金融机构的发展带来了“鲇鱼效应”，金融科技初创公司迅猛发展缩小了银行的盈利部分，甚至让银行难以维持低利润服务，这就迫使许多的传统金融机构与一些科技初创公司进行合作，通过与科技初创公司签订合约进行投资、收购等来加快其转型，以适应金融市场的需求。

野马财经的创始人李晓晔表示，在旧的金融秩序里，传统金融机构大而不能倒，

---

① 李森：《资本关注金融科技成最吸金领域》，《中国战略新兴产业》，2016 年第 14 期，第 23 ~ 24 页。

享受着传统金融带来的丰厚利润。虽然金融科技初创公司之间的相互竞争促使传统金融机构的转型，但是很难从根本上进行触动。金融科技企业的兴起，对传统金融机构形成了倒逼式的竞争压力。但很显然，这样的转变最大的受益者是消费者，他们能够从这一变化中享受到更加便捷且高效的金融服务。

在经济发展的大环境下，传统的金融行业如果还是按照以往的方式来经营，毫无疑问其发展将会逐渐趋于不稳定。因此，传统的金融行业为了其未来发展也在做出积极的改变，例如交通银行已经推出的一款创新性金融产品“交博汇”，它是集多种金融信息于一体的综合性商务平台。该平台适合任何种类的企业尤其是微小企业及三农建设项目建立相关企业专属的网上商务平台，不仅为银行给企业提供融资贷款服务等提供了方便，还能促成企业以及三农产品的发布供求、在线洽谈等交易“交博汇”的提出体现了交通银行在面对金融环境变化和众多创新型产品冲击时的积极改变，不仅扩大了金融实体的服务领域而且还强化了其服务的本质体现其服务宗旨，是实现战略转型的很重要的一步，很值得其他传统金融业学习和借鉴。[①] 在互联网以及金融科技逐渐运用起来的同时，智能金融这一概念也应运而生。智能金融属于金融科技的一个分支，传统的金融行业也逐渐向智能金融的方向靠拢，与科技初创公司合作，打造一个全新的金融市场。

不管是传统金融行业还是现在的新兴金融行业，海量的数据就是金融行业的核心所在，同时金融机构在行业竞争中的制胜法宝就是深入了解行业数据以及收集大量客户信息等，尤其在现在这个信息大爆炸的时代，信息的重要性更加被凸显出来。然而在以前的传统金融时代，金融行业对信息的获取几乎全部是依靠人工力量，不仅效率极低，而且获取信息还缺乏一定的全面性，但是随着科技与互联网的发展，人工智能技术也随之崛起，运用物联网、云计算等技术的人工智能技术在收集信息方面可是能手，相较于人工调查，企业和金融机构也更倾向于通过手机等移动设备客户端来获取客户信息，过程不仅简单而且信息全面。这样一来，人工智能技术便

① 赵浩森：《“新方位”背景下传统金融业转型策略探析》，《全国商情》，2016 年第 11 期。

给传统金融行业带来了挑战，因为传统金融的信息系统已经不足以满足现在这个信息大爆炸时代下的客户需求了。

三、人工智能给金融行业带来难得机遇

随着科技不断的发展、互联网的大力普及以及人工智能的飞速发展，金融行业也受之影响深远。在金融行业受到人工智能的冲击的同时，人工智能也给金融行业带来了前所未有的机遇，致使金融行业在互联网和人工智能飞速发展的催促下开始进行创新。只有与时俱进的金融才能够不被时代淘汰，才能长期矗立于历史长河中。在这一节中我们就来谈谈金融行业在人工智能的发展下所面临的难得机遇。

（一）提高和带动“互联网+产业金融”的发展

人工智能，顾名思义就是“人工+智能”。同时，它又是属于计算机科学的一个分支，简而言之就是研究如何赋予计算机以人类的智能，即如何让计算机去做过去只有人类才可以做的事情。随着人工智能的出现以及发展，它给金融行业带来了创新、造成了冲击，同时也带来了机遇。在互联网金融方面，人工智能就在某种方面提高并且带动了“互联网+产业金融”的发展。说起“互联网+”，其实就是“互联网+各个传统行业”，但这又不仅仅是简单的两者相加，而是利用互联网平台以及现在的信息通信技术让互联网与传统的行业进行深度融合，进而创造出新的发展生态。“互联网+”代表着一种新的社会形态，就是充分发挥互联网在社会资源配置中的集成以及优化作用，将互联网发展下产生的创新成果深度融合于社会、经济等各个领域中去，进而用来提升全社会的生产力和创造力，形成更加广泛的以互联网为基础设施和实现工具的经济发展新形态。“互联网+”代表着一种创新型的

经济形态，它指的是依托互联网信息技术来实现互联网与传统产业的联合，并且以优化生产要素、更新业务体系、重构商业模式等方式来完成经济的转型和升级。“互联网+”计划的目的在于充分发挥互联网的优势，把互联网与传统行业进行融合，以产业升级来提升经济生产力，最后实现全社会财富的增加。① 而我们要说的“互联网+产业金融”就是由“互联网+各个传统行业”这个公式衍生出来的。

互联网金融是互联网普及背景下必要的产物，而“互联网+产业金融”便是社会中各个企业和互联网相结合进而进行生产的金融活动。人工智能的产生也在某种方面上促进了移动终端多样化的发展、智能终端和可穿戴设备的兴起，以及云计算和大数据处理能力的提高，互联网开始逐渐地改变企业的经营管理模式以及产品服务的生产供应方式。与此同时，我国已经开始进入由资本市场和互联网金融引领的新金融时代，这就提醒我国企业要抓紧时间把握这种大趋势，把过去那种以间接融资为主的模式逐渐转向以直接融资为主的模式，然后把产业、项目与金融资本通过互联网时代的各种模式来对接起来，这样就能贴合客户需求进行个性化的项目生产，这样的新兴金融模式会受到更多的客户欢迎，客户需求相较于从前大大增加了，致使企业的经济状况也得到了大力提升。因此在现在这种新金融时代的背景下，我国金融行业形成“互联网+”产业金融的模式将是大势所趋。

人工智能的大力发展为“互联网+产业金融”的发展提供了更多的载体、渠道以及形式等等，它的不断创新便意味着有更多新兴的金融发展形式应运而生，在时代的驱使下，“互联网+产业金融”的发展自然就会随着人工智能的发展创新进而被提高和带动。

（二）促进实体经济向智能化、高端化发展

在当今这个互联网时代，消费者与商业资源连接的方式悄然间就随着时代的发

① 黄楚新、王丹：《“互联网+”意味着什么——对“互联网+”的深层认识》，《新闻与写作》，2015年第5期。

展发生了转移，企业的经营模式也从 B2C 即 Business-to-Customer 逐步进行拓展，变成了 B2B2C 即 Business-to-Business-to-Customer。也就是说，消费者与商业资源之间的连接在人工智能的发展创新下，出现了智能终端、APP、网站、可穿戴设备等新的方式。然而实体经济在这些产物的影响下似乎在逐渐下滑，随着互联网的不断普及，淘宝、天猫、京东等网络购物平台也应运而生，甚至在现在这些互联网催生下的产物已经成为了经济主流，似乎在某种方面是与大力发展实体经济是相悖的，多数人们只看到了互联网对于实体经济的消极影响，其实不然，人工智能和互联网的发展除了在某种方面产生了消极影响外，它也促进了实体经济向着智能化、高端化转型与发展。而实体经济要想再次振兴起来，向着智能化、高端化转型与发展便是必然选择，这样实体经济才具有吸引客户的卖点，才具备与网络购物平台持续竞争抗衡的能力。

2017 年的政府工作报告中提出了用创新来引领实体经济的发展与转型升级。其中，创新方式不乏使用云计算、大数据、互联网以及人工智能等技术，这就意味着这些技术的发展会引领我国实体经济的转型升级。而在这些创新方式中，人工智能则是得到了非常广泛的关注。2017 年的政府工作报告中，更是将“人工智能”首次写进，更加显示了人工智能对于促进实体经济向着智能化、高端化发展的重要性。同时，人工智能这场革命不仅仅是互联网意义上的一个革命，国家发展在失去人口红利以后的转型升级需要依靠互联网，而互联网自身的发展需要靠人工智能。[①] 因此要想实现实体经济的转型升级即向智能化、高端化发展就必然离不开人工智能的发展与引领。

（三）推进实体经济步入“脱虚向实”新阶段

实体经济是指人通过思想使用工具在地球上创造的经济，包括精神的、物质的

① 李彦宏：《人工智能革命对于实体经济将来会有巨大影响》（http：//society. people. com. cn/n1/2017/0309/c1008-29134091. html）。

产品和服务的生产、流通等经济活动。不管人类社会发展到何种地步，实体经济依旧是人类社会赖以生存和发展的基础。然而，由于互联网金融的快速发展和其低成本、高收益的影响，我国实体经济开始逐渐出现了“脱实向虚”的现象，这种问题也是近几年来在中国经济中备受关注的结构性问题。这些变化主要体现在货币增速较快但是经济减速、下行压力也不减；金融资产总量在不断膨胀，然而投资效率不仅没有上升反而下降了；资产价格也在过快地上涨，但是商品价格却较低甚至呈现负增长。“脱实向虚”的状况显然在各种方面都不利于实体经济的发展，同时在某种方面也与金融服务实体经济的本质相背离，也与我国想要将实体经济发展起来的目的相悖，因此解决这种问题可谓是迫在眉睫，但也任重而道远。

在人工智能被应用于引领实体经济进行创新与转型升级之后，“脱实向虚”的状况得到了大大的改善，开始步入“脱虚向实”的新阶段。人工智能技术在实体经济方面，为实体经济的发展与转型提供了更多的载体，同时随着互联网的覆盖面不断地扩大，人工智能技术也愈加深入人们的生活，将人工智能与实体经济结合起来，在广大人民群众中进行推广，使得实体经济再次回到人们的视野，也以其创新的姿态回到人们的生活，这样便能够吸引更多的客户，才能够将实体经济在人们生活中再次发展起来。因此人工智能逐步引领着实体经济“脱虚向实”、改革创新，步入一个全新的阶段，也是一个极其重要的阶段。

（四）实现金融服务的智能化、个性化、定制化

之前我们就已经谈到了“互联网 + 产业金融”，也就是将互联网金融服务与产业生产紧密联合在一起，同样，人工智能也可以和金融服务进行连接，相互结合起来，实现金融服务的智能化、个性化、定制化。在之前传统的金融体系中，金融服务极度缺乏个性化、定制化，但是在现在这个时代，科技的发展带来的人工智能科技让企业逐渐改变了其传统的金融模式，开始逐渐面向大众，通过互联网以及人工智能技术来对客户进行适合特定客户的个性化定制的金融服务。

再来说智能金融，智能金融就是人工智能技术与金融服务的全面融合，以人工

智能、大数据、云计算、区块链等高新科技为核心要素，全面赋能金融机构，提升金融机构的服务效率，拓展金融服务的广度和深度，使得全社会都能获得平等、高效、专业的金融服务，实现金融服务的智能化、个性化、定制化。[①] 与此同时，“智能金融”概念的提出，让传统金融机构转型路径变得更加多元、清晰，人工智能科技也为金融服务提供了多元化的载体，以至于金融服务向智能化迈出了重要的一步。人工智能实现了金融服务的智能化、个性化以及定制化，使得我国新型的金融服务更加普及，更加适合于广大人民群众，也更加为人民群众所欢迎、所接受。

（五）智能金融是实现产业智能化的重点落地场景

2017 年 7 月 20 日，中共中央国务院发布了《新一代人工智能发展规划》（以下简称《规划》），《规划》中指出人工智能正式上升为国家战略，而智能金融也成为其中重要的组成部分。也就是说，在我国传统金融转型升级的艰难过程中，政府允许金融机构放手使用人工智能技术、创新智能金融产品和服务，为其智能化指明了方向。同时，《规划》的出台也让金融机构的转型路径更加清晰，进而使得我国传统金融带有目的性的进行转型升级。

《规划》中还显示，智能金融将成为产业智能化升级的重要落地场景之一。《规划》要求相关金融机构运用现有科学技术进行大胆创新，建立金融大数据系统，并且提升金融多媒体数据的处理和理解能力；创新智能金融服务和产品，同时发展金融行业新业态；鼓励金融行业大量的应用智能客服、智能监控等新兴的技术和装备；建立金融风险防控系统以及智能预警等。总而言之，人工智能与金融服务相结合而成的智能金融为传统金融带来了不可多得的机遇和前所未有的创新与转型升级，也就使得智能金融在产业智能化升级中发挥了重要的作用，成为了产业智能化升级重要的落地场景之一。

---

① 赵海娟：《智能金融产业发展获助力》，《中国经济时报》，2017 年第 8 期。

（六）智能金融是新金融体系的重点方向

科技发展带来的人工智能技术是人类发展史上一个重要的革新。同时，人们将这种技术与金融行业紧密联系起来而成的智能金融则是对于传统金融而言一个极其重要的改革创新，也具有金融行业发展历程中的里程碑式的重要意义。当前，由于国内外经济、金融环境的加快转变，我国传统金融体系已经难以适应经济动力升级的需要。与此同时，传统金融行业已经无法满足人们随着时代发展而不断革新的金融服务需求。因此，金融行业面临着必须要进行改革创新的情况，形成新的金融体系来满足广大人民群众在时代与科技的发展下而催生出的个性化金融服务需求是重中之重、迫在眉睫的。

在这种紧迫的情况下，我国的经济转型和产业升级都要求完善的金融服务，而金融环境和科技创新则可以为完善金融服务提供基本条件，同时，我国需要加快完善金融服务种类齐全、经营结构合理、金融服务高效、风险控制安全稳健等的现代金融服务体系。而人工智能的出现，为传统金融的转型升级指明了方向，也开辟了新道路，提供了更多创新的方式。[①] 在这样的背景下，智能金融就成为了传统金融体系转型改革的目标所在，也是新金融体系发展的重点方向。

（七）智能金融是实现普惠金融的必然选择

智能金融是时代与科技发展下必然的产物，人工智能与金融服务的结合为我国传统金融的转型升级提供了新的方向，而人工智能的普遍应用使得我国新金融体系的金融服务可以实现实体经济的“脱虚向实”、促进实体经济智能化、高端化的发展，与此同时，还能够实现金融服务的个性化、定制化、智能化等。这些都证明了智能金融是新金融体系发展的重点方向之一。但是与此同时，普惠金融的大力推进也证明了对于我们这个处在社会主义初级阶段的国家而言，发展普惠金融也是发展

---

① 李洪侠：《现代金融服务体系三大方向》，《中国证券报》，2014 年第 9 期。

综合国家实力、提升国家人民人均经济状况的必然方向。

普惠金融这一概念由联合国在2005年提出，是指以能够负担的成本为有金融服务以及业务有需求的社会各阶层和群体提供适当而且有效的金融服务，其中农民、小微企业、城镇低收入人群等弱势群体都是普惠金融的重点服务对象是贴合我国大部分群体的现状的，因此很适用我国整体的发展。而在普惠金融的发展历程中要想普及到社会各阶层就必须要与现在因为互联网普及率极高而形成的互联网金融和智能金融相结合。在目前，普惠金融发展历程中所遇到的一大难题便是信息不对称问题，而这种问题通过人工智能就能得到解决。伴随着人工智能不断的飞速发展，我们已经在跨入人工智能时代，首先要解决的就是金融机构与普通人民大众之间的信息不对称问题，以及在传统金融体系中无法获取用户的征信信息等，在人工智能的应用下，这些都能够通过技术、数据的手段来构建出一个信用模型，同时数据公司、互联网公司等也可以从网上收集用户的海量数据，并进行快速分析预测，从而对其进行信用评级。这样人工智能就可以通过弥补与用户之间的信息鸿沟，进而扩大金融行业的金融服务覆盖面，让更多的人不必跨过传统金融的征信“门槛”就能获得相应的金融服务，这是和普惠金融的目的相辅相成的。就成本而言，人工智能的应用省去了金融体系中大量的人力物力，大大降低了金融服务的成本，更为广大人民群众所接受，同时也加快了普惠金融的发展。

因此，我们说要想实现普惠金融，那么智能金融就成为了实现普惠金融的必然选择。

四、人工智能与金融结合所面临的挑战

对人工智能的判别起源于艾伦图灵的“模仿游戏”。机器是否真的有智能？如今这个答案似乎已经得到了证实。但即便是人工智能开始全面发展的2017年，对于机器所拥有的智能我们依旧只能做定性分析而不能做定量分析。哪怕是AlphaGo引

起大众对人工智能关注的产品，仍只是某一领域的专才。因此我们目前处于人工智能的初级阶段，也就是“弱人工智能”。虽说术业有专攻，不必人人成为通才，但是要想将人工智能运用于金融，仅靠提前设定程序使之能够推理和解决一些问题是远远不够的。“弱人工智能”没有自主意识，运用于金融也只是替代人类做些收集数据之类的繁杂琐事，离智能金融千差万别。到了“强人工智能”和“超人工智能”阶段，人工智能有了自我学习和理解问题的能力，和人类一样可以在多个层面思考问题，智能金融才算真正拥有智能。

（一）人工智能的模型可能会偏离实际

人工智能的运用是通过程序、技术对事物进行自我分析，然后系统根据分析建立数据模型。在这样一种情况下，由于模型缺少理论的支撑，容易在实际操作过程中出现偏差。尤其在金融行业，面对客户的投资、咨询、要求等，如果人工智能在建模这一方面出现偏差，对金融机构或企业造成的损失是很大的，比如可能会引发信任危机、投资骤减、资金周转困难等等。在这样一种挑战下，要想保证人工智能在模型这一方面尽可能的准确，就要同时使用有理论依据的模型进行辅助。

（二）人工智能可能会在体量较小的市场产生流动性风险

人工智能对技术、人才的要求是很高的，因此在启动成本这一方面是非常高的，在金融行业运用人工智能的企业还不是很多，进行交易体量的规模不大。但随着人工智能技术的普及，它给部分企业带来的利益以及自身所具备的优势逐步被市场发现，人工智能的运用将会向大规模发展，这样一来，在一些体量小的市场，人工智能在金融行业的运用的流动性就显得并不好，面临着很大的风险。

（三）信用环境的缺失难以保证人工智能模型数据的准确性

在我国，信用环境还不够健全，很多的机构或企业信息数据的录入部分是不完整甚至是不真实的。在这样一种情况下，在金融行业运用人工智能，很有可能会因为数据的不完整或者不正确导致分析的结果与真实情况并不相符。如果因为这一偏差而在这条道路上越走越远，那我国的金融行业也会在偏离正常轨道的道路上越走越远，这产生的后果是不可估量的。

（四）对大量数据的妥善保护为金融机构或企业增加困难

基于人工智能下的金融行业的发展，必然少不了海量数据的支撑。企业如何来保护客户的信息或者企业本身信息不受到侵害，是一个不太容易解决的问题。对于金融行业来说，要想在金融市场立足，首先要做到的是对客户的基本信息保密，建立良好的信用关系。将人工智能运用到金融行业中时，要严防信息被盗，出于安全考虑，企业或机构要在完善人工智能技术的同时，还要注重网络安全的布置，防止自身信息或者客户信息被恶意盗取，引发不可预料的后果。

第三章

智能客服：降低成本，提升体验

几乎所有的企业都是以客户为基础才能进行发展，相应地，客服就处在了一个很重要的位置上。客服能够为客户解答疑惑、提供建议、介绍产品等等，能够让客户在了解的基础上，对产品以及操作使用方面有认知。随着信息技术的发展，人工智能的浪潮正在以其迅雷不及掩耳之势席卷全球，许多行业都受其影响。在以客户服务为中心的客服系统在受到人工智能的影响后，也出现了智能客服。智能客服有着大规模知识处理技术、知识管理技术、自然语言理解技术、自动问答系统、推理技术等等，是基于大规模知识处理而发展起来的一项主要以行业应用为导向的技术，具有行业通用性，为企业提供了细致化的知识管理技术，是一种为企业与海量用户之间的沟通建立一种基于自然语言体验的有效快捷的技术手段；同时还能够为企业提供为了实现精细化管理所需的统计分析信息。最为大家所熟知的就是淘宝智能客服。那么，为什么会出现智能客服？智能客服与传统客服相比有哪些优势？智能客服包含哪些内容？

一、传统客服面临的困境

随着经济的发展，我国对于投资方面的需求也不断扩大。在客户服务领域，数量也在大幅提升。这样一来，服务流量的增加是否就会对传统客服的业务造成压力？对传统客服的人工成本又有什么影响？

（一）客服成本不断上升

智能客服相对于传统客服的一个明显优势就是成本。随着 2014 年“新常态”一词被提出以后中国经济增速放缓渐为大众所接受，中国企业在这种经济大背景下不得不通过压缩成本以谋求效益提升。而客服行业是显著具备劳动密集型组织特征的。传统金融业的客服中心，在确保服务品质不降低的前提下管控好日益膨胀的人力资源成本是十分困难的，这也成为金融客服业重要经营目标。相对而言智能客服系统正是以高效服务为追求，全方位多维度地构建了客户与交行之间快速的沟通渠道，客户在办理各项业务的过程中可以快捷的获取服务支持。[①] 它对于传统客服具有极大的成本优势。

传统客服本身就存在着较大的成本问题。企业的被动寻找客户、被动的满足客户需求、人工客服所浪费的大量人力资源等。这些在随着参与人数的增多，规模也要相应地增大，相应的人工服务的成本也要增大。为了适应客户数量的增长，雇用客户服务人员数量也要增加，工作人员办公区域扩大，工资总数增加。也许，在这种情况下由于客户数量增加所获得的收益并没有人工服务成本增加的多。

① 张诚：《新时代银行智能客服应用研究与展望》，《生产力研究》，2017 年第 7 期，第 32 ~ 34 页。

（二）传统客服效率低下

传统客服最经典的服务方式是企业和客户通过柜台面对面的交流。这种服务方式需要客户在企业营业时间亲自上门。而企业为了保证服务的广度与质量，往往就会在交通繁华地段、人流密集地段开设多个店铺，这样一来企业就必须负担庞大的租金，同时还得招聘很多售后服务人员，否则服务质量不高客户会对此有所不满而转向其他企业。

传统客户服务对客户的咨询方面都是被动的，客户需要上门咨询，或是通过市场部或者销售部去推销。有一种客户服务的方式叫做“扫楼”，就是挨家挨户去找有没有需求的客户。盲目的客户服务方式，显然效果不会很好，并且对企业和客户都非常不利，企业对客户、客户对企业，两者之间的了解几乎为零。传统服务是被动的满足客户的需求，就是出现了问题，然后再去解决问题。不能够让客户及时了解到产品所处的背景以及面临的问题。传统的客服中也有很多企业为客户提供了服务热线，通过打电话的方式让客户进行咨询，当人多的时候，电话总是处于忙碌状态，不能为客户快速有效率地解决问题。

（三）客服人员压力增大

随着普惠金融理念的提出，越来越多的人开始接触到金融，了解金融，越来越多的人愿意在金融市场中进行自己的投资，许多的企业所面临的是比以往更多的客户，更多的咨询，自然就需要更多的服务。如果企业还是按照传统的客服方式来进行服务，就会面临许多的困难，比如人工服务人员压力增大。人工服务人员面临迅速增长的访问数量，工作量逐渐增加，工作时长逐渐增加，业务频率逐渐加快，随之而来的可能并不是客户的夸奖、投资，极有可能适得其反，听到的是客户的抱怨，在高强度拥挤的咨询下，客户很有可能产生厌烦、暴躁的情绪，当有客户想要咨询却得不到及时的回答时，就会埋怨客户服务的质量不高、效率低下，这对于人工服务的员工造成了很大的心理与生理上的压力，十分不利于客户服务工作。

日益增长的服务流量加大了传统客服业务压力和人工成本。在这样一种压力下，必然会催生一种新的能够有效解决人工成本问题的新的客服方式，怎样能够在尽可能少的人工成本下将客户服务的效率达到最高。在科技的驱动下，智能客服应运而生。

二、智能客服：机器服务优势

随着自营电商、跨境电商、垂直电商、自媒体电商不断崛起发展，近几年，国内电商呈现出“百花齐放”的状态。我国的电商巨头阿里和京东分别在2015和2013年上线了自主研发的阿里小蜜和京东JIMI，有数据表示，“阿里小蜜”的工作量相当于3.3万人工客服，京东的JIMI累计服务用户也已经突破亿级大关。在金融行业，智能客服的出现也为金融企业节省了大量的成本，还提高了工作的效率。智能客服做到了许多人工客服不能做到的事情，有很大的优势。主要有：智能客服能够全天候在线，为客户随时提供服务；能够智能识别语言、文字，快速精准地回复；服务标准化，质量高；降低了人工成本。

（一）全天候在线，随时提供服务

试想，当你现在急需了解某金融企业某一产品的销售状况、风险问题，但是热线总是打不进去，企业内咨询人数太多，排队等候时间较长时，你是不是会埋怨企业办事效率低下，服务质量差。这种状况的出现对金融企业的发展极为不利。但是，智能客服的出现，使得这一问题得到了缓解。

智能客服基于人工智能的技术，能够24小时在线服务，当客户一有问题，就能够及时得到答复，随时随地为客户提供服务。并且这种系统的稳定性高，可以在相同时间介入不同且大量的客户，使得客户无需排队等待，或者热线电话打不进去。

（二）智能回复，快速精准

智能客服背后有一套智能客服体系。这一体系运用人工智能技术中的自然分析技术来完成语言自动分析以回答客户问题。这一技术主要是结合客户服务系统中拥有的资源及企业与用户交互渠道，构建智能语音分析系统，并以此为基础形成新的服务体系向用户提供智能问答功能。智能客服能够精准地识别文字信息，并对这些文字信息进行分析，然后通过问答系统对客户做出相应的回答。

（三）标准化服务，保障服务质量

智能客服系统会利用大数据的技术方式来统计重点或者热点问题，记入有效准确的回答，对于客户所咨询的热点重点问题能够迅速地给出统一的答复，与此同时，智能客服会进行质检，定期对其质量进行检测，以防在与客户打交道时出现问题。而且，智能客服系统还有评价系统，在一轮客户服务结束之后会有一个智能客服评价系统，这种评价标准客观统一，为智能客服的改进创造了条件，使得服务的质量大大上升。

（四）减少人工坐席，降低人工成本

传统的客服需要许多的人力和物力投入，布置人工座席、雇佣接热线电话的人员都是需要成本的。智能客服则不同，它通过人工智能，运用智能客服系统与客户智能交流，除非遇到了系统不能自动回复用户的问题时，将转人工处理。为了减少人工服务的成本，还研制出话务员操作系统，供话务员操作使用。话务员操作系统具有精确的语义检索能力，并且话务员可以在线编辑知识库，供其他话务员使用，或者经过审核后，供智能客服系统自动使用，这样一来就减少了人工座席，大大降低了人工成本。

三、智能客服架构

智能客服在实现的过程中需要有许多的中间技术或者程序来支持这套系统实现精准、高效的工作。比如人工智能、大数据、云计算等等。那么，运用这些技术和程序的智能客服包括哪些？它的架构有哪些？

（一）智能问答

智能问答是通过智能问答系统将无序、杂乱的信息进行处理，从而使其有序，整齐科学。在进行资料整理时会建立一些分类模型，这些模型对信息的处理起到了关键的作用，不仅可以指导新增加的语料咨询和信息，还可以节约人力资源从而降低成本提高信息处理的效率。客户服务应建立在两个重要特征之上，即人类自然交互方式的实现以及在服务过程中自我学习优化的实现。首先，人类自然交互方式的实现包含语音、文字、肢体语言等，同时也要对用户所提出问题有一个精准的认识，才能够为客户提供更高效的服务体验。实现这一目标，就必须要在简单服务的举出上增加智能与人工配合的效果，即人机交互的功能。比如接入自然语音处理和语义处理，从而能听懂客户的需求内容，并且将语言客户化从而提升客户的自身体验。其次，自我学习优化的实现是系统自动对客户的反馈进行分类并自我评价，从而找出不足来对该系统做出优化处理。在实现这两种目标的基础上的智能客服，才能够真正为客户提供更加真实、舒适的体验。

智能问答有多种模式，其中包括一问一答、相关问答推送、焦点问题自动排行、热点词聚焦、引导式交互客户服务、转人工客服。

1. 一问一答形式

一问一答的模式就是智能客服系统通过客户所提的问题，针对问题进行回答，有组织，有方向。能够使客户清楚地了解到自己想要了解到的问题。

虽然这种一问一答的模式能够准确地回答客户想要了解的问题，但是它并不全面，仅仅是在客户想要了解的层面回答问题，由于客户对企业产品什么的可能不了解，不能提出相关的其他问题，如果仅仅是一问一答的模式，会使客户对产品仅是一知半解，了解不透彻，获取信息不能及时。并且这种一问一答的模式显得很机械化，让客户的自身体验得不到满足，很不自然。

2. 相关问答推送

相关问答推送就是当网站用户提出问题系统接收到问题后，不仅仅推送出该问题的答案，还推送出与该问题关键词相关知识给用户，能够让用户更好地了解所询问问题，这样就做到了一次提问全面掌握信息。相关问答推送有以下特点。①

（1）及时主动性。

及时主动性是相关问答推送最基本的特点需要提交新的信息时，依据传送信息的类型和重要性不同，系统会主动提醒用户接收新信息，提高用户获取信息的及时性。

（2）集成性。

智能客服系统通过其搜索程序在相关问答推送服务中从各种渠道，通过各种方式获取信息，并对获得的零散的信息进行加工集成，通过推送传达给用户，供其查询了解。这种加工体现了其集成的特点，并且这种集成性能够使得提供给客户的信息更加全面，更加准确。

（3）提升客户体验。

试想当客户与银行智能客服进行交谈，却浑然不知对方是个机器人时，客户体验一定无与伦比。当前智能客服的核心机制是“抓取关键词 + 匹配对应文本”，因此在智能客服知识库建设过程中，需坚持易用性原则，综合采用多项技术手段与服务策略，确保机器人服务与人工服务间不存在明显差异。

---

① 邹儒楠：《贸易预警情报的推送服务研究》，《商场现代化》，2006 年第 11 期。

（4）针对性、目的性强。

相关问答推送服务提供的信息是根据用户的特定需求定制的，这充分体现了用户的个性化需求。这种个性化的服务还是动态的，用户只是在最初提出一个问题相关问答推送就会根据客户的问题倾向自动搜索相关问题，能够通过这些问题使客户更全面、准确地掌握整个产品的信息。

（5）便捷高效性。

相关问答推送是用户只需输入一次信息请求或提出一个问题，就可以一次性获得连续的信息服务，对客户与客服来说都很便捷且高效。不仅如此，它还可以通过系统程序自动跟踪客户的信息需求，既节省了主动拉取客户的时间，又能够减少多余信息的传送，提高了信息的匹配度，大大方便了用户，提高了效率。

（6）针对性、目的性强。

相关问答推送服务提供的信息是根据用户的特定需求定制的。这种个性化的服务还是动态连续的，用户在最初提出一个问题，相关问答推送系统就会根据客户的问题倾向自动搜索与关键词相关的问题，能够通过这些问题使客户更全面、准确地掌握整个产品的信息，与此同时也体现出用户的个性化需求。

3. 焦点问题自动排行

智能客服在工作过程中，任意截取一段时间统计、排列并自动聚焦用户对客服提问的问题，按照访问频度将客户频繁问的热点知识在系统页面上集中显示，并且将聚焦的热点中某一具体类别的知识也按照访问的热度进行排序，紧接着与热点问题类似在系统或服务页面知识类别栏目中显示。对于客服来说可以通过这种方式了解客户的需求、心理和偏好，对服务很有利。

4. 热点词聚焦

热点词聚焦与焦点问题自动排行非常类似。热点词聚焦是系统通过统计用户提出的热点关键词并按照其访问频率来进行聚焦自动链接业务列表中的关键词形成热点词语。其作用是通过这种关键词的聚焦，掌握客户心理，对以后的客户服务的趋势有一个大概的预测，可以提前制作出服务方案，从而提高服务效率与质量。

5. 引导式交互客户服务

引导式交互客户服务是用上文讲到的热点词聚焦和热点问题自动排行的方式将已经形成的热点问题整理成相互联系且有逻辑性的知识链条，通过引导交互式的服务，尽量从网页端解决客户常见问题。由于许多的原因，客户是不愿意与客服通过电话进行交流的，他们更愿意通过信息与企业进行沟通。交互客服的方式使客户与智能在信息方面进行沟通，没有人为的压力，可以让客户咨询起来更加方便。

6. 转人工客服

由于语言的复杂性以及人为要求的不断变化，许多的信息也许是智能所不能解决的，这样一来人工客服还是必不可少的。用户在遇到人工智能无法解决的问题时，直接转到人工客服，可以向客服人员进行在线咨询。从而能够获得自己想要的答案。尤其是在普通的人工客服也无法解决时，专家客服坐席也是有必要的，在对一些极其专业的问题，涉及到深入的难题时，可以通过专家的协助来使客户服务更加精准、高效。

虽然智能问答在智能客服中起到很大的作用，有着很大的优势，但是，智能问答也会存在着一些无法避免的问题。

首先，智能问答对表达意图的理解可能会出现偏差。智能问答系统的最重要环节是对自然语言问句中表达意图的正确理解，对表达意图的理解可以简单地表述为对语句中主语与谓语动词的寻找过程。对于简单的语句，智能问答系统能够从容应对，但是遇到有些复杂，多个主体时，对语句的理解可能就会发生偏差。比如“人的丈夫的配偶是谁”。在这个自然语言问句中，主体为“人”，“丈夫”和“配偶”都是谓词。存在着多个属性词。由此看来，自然语言理解的过程是比较复杂的。需要对各个领域的问句进行总结归纳，将某一个大类问句再细分为几个小类的问句。万一一个不谨慎，就会出现理解偏差，造成误解。

其次，大规模知识库的构建，知识库中的各个领域的属性是相互关联的，知识抽取困难。智能问答系统是否精准，取决于自然语言理解程度与知识库完备性的双重限制，随着各个网络公司对网络知识的日益重视，大家都对自己网站的内容做了保护，这使得大规模知识库构建过程中的知识收集受到了严重的限制。此外，从互联网上获取的知识少量以结构化的形式呈现，比如百度百科和互动百科以及豆瓣等。但是互联网上大多数的知识是以非结构化的形式展现的，如何从大规模的非结构化的文本中抽取出有用的知识，即将非结构化的文本转化为结构化的知识，这是目前知识抽取任务的难点。①

（二）语音质检

语音质检就是将客户语音识别成文字，利用文字做分析质检，来检验客服的服务质量，从而能够及时完善客服系统，改善客户服务效率。语音质检能够全覆盖，百分百将语音转换成文字来检测，还能够公平检测，错误相对较少，能够有效地降低人工成本。就目前来看，语音质检的发展也遇到了很多的瓶颈。

1. 语音质检的现状

随着科学信息技术的发展，大数据、云计算等的出现，语音智能质检已经成为客户服务甚至呼叫中心行业的发展趋势。而我国从计算机普及到现在时间并不长，经济基础也相对薄弱，语音质检系统的益处才刚刚开始被各企业发觉，各个金融机构或企业在语音质检方面所投入的资金与劳动也较少，发展还不成熟。现如今，国内有一些企业已经投入使用的系统，大多都需要按照行业的不同进行可定制的二次开发，并且不同企业或系统对质检的标准与内容的要求也有很大的差别，不能直接应用到银行业的客服语言质检系统中。② 总体而言，由于我国计算机人工智能等发展还在增长阶段，还未达到成熟，智能语音质检的发展还处在崛起阶段。

2. 语音质检的原因

（1）满足客户数量增长以及客户对服务质量要求的增加。

在经济逐渐发展的现代社会，人们所追求的并不仅仅是物质上的满足，人们所

---

① 冶忠林：《智能问答系统的研究与实现》，西南交通大学硕士学位论文，2016 年。

② 贾智慧：《客服中心语言质检系统设计与实现》，西安电子科技大学硕士学位论文，2015 年。

追求的更多的是精神上的满足。这种需求导致服务业逐渐的崛起。在智能客服这一领域，如果企业的服务质量不能达到顾客的满意程度，这一企业将要面临的就是顾客数量减少、投资数额下降、收益降低的危险。这样一来，为了保证智能客服的高质量、高效率，就需要对其进行语音质检，来保证其准确性，为客户提供一个精准、高效的客户服务体验。

（2）大数据和云计算打破了大量数据处理的瓶颈。

在智能客服的背景下，需要对大量的数据进行处理。银行要处理将近 3 万小时的大规模语音量，在没有大数据和云计算的条件下，是很难完成语音与文字的转化的。在这庞大的数据面前，如果没有一种能够有效快速的工具来进行处理并对其进行分析，将有可能会导致语音识别错误，从而发出错误信息，将客户带领到错误的认识产品或其他服务的方向，对企业的损失是很巨大的。这样一来，在大数据云计算的条件下，语音质检才能够显示出它的最大效用，从而保证客户服务的高效与高质量。

（3）人工智能的发展，特别是第三代网络这块对语音模型的调整，使得语音转文本的识别率远远达到了应用的需求。

人工智能主要是研究并开发出能够用于模拟、扩展和延伸人的智能的一种理论、方法、技术及应用系统相结合的一门技术科学。大数据与人工智能的发展应用使得大量数据被准确处理成为了可能，尤其是第三代网络对语音模型的调整使语音质检的实现成为必然。

（4）语音中蕴含了很大的价值，能够满足客户的需求、企业的需求、坐席的需求以及流程的需求。

我们可以从一个人的语言中体会到很多的信息，在明白了语言信息的重要性之后，在客户服务的过程中对客户的语音分析显得尤为重要，尤其是对智能客服的质量检测，在了解到智能客服的质量后，能够设计出应得的解决方案，以便提高效率，语音质检就这样逐步发展起来。

3. 语音质检的主要业务功能

语音质检分析系统可以对目标语音做出相应的质检分析，通过质检系统找出客户对服务不满意的原因，从而改善坐席服务质量以及优化产品的流程。其主要的业务功能有语音质检与管理、语音挖掘与分析和与第三方系统的配合。

（1）语音质检与管理。

智能语音质检和分析系统在语音分析系统的基础上能够提供自动化的质检功能，了解用户需求，倾听用户的心声，从而最大限度地挖掘语音的价值，还可以通过设置质检相应策略和运行规则，对语音数据进行自动化筛选，一旦发现服务质量问题就将数据发给质检人员进行审核确认，并以自动化预先质检，有效地提升质检的覆盖范围和工作效率。随着预先质检的检验数据，可以设置针对性的质检筛选策略，然后利用质检筛选的工具将不符合质量标准的语音找出来，从而实现质检的自动化筛选，提升质检的效率。尤其是在现在我国智能语音质检系统发展的初期，还需要将这些不符合质量标准的数据交给质检人员进行复查，并根据要求对质检项进行增加或减少。

这种语音质检系统包含了样本筛选和智能质检的功能。在语音质检和分析系统中，样本筛选是必不可少的。在发展初期，这种自动筛选功能能够协助质检人员在短时间内缩小范围，找到不符合质量标准的语音数据，并能够及时提出问题，找出改革方案，进而提高服务的质量和效率。语音质检的另一个功能是智能质检。智能质检主要是通过系统建立的质检模型实现其工作，在模型管理功能模块进行新建质检模型和质检模型管理，质检模型属于模型的一种，建立和管理方法与普通模型一致。通过导入质检的规范，对已有的质检规范，系统可以自动导入，并在后台生成与之相关的质检策略，从而达到质检的目的。

（2）语音挖掘与分析。

智能语音分析系统将发挥语音分析的指南针的作用，通过分析客户投诉的来电原因、重复来电的原因、对服务满意度的分析、通话时长的分析，对这些结果整合，得到结论，从而及时把握客户的重点需求的变化趋势是怎样的，及时地发现服务过程存在的问题，才能迅速采取有效地应对措施，为推动服务和营销提升提供有利支撑。这种语音挖掘与分析的方式是从一个很微小的切入点进行数据分析，从大的方面把控客户心理，从而为客户提供更好的服务。

（3）与第三方系统的配合。

语音分析系统是提供系统分析结果的输出接口，便于第三方系统对数据分析结果的查询。比如：语音转成文本、语音与模型的匹配。这种输出接口提供的是按照批次编号、标签、语音编号和语音数据的日期区间的方式提供查询接口来查询分析结果。这种质检系统与第三方系统配合工作大大提高了语音质检工作的效率，不仅仅使第三方系统能够与数据分析系统共享数据，还能够通过这种数据共享节省成本，还能更加有效地为客户提供服务体验。

4. 语音质检发展的优势与瓶颈

传统的质检都是专家来进行的，质检率相对比较高，前期的投入成本比较低，因为只要有一些质检人员，就可以启动质检系统进行工作。同时传统的质检成熟度比较高，同一行业维度里都可以找到相关的人才。但是传统模式比较延迟，时效性比较差，其质检具有滞后性。由于现在人员的配比、客户数量的增加以及质检人员的工作量越来越大，导致人工成本逐渐上升，并且传统质检覆盖率低，这样衡量呼叫中心的服务质量的话，比较难以达到完全的高质量、高效率。与传统的质检相比，语音质检存在着很多的优势，同时也面临诸多方面的问题。

优势一：百分之百全覆盖，把语音转化成文本，然后进行质检。

传统的质检是通过人工来实现的，在数据处理方面可能做不到全面覆盖，不能够将所有的数据聚合在一起进行分析，但是智能语音质检可以做到。它通过自身系统将客户所有的语音数据先进行语音转文字的操作，再将数据进行集中、分析，通过自身系统根据不同内容建立不同模型，对数据进行针对性的处理、检测，效率很高。

优势二：质检结果相对公平。

有很多的考核项目有关于座席的反馈，本来抽检率 5%，但是有个人就被抽中了，很多座席人员反馈说这个人倒霉，被抽中了。那么语音质检就是相同的标准对大家进行质检的。另外语音质检通过实时的模式，可以同时发现客户代表的问题，具有很强的及时性。传统的人工质检，在检测过程中可能会因为人为的失误造成错误的结果，导致质检结果的不准确，可能就会使得企业的客户服务走向与正确轨道相反的方向，而且传统的质检滞后性较强，与语音质检相比，有很大的差别。

优势三：分析报告可以及时的在系统里查看。

上文中提到，智能语音质检可以与第三方系统相互协作，不仅仅是质检系统能够随时查看结果报告，第三方系统也能够随时查看结果报告。这极大地方便了企业对自身客户服务质量的了解，也能够随时根据这些数据结果制定相应的问题解决方案。

优势四：语音质检可以降低人工成本。

语音质检减少了人工座席、客服人员工资、数据分析成本费用等等。在人工的基础上与大数据、人工智能的结合，从总体上降低了质检的人工成本，于此同时，语音质检也以其精准的数据处理能力降低了许多犯错误的风险，在风险把控方面也是降低了成本的。当业务量增加时，语音质检也可以通过提升数据处理效率来降低质检的成本。

瓶颈一：启动成本比较高。

由于语音质检是与人工智能、大数据、云计算等相互结合起来的质检系统。在确定布置语音质检系统之前有大量的准备工作要做，比如，将人工智能与质检系统结合，怎样编程使大数据能够准确地运用到数据处理中去，怎样布置语音识别系统等等，这些高科技产物的布置是需要大量成本来支撑的，尤其是现如今人工智能的发展还处于发展热潮，不够成熟，对人工智能的操作存在很多困难，需要大量的专业人士来布置这一系统，需要耗费很多的启动成本。

瓶颈二：建模存在大的难度。

在客户服务时，不同的客户具有不同的诉求，相同诉求的不同客户具有不同的性格，对服务的要求自然不同。遇到客户咨询不同的业务，语音质检系统需要建立不同的模型，再通过这一模型对客户诉求的不同进行数据归类，整理，分析，最后得出结论。业务与诉求千变万化，模型的建立就显得力不从心，客户有客户的模型，电销有电销的模型，模型都不一样，所以模型的建立存在比较大的难度。

瓶颈三：语音质检系统操作步骤繁琐，需要很多的辅助手段。

语音质检系统的操作是很繁琐的，它并不是建模以后就不用管了，其实它要经过不断反复的实际操作训练，从而达到其准确率。还有就是语音质检识别率并没有达到百分之百，还存在着微小的差距，另外人工智能的程度还没有达到机器人可以代替人做主观判断和体会语音的程度，在与客户交流的时候会显得很客观，所以我们的质检还是基于规则和基于表达式相关的质检，并不能完全的代替人来工作，所以在语音质检系统发展的初期，需要最后将数据发送给人工检验。

（三）语料挖掘

语料库在语言学研究中的作用十分重要，在计算机与互联网出现之前，语料库构建中的语料挖掘与收集工作主要都是靠人工完成的，需要消耗大量的劳动力资源。随着语料库的重要性日益增长，相关问题也变得越来越值得探讨。现在，依托于计算机技术与互联网的普及，个人建立适合于自己研究的小型语料库逐渐成为可能，进行语料挖掘已成为文本语料挖掘技术研究的热点。①

语料挖掘是在客户服务的过程中将文字信息通过语料库中的模型对其进行数据分析，从中挖掘出有用的信息，再得出结果的过程。在智能客服领域，语料挖掘作为其一个架构的分支，其发展的好坏在很大程度上影响了智能客服的发展。

1. 语料挖掘的发展现状

随着现代科技的发展，互联网的出现，web 语料挖掘概念的出现，个人可以建立适合于自己研究的小型语料库。在智能客服方面，很多企业将语料挖掘运用其中，通过对客户所发文字信息，进行语料挖掘，得出各种与客户相关的结论，便于与客

---

① 张霄军、张凌岚、刘军：《基于 Web 语料挖掘技术及其系统设计》，《上海电力学院报》，2004 年第 2 期，第 39 ~ 43。

户交流，减少了失误率。

越来越多的人与企业认识到语料挖掘的益处，在各个行业的应用也逐渐广泛。但是由于我国在这方面的技术发展还不够成熟，在语料挖掘的应用中也遇到了许多的困难。

2. 发展语料挖掘的优势

（1）可以从语料库中挖掘语言学的知识。

语言学的研究必然是将语言事实作为依据来实现的。虽然在智能客服中，不能说要对语言学进行研究，但也要明确能够从客户的语言文字中读出相应的信息，才能够正确的为客户服务。语料挖掘正是基于这一出发点，在语料库中挖掘出语言信息，对客户的要求进行语言分析，把握客户的服务心理，从而精准地回答客户所要咨询的问题。这不仅能够通过掌握客户心理“投其所好”，还能在很大程度上提高服务的准确率与质量。

（2）可以从语料库中挖掘出非语言学知识。

语料挖掘能够挖掘出的非语言学知识是指从文本数据中所发现的数据集合的模型，根据这一模型发现其隐藏的信息或者将来的趋势。正所谓“上天总是会眷顾有准备的人”，如果企业能够通过这种方式获取到语言中隐藏的信息或者趋势，那在智能客服这一领域就将客户牢牢把握住了，对企业的发展是十分有利的。

（3）能够从语料库中自动提取信息。

随着计算机的普及和互联网的发展，许多的信息都是以电子存档的方式保存着，这大量的信息就组成了一个语料库。智能客服系统是一种自动化的服务系统，解决了由于信息过量所带来的人工查找费时费力的问题，能够自动抽取信息，然后进行语料挖掘，从而得到自己想要的信息。可以说，智能客服既节省了成本，又提高了效率。

3. 语料挖掘发展遇到的问题

（1）语料结构逐渐复杂。

对于传统的语料库来说，都有特定的模型，然后可以根据这一特定的模型来描述与之相关的语料。随着互联网的发展，各种网页的出现，语料变得很复杂，如果客户在询问时发来一个网页，其中的语料繁杂，自动处理起来需要查询集成，就变得很困难，由于这种语料没有其特定的模型，语料结构又很复杂，在语料挖掘时就很困难。

（2）语料源的差异化。

信息的多样化导致网页上存在着许多站点，每个站点都有自己的语料库，都可看作一个语料源，这些语料源之间的信息和组织都不一样，因此这些语料源都是异构的，而用户与异构语料源以及异构语料源间的通信比较困难，它们之间必须采用一种标准语言进行交互，才能有效地进行语料挖掘。这样一来，语料挖掘的效率就不能得到很好的保证。

4. 语料挖掘系统的步骤

（1）挖掘请求。

当客服与客户进行交流时，智能客服系统可以通过语料挖掘系统的界面先设置挖掘参数，然后提出挖掘请求，系统识别后进入语料挖掘模式。

（2）语料处理。

语料处理是语料挖掘系统的核心。当系统接收到语料挖掘的命令时，通过系统的搜索引擎搜索相关的数据，再考虑网页内在与外在因素找出权威网页，将其转换为文档形式。在这一系列的动作完成之后，系统针对这一处理建立参数模型，对数据聚成、分类，挖掘文字信息的内核。

（3）挖掘结果。

由上述的步骤，最终可以得到语料挖掘的结果，智能客服系统通过对这一结果的分析，对客户做出相应的回应或建议。

（四）隐私保护①

智能使得信息管理更加系统化、便捷化，但同时也加大了顾客的信息泄露的风

① 张印芳：《高校图书馆个性化智能服务中的隐私和保护》，《图书馆学刊》，2013 年第 12 期。

险。服务所要做的不仅是让客户的问题得到很好的解决，还要切身保护客户的利益不受损害，权益得到保护。对客户隐私的保护也是智能客服发展中必不可少的一部分，其实施过程中发展的好坏也会对客服工作产生很大的影响。

1. 智能客户服务的特征

智能客户服务就是通过人工智能信息技术，在数字工具的有效支撑下，通过客户的过去服务经历形成自己的信息库，不仅满足了不同用户群体的特殊需求，还能够保证服务效率。

智能客户服务具体的特征是任何客户都能够选择自己的时间与空间来享受服务，服务不受时间与空间的限制，主要以客户为核心，了解客户的习惯特征、个人兴趣以及研究领域从而能够有针对性地为客户提供服务，是对传统被动服务模式的挑战。与此同时，系统中有着不同的服务模式与类型，客户还能够依照自身需要自己择取合适的服务类型。

2. 客户隐私在智能客服环境下的暴露途径

个性化智能服务的实现需要录入用户的基本信息，这些信息被储存在计算机系统里，这样的用户信息就被置于公开状态，存在着被窃取的隐患。具体的隐私信息的暴露途径有以下几类：

（1）登记时的暴露隐患。

客户在享受某一项个性化智能服务时，可能需要登记个人信息，这样才能使企业或者工作人员对客户进行总体的把握与了解。随着个性化智能服务技术的进步，智能化的服务会更加具体、具有专业性，这也就需要用户提供关于用户自身更为详细的信息，为信息的泄露提供极大的可能性。

（2）日志文件中的风险隐患。

日志程序是一种跟踪客户与服务器业务往来的程序，用户的每一次网络动作，都会被日志程序全部跟踪记录，形成存留于服务器中的用户信息文件。例如，申请文件、传递文件都形成了清晰的传输操作过程。这种文件记录了客户的信息后存在着暴露的风险，对客户的个人隐私暴露的可能性也是存在的。

（3）在线服务中的暴露风险。

类似于网络社交，咨询用户在咨询的过程中多种个人信息都会短暂停留于服务器中或者被保留在交谈记录中，一旦被恶意设置成跟踪性能装置，在系统或人为意识没有任何防范的情况下很容易泄露给第三方。

3. 保护智能客户服务隐私的方法

（1）加强法规制度建设，保证用户隐私权。

法律法规是用户隐私权获得保护的根本保障。由于现代化信息技术快速发展，在信息技术支持下的个性化智能客户服务使得用户隐私权被侵犯的现象屡见不鲜，客户所面临的问题也逐渐增加。隐私的泄露所造成的小影响可能是接个骚扰电话，而严重的后果会让别人有可能借用你的身份做违法乱纪的事情。面对这种情况，首先就需要加强相关的法律法规建设与制度建设，将隐私置于法律的保护之下。

（2）企业加强先进技术的保护与应用。

健全的法规制度并不能完全保证隐私受到保护，还需要足够强大完善的科学技术做保障。用户隐私权受侵犯在很多时候并不是人为的窃取，而是由于信息技术水平不高或者信息系统使用不当造成系统被入侵。同时，如果企业的信息防护系统不健全，黑客很容易就能够窃取客户的所有信息。为了切实保护用户的隐私，涉及到用户隐私的企业要积极采用先进的信息技术和科学的隐私保护手段。

（3）客户加强用户隐私保护意识。

在宏观方面加强了隐私保护后，客户个人的隐私保护意识也要加强。客户要认识到隐私保护的重要性，不能随意将自己的隐私信息透漏出去，自觉抵制不良风险的侵袭，提高个人信息保护与维权意识。与此同时，企业在与客户交流，为客户解惑时，也要向客户强调隐私保护的利害关系，从各个方面加强客户的维权意识。

第四章

智能获客：基于用户画像的精准销售

一、传统金融获客方式

（一）获客渠道

传统金融的最大特征在于有物理边界，这也决定了传统金融的获客渠道和特征。以银行为代表的传统金融的主要获客途径主要包括实体网点和营销团队，现阶段，还出现了手机银行等与互联网相关联的获客途径，但其从本质上讲还是通过将线下用户转化为线上用户，对于原生新用户的形成作用很小。

1. 渠道获客—实体网点模式

实体网点是传统金融的主要获客渠道。以我国商业银行为例，网点是银行为了有效而便利地满足客户对金融产品和服务的实际需求和潜在需求而设立的营销机构和服务窗口，“终端制胜、渠道为王”是银行通过实体网点进行营销获客的动因。

目前，我国的商业银行共有网点20余万个，从业人员达300多万，表4-1是截至2016年底，排名前20的商业银行的网点数量汇总。概括来说，实体网点的获客模式具有被动性和固定性特征。

（1）被动性。

商业银行的诸多营业网点是银行直接面向顾客的平台，从获客的角度来讲，属于被动获客的方式。商业银行的营业网点是顾客办理银行各项金融业务的场所，这就决定了一旦走进营业网点，即为有办理业务的需求，也就自动地成为了该银行或金融机构的潜在客户。

网点获客的这一特征决定了其对金融机构的网点布局有着较高的要求，一般来说，网点越多，覆盖范围越大，布局越合理，获客能力也就越高。从竞争的角度来看，由于金融产品的非专利性特征，银行等传统金融机构只能以服务便利化为经营理念，通过优化网点的数量和配置扩大市场份额，获取更多用户。近年来，银行等

表 4－1　　网点数量排名前 20 的商业银行

银行名称	网点个数	银行名称	网点个数
中国邮政储蓄银行	近 4 万个	中信银行	1424 个
中国农业银行	23682 个	中国光大银行	1119 个
中国工商银行	16429 个	中国民生银行	2813 个（含社区银行）
中国建设银行	14985 个	平安银行	1072 个
中国银行	11556 个	华夏银行	886 个
交通银行	3285 个	广发银行	804 个
兴业银行	2003 个	恒丰银行	306 个
招商银行	1900 个	渤海银行	252 个
浦发银行	1800 个	浙商银行	170 个

资料来源：各银行相关网站。

传统金融机构在扩大原有网点规模的同时，也在尝试布局新类型的网点，如大力发展社区银行，民生银行在这方面发展就相当快。此外，一些银行也在尝试布局自助银行网点的模式，但从本质看，这些新型网点在获客思路上，与传统营业网点并无差异，具有明显的被动性特征。

（2）固定性。

相对于其他营销获客方式，网点获客的模式具有明显的固定性，具体表现为空间的固定性和时间的固定性。空间的固定性是指，网点营销获客的方式通常只能在网点内部进行，能够辐射的范围相对较小，在空间上具有固定的局限性；从时间上讲，网点的营业时间有限，很少能够实现 24 小时服务，因而在时间上也具有一定的固定性。

网点营销获客的固定性特征对金融机构网点的硬件设施和人员配备都有着相对较高的要求。从客户感知的角度看，网点的服务能力和建设水平是决定客户满意度和忠诚度的关键性因素。一般客户对银行等金融机构可信度最直观的认识和评价是基于以网点为代表的渠道，因而金融机构网点的硬件设施就成为了是否可能成为该机构客户的重要决定因素，也正是基于此，金融机构的网点也在不断优化配置，通过更人性化的服务和感受吸引客户。此外，以网点营销为代表的渠道获客中更为重要的因素是提供服务的人。网点员工的业务素质和服务效率是网点获客方式能否成功的关键，网点在获客上获取优势，一方面要依赖于网点渠道员工的战略执行能力、专业技能、服务能力和营销能力，另一方面也需要各种渠道整体能力的发挥、管理机制的优化和科技等中后台管理系统的支撑。

2. 个性化获客—差异化产品和营销团队模式

传统金融中，除了实体网点模式的渠道获客外，个性化获客越来越受到各机构的重视，具体表现为通过差异化产品和营销团队相配合的模式进行相对深度获客。银行等金融机构的差异化营销的方式，主要是通过对市场进行细分，进而满足不同客户差异化的金融需求，从而实现更为深度的获客，也能够更深度地挖掘同一个客户更大的价值。

通过差异化产品实现个性化获客的典型代表即为各银行推出的理财产品。我国首款商业银行理财产品由光大银行于2004年推出，此后各银行的各类理财产品就如雨后春笋般涌出。理财产品按投资标的不同可以划分为存款型理财产品、结构型理财产品、信托型理财产品及票据型理财产品等，为配合相关理财产品的推广，各银行也培养了相应的理财经理团队，尤其是对高净值高收入客户群体，理财经理不再是坐在银行网点被动等客户上门，而是通过走出办公场所，主动寻找目标群体和目标客户，并与其建立良好的关系，突破了网点获客在时间和空间上固定性的限制。

在网点已经较为普及，短期内无法进一步扩大规模的阶段，通过差异化产品和营销团队的模式进行获客的效率更高，但也对产品和服务提出了更高的要求。更为重要的是，随着各金融机构个性化获客的普及，其差异化的特征反而逐渐消退。一方面，同业中的各金融机构均在研发针对个性化需求的产品，部分领域的产品已相对成熟，这就使得潜在客户群体可选产品数量增加，如果要进一步获取这部分客户，可能需要更大的成本。在发展足够成熟后，现阶段通过差异化产品和服务的获客曲线可能会向下，形成倒“U”型的变化趋势。

3. 其他获客模式

传统金融除了以上两种重要的获客途径外，还会通过广告获客、定向捆绑联动和机构间合作等方式获取客户。

（1）广告获客。

广告作为市场营销的一个重要组成部分，同样可以对金融机构的获客产生作用。常见的广告包括平面广告，如书刊、报纸中的宣传广告，由于不同的书刊报纸的受众群不同，通过这类广告获客的优势在于能够相对精准地定位目标群体，并在不同的书刊报纸中刊登不同内容的广告，从而实现获客的目的。另外，随着移动终端的普及，网媒的广告也越来越多。网络媒体广告的优势在于具有强烈的交互性与感官性，网络广告与传统最大的不同就在于它能够为潜在客户群提供与广告直接互动的机会。对金融机构而言，广告的目的不仅仅是发布信息，更重要的是建立良好的客户关系、提高机构和产品的知名度。此外，网络广告还具有灵活的时效性和传播的快速性，能够在机构具有重大利好等事件时，及时起到推广作用，形成事件获客效应。

（2）定向捆绑联动获客。

定向捆绑联动获客能够在挖掘潜在客户方面发挥较大作用。以银行为例，银行与高校合作，通过为高校新生提供银行卡等方式，能够获得较大的潜在客户。对学生群体而言，当经历了大学四年都通过某一银行的银行卡进行金融活动后，很容易由此产生客户黏性，在他们开始工作步入社会后，由于对相关业务和使用流程已相当熟悉，这部分用户很自然地会继续使用该银行的服务，由此成为该银行相对忠诚的客户群体。此外，通过与企业集团合作的方式，也能够在一定程度上挖掘企业集团内部的潜在用户。现阶段，相当多的银行已经采用了这类方式进行客户获取。

（3）机构间合作获客。

对金融机构而言，通过机构间合作获取客户是效率相对较高的获客方式，尤其是对一些业态相对齐全的集团公司（如包含了信托、保险、证券、银行等多业态子公司的集团公司）而言，不同机构所能提供的金融服务相互之间能够形成互补，进而为同一客户群体提供不同类型的服务。由于不同业态类型的金融机构之间不存在竞争关系，基于客户维护的角度考虑，他们也很乐于客户共享，以实现通过机构间合作的客户获取。

（二）传统金融机构的获客特征

基于传统金融机构的获客途径，其获客特征具有渠道依赖性强、运作流程标准化程度高、对营销人员要求高、同质性强、同业竞争激烈等特征。

1. 渠道依赖性强

尽管传统金融的客户获取途径在逐步拓展，但其主要的获客方式仍存在着较强的渠道依赖性，这一依赖性主要表现在内部和外部两个方面。

内部渠道依赖性是指传统金融机构的主要获客方式更多地依赖于自身的网点和理财经理的推广，有着对内部物理性基础设施较强的依赖性；外部依赖性则是指客户的获取在一定程度上还需依靠包括广告、媒体或其他金融机构等一些外部渠道。不管是内部还是外部，传统金融机构在用户获取方面都有着明显的渠道依赖性特征，这一特征决定了金融机构在对客户服务方面，更多的需要通过渠道或客户来获取相关的需求信息，而不能够通过更为主动的方式为客户提供产品和服务。

2. 运作流程标准化程度高

以银行为例，传统金融机构提供的产品标准化程度高，基层网点在产品和营销方式设计上并没有自主权，因而在一个相当大的范围内（通常为省市），获客的产品和方式都是相似的，有着相对标准化的运作流程。这样的获客方式固然能够为不同地区的用户提供相似的产品和服务，也就能为大部分客户群体提供相同的客户体验，对于金融机构从业者而言，操作相对简单，方便金融机构的全盘管理。但另一方面，标准化的运作流程也意味着相对较少的创新空间，容易使用户失去新鲜感，在客户获取到一定程度后，可能出现进一步获客投入的边际收益递减，不利于相关金融机构在市场相对成熟之后的进一步扩大和发展。

3. 对营销人员要求高

传统金融的获客方式对营销人员要求高，尤其是对一些高收入高净值客户群体的获取和维护，主要依赖营销人员，因而对相关人员的专业素养要求较高。也正是基于此，金融机构提高客户获取效率和产品营销速度的核心通常为建立一支高素质的营销人员队伍，通过加强对营销人员的培养，提高营销人员的素质和服务能力，进而实现客户获取的目的。但这一发展模式也要求营销人员具有相当高的企业忠诚度，掌握较多客户资源的客户经理一旦离职，将很有可能会带走大批质量较高的客户，因而对营销人员的专业素养和企业忠诚度都有较高的要求。

4. 同质性强，同业竞争激烈

由于产业日趋成熟，同业内的不同金融机构能够提供的产品在基本功能上都具有很强的相似性，在发展至一定阶段后，通过差异化产品获取客户的难度较大。以商业银行为例，在产品差异化初期，为了吸引有外币需求的客户群，部分银行推出了双币种贷记卡，但随着能够提供这类产品的商业银行的增加，各家银行推出的类似贷记卡除了在产品名称上有一定区别之外，其他方面几乎没有很大区别。这对于维护银行原有用户，为原有用户提供多元化服务方面有一定的好处，但通过此类产品吸引新用户的作用正在逐步降低。此外，同业内的各家金融机构由于在产品提供、机构设置、战略规划、目标客户定位等方面存在着较大相似性，在客户获取方面的同业竞争激烈；基于同样的原因，客户的忠诚度也相对较低，极有可能由于不同机构提供的产品在价格或收益方面的差异而流失，具有同业竞争激烈的特点。

5. 小结

总体上讲，传统金融的获客途径决定了其具有渠道依赖性强、运作流程标准化、对营销人员要求高和同质性强，同业竞争激烈的特点。对传统金融而言，这些获客特征具有双面性，一方面，在行业发展的成长期和成熟初期，传统金融机构标准化的运作流程、高渠道依赖性和高素质营销团队的特征，决定了不同机构的获客方式可复制性强，尤其是在发展初期，通过相关的方式进行客户获取能够产生较为明显的规模效应，有助于迅速积累客户，打开市场，实现发展，这也是近些年股份制银行和商业银行不断涌出并能够在市场中占有一席之地的重要原因。但随着行业日趋成熟，这样的获客模式的弊端也不断显现，传统的获客方式面向的客户群有限且现有产品对这一客户群的需求已趋于饱和，通过进一步加大投入力度，使用原有途径进行获客的方式显然难以为继，并且会由于同质性强的特征引发同业的激烈竞争，产生获客投入收益的边际递减效应。

（三）传统金融获客方式的局限性

传统金融的获客方式也具有一定的局限性，具体表现为获客成本高、覆盖人群有限、用户体验差和无法全部获取客户需求几个方面。

1. 获客成本高

传统金融的获客方式决定了其具有较高的获客成本。据银行相关人士透露，零售最大的成本是租金和人员。股份制银行一家综合性支行网点一年运营成本是1000万元左右，个别大型网点算上营销激励要1500万~2000万元，如果进一步考虑新网点的扩张和对已有网点的升级等支出，可以将相关成本划分为硬性成本和软性成本。

（1）硬性成本。

硬性成本主要是指银行由于获客和营销需求进行网点扩张和升级等活动而产生的相关成本。这部分成本的占比相当高，但又是获客的必要支出，因而可以称之为硬性成本。对于金融机构而言，物理网点既是财富，也是负担。一方面庞大的网点带来稳定的获客和销售渠道，另一方面经营场所带来的成本压力也不言而喻。尤其是在现阶段，受金融市场逐渐成熟和经济形势的影响，进一步扩大网点建设能够带来的获客收益并不大。也正是基于此，为应对互联网金融等新压力，以银行为代表的部分金融机构已经逐渐开始收缩物理网点，转而开始进行结构调整，智能化、轻型化成了新的改造方向。

（2）软性成本。

软性成本主要是相对于硬性成本而言的，主要是指在获客过程中的营销支出和人员培训支出等相关成本。在相对成熟的网点，这部分成本占比逐渐变大，尤其是在产品同质化严重，传统金融同业竞争日趋激烈，互联网金融等金融业态冲击的条件下，扩张网点被动获客的方式已不能吸引更多的客源，通过宣传推广和营销团队的方式获取客户成为了更多传统机构的选择，因而这部分的成本支出呈逐渐上升趋势。

为了激励员工，传统金融机构通常会将营销人员的绩效与薪酬直接挂钩，但这在激励了员工获客工作的同时，也会使员工在获取更多薪酬的动机激励下，产生为应付绩效考核而导致的客户和资金的“一日游”。据相关银行员工介绍，银行通常有存贷比时点考核，有这个考核在，每到时点临近，银行员工就会找大客户比如国企、房地产商，甚至找资金中介买存款。市场上，有的存款“过夜费”甚至开出了日息3‰的利率，例如买1亿元存款，一天就要付出30万元的费用。一旦考核期过，相关客户和资金也就撤走了。对金融机构而言，这不仅没有起到获客作用，反而形成了大量的软性成本损失。推广宣传支出更是如此，以银行为例，由于银行客户相对稳定，宣传推广更多时候起到的是银行的品牌宣传和深挖已有客户的作用，对获取新的客户作用相对较小，成本收益比低。

2. 覆盖人群有限

（1）目标客户群集中，进一步深挖难度较大。

传统金融机构在客户管理方面同通常秉承“二八原则”。以银行为例，据美国亚特兰大咨询公司的调查数据，通常一家商业银行占80%的客户带来的费用是收入的6倍以上，而另外20%的客户带来的收益则是费用的4～5倍，在使用传统方式获客的环节，这一倍数还将更大。因而对传统金融机构而言，其目标客户群体比较集中，更倾向于将高净值高收入的群体视作自己的潜在用户进行营销和获客。

此外，由于传统获客方式的特征，其能够获取的客户也较为集中。相关研究显示，传统金融机构的客户中，30～50岁的客户为主体，占比在65%以上，现阶段的主要金融产品也更多的是针对这一部分人群。这一人群的特征在于事业较为稳定，有相对充足的资金用于金融活动，且相关风险较低，对各家金融机构而言，都是希望获取的优质客户资源。但这一部分客户群相对稳定，进一步深挖的难度较大，能够对业务扩张起到的作用有限。

（2）已有获客手段无法覆盖更大的潜在客户。

传统金融机构获客目标客户集中的另一面，就是无法覆盖更大的人群。传统金融提供尽管在提供差异化服务，但这仍只是满足了部分人群的理财和金融需求，并不可避免地忽略了部分人群。这突出地表现在银行部分理财产品的设计中，目前，绝大多数银行等金融机构将理财产品发展的重点放在高收入高净值客户群上，产品设计也更多的迎合了这部分人群的需求，对普通潜在客户的关注度不够，无法满足这部分群体的金融需求。部分人群如学生、自由职业者和小微企业等，由于具有稳定的现金流少，风险度较高的特征，出于成本和风险控制的考虑，这是传统金融机构很少涉足的群体。这部分群体中，每个个体的金融需求虽然相对较小，但积少成多，其潜在市场总量依然是非常可观的，这一现象可以用“长尾效应（Long Tail Effect）”进行解释。长尾效应的根本就是强调个性化，即“客户力量”和“小利润大市场”。要将市场细分到很细很小的时候，就会发现这些细小市场累计后，会带来明显的长尾的效应，少量的需求会在需求曲线上形成一条长长的“尾巴”，累加起来就会形成一个比流行市场还大的市场。

传统金融机构的获客方式显然无法覆盖潜在客户群体中的“长尾部分”，而在客户群体集中的头部获客已经趋于饱和的条件下，使用传统获客方式覆盖“长尾部分”的人群显然由于过高的成本而不被金融机构广泛使用，因而已有获客手段无法覆盖更大的潜在客户群体，不利于客户业务的进一步推广和扩大。

3. 用户体验差

（1）客户满意度低。

传统金融机构的获客方式中，物理网点获客是最基础的方式，而这一方式的低客户满意度已成为金融机构面临的共性问题。以银行网点为例，多数银行网点的业务办理时间固定，与客户的上班时间重合，对多数上班族而言，如果要去办理业务，可能会面临请假或旷工问题。另外，物理网点长期存在的排队时间长，手续繁杂等问题也多为客户诟病，客户在焦虑中排队与柜员无休止的机械工作已成为常态。

现阶段，多数银行为解决物理网点用户体验差的问题，纷纷开通了网上银行，用以吸引和维护更多的客户。但国内大多数银行的网银，在用户体验方面仍处于差强人意的阶段。事实上，网银的发展并没有把银行业的客户思维真正转为互联网的用户思维。很多大型商业银行的网银至今还是五年前的架构，十年前的界面，存在基础性功能重复，APP 功能没有被深度开发等问题，并没有在实质上改变用户体验差，客户满意度低的问题。

（2）信息泄露风险大。

一些银行使用了差异化营销模式，通过给予不同客户群体差异化产品和服务和一对一的主动服务方式获取更多客户，但这也加大了客户信息泄露的风险，从而降低了用户的满意程度。一方面，由于业务需要，银行留存有大量的客户私人信息，为了进一步深挖已有客户，银行会将这部分信息分发给客户经理等个人，这就有可能造成个人信息的泄露，甚至出现贩卖用户个人信息盈利的情况。2016 年 10 月，四川绵阳就曾出现银行行长贩卖 257 万条公民银行信息的案件，类似的恶性事件使多数民众对电话等方式的获客营销模式产生了抵触。由于存在较大的个人信息泄露风险，出于对个人信息的保护，与之相关的获客方式的效率也越来越低。

4. 无法完全获取客户的差异化需求

相比于智能获客，传统获客方式最大的局限在于无法完全获取和深度挖掘用户的差异化需求。普通客户并不能完全了解金融专业知识，也就不能将自己的需求很好地表述并与金融机构能够提供的产品相匹配；另一方面，传统金融机构特别是银行等金融机构的业务运作中，更多的依靠业务人员进行，这就很容易由于业务人员的职业素养差异，导致对不同用户的需求挖掘深度的差异，无法真正获取客户的差异化需求。

二、智能获客：基于用户画像的精准服务

用户画像最初并不是一个经济或营销相关的概念，而在人工智能迅速发展的时代，用户画像将会越来越多地为客户获取等相关领域所用，创造更大的价值。

（一）用户画像，大数据时代的用户描述新模式

1. 什么是用户画像

用户画像（Personas）是交互设计之父 Alan Cooper 最早提出的概念，根据他的定义，用户画像是真实用户的虚拟代表，是建立在一系列真实数据之上的目标用户模型。用户画像的英文单词“PERSONA”代表了用户画像需要满足的七个条件，包括基本性（Primary research）、移情性（Emathy）、真实性（Realistic）、独特性（Singular）、目标性（Objectives）、数量（Number）和应用性（Applicable）。[①] 从中文概念上看，用户画像与用户角色非常相近，是用来勾画用户（用户背景、特征、性格标签、行为场景等）和联系用户需求与产品设计的概念，它通过从海量用户行为数据中炼银挖金，尽可能全面细致地抽出一个用户的信息全貌，从而帮助解决如何把数据转化为商业价值的问题。

通过用户画像的定义可知，用户画像是由标签集合构成的。用户画像是标签体系所构成的特征空间中的向量特征，其中标签体系是一个层级目录，其每一级都是对空间的一个划分，其中，每一个一级特征又具体的细分为二级标签、三级标签和四级标签。

---

① 牛温佳等：《用户网络行为画像——大数据中的用户网络行为画像分析与内容推荐应用》，电子工业出版社 2016 年版。

2. 基于大数据背景的智能用户画像体系

用户画像并不是一个全新的概念，在大数据时代之前就已经存在。然而，随着大数据的兴起，用户画像也有了新的内涵和运作体系。

传统的用户画像仅仅来自于业务系统、事件系统和关系信息等，多类信息缺失或不全，很难形成准确、全方位的画像。而在大数据背景下，能够获取的数据维度更多，信息也更全，加之移动互联网和物联网的快速发展，不同渠道的数据信息也可通过交易而得到。在这样的背景下，用户画像能够构建成为一个360°的体系，信息涵盖了用户的基本信息、用户产品信息、用户社交信息和用户事件信息等维度。在大数据用户画像时代，不仅人可以成为用户、一个企业、一个事物也可以成为人们进行画像的对象。通过对不同事物进行用户信息刻画和相应的统计指标体系，可以很好地将其进行关联和匹配，从而在基于用户画像的基础之上，衍生出推荐系统、物联系统、精准营销系统、广告推送系统等一系列依照用户需求，进行完美服务的体系结构。与此同时，用户画像和其衍生出的一系列系统还能够依照客户需求，进行完美服务的体系构建，这一体系之间的各要素可以做到相互补充，并能够基于用户信息推荐，依据推荐内容的用户反馈，进一步完善和丰富用户的信息。从这一点上讲，用户画像不仅仅是对用户的潜在研究，更是对用户的实时研究和持续研究。

综上可知，在大数据时代，用户信息可以刻画的维度随着业务的需求以及数据的获取与挖掘，将得到不断的完善与修正，所能描述的维度也在不断地修正与增长。

3. 大数据为用户画像带来的机遇与挑战

在很多应用领域，数据正以史无前例的规模生产和积累。与以往基于模型的决策不同，大数据时代，更多的决策则开始通过数据本身来做出。大数据推动下的用户画像为包括移动服务、零售业、金融业和金融服务业等行业在内的行业发展提供了史无前例的机遇。如在搜索引擎推荐领域，用户群及其行为的数量也在迅速增加，丰富的数据来源为构建高度精准的用户画像提供了可能。相比于以往基于较小样本的推荐，大数据时代的用户画像可以获得用户方方面面的行为数据，从而较大程度地接近全样本，可以更为精准地勾勒用户，推荐结果也更为精准，大大提升了用户体验。

与此同时，大数据时代的用户画像也面临着巨大的挑战。大数据时代的数据具有异构性和不准确性，即使进行过数据清洗和纠错，数据仍有可能存在缺失和错误，并在一定程度上影响用户画像的效果。此外，用户画像的获取会不可避免的收集个人信息，因此，数据和信息的隐私问题又成了这一技术在实际应用中的重大挑战。大数据条件下，隐私问题尤为突出，尽管已有通过“告知与同意”隐私保护框架等用于隐私保护的措施，但其在发展中面临的数据和信息保护问题依然是大数据背景下用户画像进一步发展最为突出的挑战。

（二）基于大数据的用户画像原则和方法

1. 用户画像的构建

用户画像的实现过程仍是一项机器和软件活动，因而在用户画像构建过程中，仍需要部分人工分析的参与和帮助。用户画像本体构建的第一步是需求分析，即首先要弄清楚问题的要求，包括需要输入什么数据，应输出什么结果等。在建立这一本体前，应首先确定这一本体将要覆盖的专业领域、范围和应用目标，建立完成之后的用户画像应在哪些方面发挥作用，以及它的体系维护者与应用对象。以金融行业的获客需求为例，在根据构建的用户画像设定一系列相关问题阶段，可能需要解决的部分问题包括：（1）客户需要哪种类型的金融服务？（2）金融服务的宣传推广中，哪些信息最能吸引潜在客户？（3）哪些属性最能反映金融产品的特征，这些属性能否满足客户的需求？（4）客户的哪些属性与其对应的金融产品有关联？（5）客户的哪些行为与金融产品的属性有关联，等等。通过对提出问题的反复追问和检查匹配，逐步完善用户画像本体的知识内容。

在此之后，要进行的是信息的搜集和处理，主要是通过使用互联网，利用网络信息采集工具整理资源信息。之后，还需将用户相关的资源进行读取、整理和分析，提取出分类、属性和对应的属性值，并添加相应的约束条件（如金融机构能够提供的产品类型、时间、收益率等信息）。数据分析是用户画像构建的基础和前提，通过数据分析，可以确定用户画像本体所涉及的相关内容，初步做出目标客户的基本画像。

2. 用户画像的原则①

用户画像涉及的数据纬度需要与业务场景结合，既要简练又要与业务强相关，既要筛选便捷又要方便进一步操作。在实际操作中，用户画像需要坚持人口属性和信用信息为主，强相关信息为主和定性数据为主原则。

人口属性和信用信息为主原则。描述一个用户的信息很多，信用信息是一个人在社会中的消费能力信息，在客户获取和评估中有着极为重要的作用。信用信息能够直接证明客户的消费能力，有助于企业寻找潜在客户。

采用强相关数据、忽略弱相关数据。强相关数据可以是相关度很高的信息，也可以是因果信息，如其他条件相同的条件下，年龄、专业和地域与收入水平的关系就是强相关信息；相应的，用户其他的信息，如身高、体重、姓名、星座等信息，很难从概率上分析出其对消费能力的影响，就属于弱相关数据，不应在用户画像中过多考虑。

将定量信息归类为定性信息。用户画像的目的是为产品筛选出目标客户，相比而言，定性信息更易于客户人群的筛选，如通过对人群年龄和收入水平进行不同分组的划分，将更有利于用户画像的实现。

3. 用户画像的信息选取

一般企业从实用角度出发，通常将用户画像信息分成五类信息。分别是人口属性，信用属性，消费特征，兴趣爱好，社交属性。它们基本覆盖了业务需求所需要的强相关信息，结合外部场景数据能够对获取客户产生重要的作用。

人口属性。用于描述一个人基本特征的信息，姓名、性别、年龄、联系方式等都属于人口属性的信息，可以帮助企业找到接触潜在用户的方式。

信用属性。包括客户职业、收入、资产、学历和信用评分等信息，用于描述用

---

① 《什么是用户画像？金融行业大数据用户画像实践》（http：//www. 36dsj. com/archives/35363）。

户收入潜力、收入和支付能力。帮助企业了解客户资产情况和信用情况，有利于定位目标客户。

消费特征和兴趣爱好。消费特征用于描述客户主要消费习惯和消费偏好，能够帮助寻找高频和高价值客户，后期可以结合其他特征提供符合其消费特征的服务。兴趣爱好用于描述客户具有哪方面的爱好，有助于企业通过定向营销等方式获客。

（三）用户画像的应用

面对互联网用户数量的激增和信息的爆炸性增长，如何更好地利用互联网为用户快捷地提供所需服务是值得研究的问题，对于用户画像技术而言也是如此。现阶段，用户画像技术主要运用于搜索引擎、推荐系统和其他业务定制与优化方面。

1. 搜索引擎

通过采集用户注册信息、访问日志及查询信息，可以进行用于搜索引擎的用户画像。在提供搜索服务时，根据用户输入的搜索关键字及已构建的用户画像，能够猜测该用户可能想要得到的信息，从而将该用户最可能需要的信息显示在最前面，提高用户的搜索经验。例如，Google 的 Kaltix 算法，其基本思路就是将具有类似兴趣爱好的人归为一组，为属于不同组的用户给出不同排序的结果，同时还利用 IP、位置等信息进行基于规则的过滤。①

2. 推荐系统

推荐系统是用户画像的主要应用领域。用户画像已在以亚马逊（Amazon）为代表的电子商务中广泛使用。以亚马逊为例，作为推荐引擎的鼻祖，它已经将推荐的思想渗透在了其系统的方方面面。亚马逊的推荐引擎系统能够通过记录用户在站点上的行为，包括浏览物品、购买物品、将物品放入收藏夹和 wish list 等；同时还提供了评分等用户反馈的方式，这些共同构成了用户画像的数据来源，亚马逊能够根

---

① 《搜索下一站：个性化搜索基本方法和简单实验》（http：//blog. csdn. net/soso_ blog/article/details/6050346）。

据这些不同数据的特点对他们进行处理，并分成不同类别为用户推送推荐，包括当日推荐、新品推荐、当日推荐等。此外，豆瓣则是国内将用户画像运用于推荐系统且运营比较成功的网站。豆瓣以图书、音乐、电影和同城活动为核心，其用户画像功能主要是通过分析用户“看过”和“想看”列表获取用户的偏好信息，但这也使得他们的推荐结构更专注于用户的品味。

3. 其他业务定制与优化

用户画像也常常应用在个性化业务定制领域。如新闻等客户端的个性化阅读功能，就是根据读者的行为习惯和阅读经历为其“定制”内容，为不同用户显示不同新闻，最大程度地满足用户的个性化阅读需求。这种机制还允许根据用户的实际行为来进行反馈调整，从而根据用户兴趣变化动态更新内容。

此外，由于用户画像提供了丰富的用户标签体系，可以为个人信用评级提供详细的数据参考。如根据用户的年龄、文化程度、职业、家庭状况、购买习惯、购买能力等，可以对用户信用进行全面的了解和评估，从而应用于信贷评分，并进行相应程度的金融信贷支持。如京东白条、蚂蚁金服等，就是建立在其自身的信用评级而匹配额度的，在其他金融信贷业务中也可以作为重要参考。

（四）基于用户画像的金融智能获客方式

1. 金融行业智能获客兴起的原因

由于传统获客方式的局限和进一步获客的需求，基于用户画像的智能获客方式在金融行业中逐渐兴起。从用户群体的角度上看，80 后和 90 后日益成为金融企业的主要消费者，总计达 3.4 亿人。这一人群的金融消费习惯有别于其他用户，他们的金融消费习惯正在改变，年轻的用户群更乐于通过网上在线的方式实现金融业务的办理，金融企业的传统获客营销模式无法触及这部分人群；另一方面，已有的金融行业客户群体也正在分化，市场上很少有一种产品和一种金融服务可以满足所有用户的需求，不同年龄、职业、资产情况、收入水平的用户对金融产品的需求也不尽相同。对应这一变化，金融产品也需要进行细化，为不同客户提供不同产品。金融企业需要为不同的客户定制产品，满足不同客户的需要。智能获客能够通过分类深挖现有客户和识别潜在客户、智能推荐和精准广告投放。

2. 分类深挖现有用户和识别潜在用户

使用基于大数据用户画像的智能获客，主要目的是考虑两类人群，一类是对现有客户的深挖，即“我的已有用户是谁，为什么选择我的产品和服务，他的偏好有哪些，是否有潜在需求没有被发现”；另一类是对潜在用户的深挖，即“我的潜在用户在哪儿，他们有什么需求，我能为他们提供或设计怎样的产品，通过哪些渠道能够获取这些用户”。

传统金融的获客方式显然无法涉及这两类人群，而在基于大数据用户画像的智能获客方式的帮助下，这一问题可能会得到有效解决。金融机构可以首先通过问卷调查、用户访谈等少量、定性的分析方法收集相关类型的用户信息，当样本数量逐渐提升后，这些用户的信息就将会以更加标准化、简单化的方式描述出来，形成一个一个的“标签”，成为用户画像的雏形。之后，通过大数据的应用和机器学习等方式，能够让企业有机会得到更多的用户样本，从海量数据中找到真正对自己有价值的数据，从更多维度描述自己的用户画像。

分类深挖现有客户和识别潜在用户是获客的基础，只有在对客户类别进行精准识别和定位的基础上，才能够通过下一步的智能推荐和产品研发等方式真正吸引客户，达到获客的目的。

3. 指导产品研发和优化用户体验

通过智能获客能够精准获取客户需求，进而指导产品研发，优化用户体验。在智能获客条件下，企业闭门造车的产品研发理念也将随之调整，产品逻辑将从“有什么产品用户买什么”逐渐转变为“用户需要什么就研发什么”。通过用户画像能够实现对用户需求的精准了解，进而设计制造更加适合用户的产品，提升用户体验。特别是在金融产品研发初期，没有销售数据的时候，用户画像将直接反映企业对用户的了解程度，决定产品的定位。此外，在产品或服务的销售节点，基于用户画像的智能获客也能够帮助企业改善产品运营，优化与用户交互的流程与体验，提升已有用户的平台黏性和交易转化率。

（五）智能获客在传统金融中的应用

智能获客有相应的场景因素，不同企业对于基于用户画像的智能获客有着不同的理解和需求，不同行业对用户信息维度的需求不同进而画像的侧重点也有所不同，但究其核心，都是为获取客户和业务场景服务的。本文将简单介绍智能获客在传统金融行业中的应用情况。

1. 银行业

银行具有丰富的交易数据、个人属性数据、消费数据、信用数据和客户数据，用户画像的需求较大。但是缺少社交信息和兴趣爱好信息。到银行网点来办业务的客户年纪偏大，而未来消费者主要在网上进行业务办理。在这样的发展情况下，银行会存在接触不到客户，无法了解客户需求，缺少触达客户的手段的问题，因而分析客户、了解客户、找到目标客户、为客户设计其需要的产品，成了银行进行基于用户画像的智能获客的主要目的。①

用户画像要从消费金融、财富管理、融资服务等银行主要业务这几个角度出发，寻找符合银行业务需求的目标客户。与其他行业相比，银行所能得到的客户数据无论在总量还是类型上都非常丰富，从而能够获得更加精确的用户画像。在进行用户画像和智能获客时，一般可以先利用数据仓库进行数据集中，筛选出强相关信息，对定量信息定性化，生成大数据管理平台需要的数据。利用大数据管理平台对客户进行标签分类，并根据特征进行应用定制，结合相关业务场景需求，进行目标客户筛选或对用户进行深度分析。同时还可以引入外部数据，完善数据场景设计，提高目标客户精准度。找到触达客户的方式，对客户进行营销，并对营销效果进行反馈，衡量数据产品的商业价值，从而形成市场营销的闭环，实现数据商业价值变现的闭环。另外，大数据分析平台还可以依据客户的消费特征、兴趣爱好、社交需求、信

① 《什么是用户画像？金融行业大数据用户画像实践》（http：//www. 36dsj. com/archives/35363）。

用信息等关键特征信息来开发设计有针对性的服务和产品，为个性化的服务和产品开发提供数据支撑，并配合有针对性的产品销售方式。

基于大数据用户画像的智能获客能够帮助银行分别获取分期用户、高端资产客户、理财客户、境外游客户和贷款客户等。在获取分期客户方面，可以利用“银联数据＋自身数据＋信用卡数据”，发现信用卡消费超过其月收入的用户，推荐其进行消费分期；寻找高端资产客户方面，可以利用“银联数据＋移动位置数据（别墅/高档小区）＋物业费代扣数据＋银行自身数据＋汽车型号数据”，发现在银行资产较少，在其他行资产较多的用户，为其提供高端资产管理服务；寻找理财客户上，能够利用“自身数据（交易＋工资）＋移动端理财客户端/电商活跃数据”，发现客户将资产转到外部，但是电商消费不活跃客户，其互联网理财可能性较大，可以为其提供理财服务，将资金留在本行；寻找境外游客户方面，利用“自身卡消费数据＋移动设备位置信息＋社交好境外强相关数据（攻略、航线、景点、费用）”，寻找境外游客户为其提供金融服务；寻找贷款客户方面，利用“自身数据（‘人口属性＋信用信息’）＋移动设备位置信息＋社交购房/消费强相关信息”，寻找即将购车/购房的目标客户，为其提供金融服务（抵押贷款/消费贷款）。[①]

2. 证券业

证券行业拥有的数据类型有个人属性信息，例如用户名称、手机号码、家庭地址、邮件地址等，还拥有交易用户的资产和交易纪录，同时还拥有用户收益数据。利用这些数据和外部数据，证券公司可以利用数据建立业务场景，筛选目标客户，为用户提供适合的产品，同时提高单个客户收入。

证券行业的智能获客基本目标包括理财客户、基金目标客户、融资客户、财富管理客户等。其中，理财客户的用户画像特征为账户日均货币约较高且交易不频繁的客户；基金目标客户的特征为年化投资收益低于5%且交易不频繁的客户；融资

① 张航宇：《智慧银行：破解零售银行业务发展规模与效率瓶颈》，《中国银行业》，2016年第8期，第25～27页。

客户为高频交易且收益较高的用户；财富管理客户的目标客户群体为账户余额较高，但年化收益很低且交易不频繁的客户。通过智能获客，将原有客户群体进一步细分，即能够达到深挖已有客户价值，从已有客户中获取新价值的目的。

3. 保险业

保险业所提供的产品的特征在于周期长。对保险公司而言，深挖已有客户价值是提升盈利能力，提高保险产品转化率的重要方式。相应地，保险公司拥有的客户数据特征表现为时间期限长，涉及范围广，也正是基于此，保险公司更易使用现有数据挖掘客户新需求。如利用保险公司自由数据和用户相关活跃 APP 数据，或利用自身数据和外部第二方第三方数据，拓展为可供用户推荐的新的投保险种。

三、智能获客助力普惠金融

（一）什么是普惠金融

普惠金融又称“包容性金融”，是指在成本可控的前提下，使金融服务和金融资源能够服务于社会各阶层和群体，特别是小微企业、农民和城镇低收入人群等弱势群体。一般来说，普惠金融有如下特点：

公平的金融权。即整个社会中所有群体和企业均有通过合理的价格体系获得一系列金融服务的同时，享受社会金融资源的权利。普惠金融的理论体系强调，正如社会成员拥有平等的生存权、自由权和财产权一样，金融权也应是普遍公正享有的一项权利。

广泛的服务主体。普惠金融的对象群体是社会中所有有金融需求的群体，而不是特定的收入群体，也不一味强调非盈利性的帮扶。这既区别于传统金融，也与扶贫性质的金融有所差异。

服务范围的全面性。既包括金融服务种类的多样性，如储蓄、贷款、保险、理财等，也包括金融基础设施的完善性，即借助专业支持来提供更加便捷的服务，不因金融服务的普惠性而降低或减少提供服务的种类。

金融机构参与的广泛性。普惠金融的主体多样，既包括传统金融机构，也包括新兴金融机构，还有与之相适应的监管机制。

服务的可持续性。普惠金融强调通过金融体系的全员参与，尤其重视落后地区、中小企业和低收入群体的金融需求，且有商业性需求，应具有较好的可持续性。

（二）智能获客助力普惠金融——以互联网金融为例

近年来兴起的互联网金融由于其特有的天然属性而很好地迎合了普惠金融的需求，能够较好地解决普惠金融发展中面临的成本高、收益低和风险大的问题，两者具有较好的兼容性和互补性，是促进普惠金融发展的重要方式。

以小微企业为例，现阶段，小微企业融资难已经是行业共识。我国小微企业老板太小，普遍文化水平低，制造业偏多且零散，没有独立的财务以及融资部门，对接融资的专业人士少，所以传统渠道对小微企业融资非常窄。另外，我国征信体系不健全，监管冲击和监管真空并存，信息交易成本过高，信息披露不规范，运营成本难以控制等也是导致这些企业难以通过金融活动扩大经营，解决资本问题的原因。相比于传统金融，以互联网金融为代表的普惠金融在某种程度上已经更好地践行了智能获客。受制于信息不对称，需要普惠金融服务的人群中，有信用记录的并不多，基于风险控制方面的考虑，传统金融机构很难为这部分人提供贷款等金融服务，但在智能获客条件下，这一问题正在逐步被解决。在互联网金融条件下，一旦有金融需求的用户注册账户，并输入相关的用户信息后，大数据分析平台就可以很容易地通过对关联信息的审核，确认用户的资质，而不需要传统金融中更为看重的信用信息，这就使得普惠金融更具可持续性，最大程度上解决了金融领域的信息不对称性问题，能够完善区分客户的优劣，助力普惠金融获客和行业成长。此外，互联网金融多有相应的移动终端 APP，在获客阶段，互联网金融平台也可以通过对已注册用户的浏览记录、行为偏好等内容进行打标分析，从而实现更为精准的用户定位，并为其推送适合的金融产品，实现满足用户金融需求和平台发展的双重目标。

此外，智能获客过程中的用户画像和分析，还能够反过来帮助互联网金融平台实现对用户的筛选，在服务更多群体的同时，切实维护自身利益，降低获客风险。目前互联网金融特别是P2P网络借贷行业中，有相当程度的项目都涉及不同程度的造假和欺骗。如为了通过审核，资质较差的借款人会在填报基本信息时做些手脚，例如职业信息造假、社会关系造假、抵质押物证明造假等。① 曾有的P2P网络借贷公司统计过，带给公司的最大外部风险不是借款人的坏账，而是犯罪集团的恶意欺诈。网络犯罪正在成为P2P公司面临的主要威胁之一，甚至在一些P2P公司，恶意欺诈产生的损失占整体坏账的60%。很多P2P公司将主要精力放在如何预防恶意方面。高风险客户识别和黑名单成为预防恶意欺诈的主要手段。② 而在基于大数据画像的智能获客手段趋于成熟后，这一问题也将会有所缓解。互联网平台可以利用平台自身沉淀以及外部获取的数据，结合用户历次行为的特征，利用机器学习算法等手段实时识别和打击作弊行为，并根据作弊行为的类型实时采取不用风险决策及处置。通过对可能的高危用户进行360°的全方位画像分析，通过勾稽比对、交叉检验、强特征筛选、风险关系和用户行为数据等，建立健全客户筛查体系和风控体系，减少不必要的损失。

（三）智能获客助力普惠金融可能产生的问题

目前，互联网金融被视作普惠金融实现的重要途径，而在这一过程中，仍有许多不可忽视的问题制约这一方式的进一步发展。

首先是可能产生的欺诈行为。相比传统金融，普惠金融的受众金融活动经验少，防范金融风险能力弱，同时对资金需求又较为紧迫。这一人群很容易成为以投机为目的的互联网金融初创企业的目标人群，通过在这一人群中大范围推广高收益产品，

---

① 刘琪：《欺诈成互联网金融“黑天鹅”，跨行业联防联控势在必行》，《证券日报》，2015年10月31日。

② 鲍忠铁：《移动商业动力》，《高科技与产业化》，2016年第12期。

获得沉淀资金，通过庞氏骗局等方式不断扩大经营范围，并在一定时间点，捐款跑路，我国的 e 租宝、泛亚等案件就是典型案例。

其次是由于监管空白而产生的不规范行为频发。如互联网金融中，打着面向学生的“普惠金融”幌子的无抵押现金贷等，以大学生为主要目标群体，通过模糊还款利率等方式（如将日息模糊表述为月息等），大肆在目标群体中宣传推广，进而借款人由于利率过高无法偿还而遭到恶意甚至暴力催收等情况。在之前很长一段时间内，由于相关监管法规的空白，这一类的企业处于监管的灰色区域，因而相关问题无法得到有效解决，从而产生了一定程度上的金融问题社会化外溢，甚至导致了部分大学生遭催收自杀事件等，不仅在事实上没有产生普惠的作用，反而形成了一定的社会问题。

最后是用户的隐私保护问题。一些金融机构为了获取客户，使用了各类合法或不合法的方式获取客户信息，甚至是一些隐私信息，有的还通过不断的短信、电话轰炸等方式，向客户推销产品。这不仅对潜在客户的日常生活造成了困扰和影响，严重时更可能导致客户的财产安全和人身安全受到危害。现阶段，由于部分相关立法的缺失和现实执法的难度较大，信息和隐私安全的问题并没有随着互联网的发展成熟得到解决，反而有逐渐增大的趋势。因而在未来的发展中，需要建立有效准入、溯源和追责机制，从根源上对用户隐私进行更大力度的保护。

第五章

智能银行：全面提效升级

受全球经济的高速发展以及技术革新的广泛影响，中国银行业务正在发生变革和整合。在极具挑战的全球金融环境下，对于中国银行业来说，前所未有的挑战和机遇并存，未来的成长空间与成长潜力巨大。目前全球的产业都在融合科技，向智能产业的方向发展，银行业亦不例外，也应当向更快、更方便的科技智能方向前进，借助于当前信息科技和各种先进设备，更好地了解客户需求以及满足客户需求。因此，未来智能银行的发展，将在传统商业银行的转型中扮演非常重要的角色。

智能银行的理念是创新、自助、体验，体现的是科技对银行客户的服务质量升级。目前，工行、农行、建行、光大银行等多家国有银行已在国内开设“智能银行”。纵观这些智能银行，在直观上最明显的特点就是柜台数量明显减少。在全新功能分区的指引下，客户自助服务区成为智能银行的一大亮点。除了传统的 ATM 机，自助区还设置了远程视频柜员机 VTM，客户能够通过 VTM 在远程柜员的视频协助下自助办理各种包括开户、充值缴费、电子银行签约等业务。未来智能银行相较于传统银行其柜台数量将逐步减少，既往的柜员有望从简单、低端的业务中解放出来，投入到更能回应用户诉求的精细化金融服务中，实现人力资源的有效配置，让服务变得更多元、更广泛、更协同。[①]本章着重从智能银行呈现的新业态、新模式进行分析阐释。

① 王雪玉:《拥抱智能银行》，载《金融科技时代》，2015 年第 4 期，第 22~27 页。

一、智能银行是一场效率革命

（一）传统银行的效率掣肘

到目前为止，国内外的绝大多数商业银行均已达成共识，即零售银行业务一定是主营业务，这对于整个银行业的整体经营至关重要，这种重要性源于零售业务贡献的稳定性。从我国目前银行业的发展态势来看，近十年我国的银行零售业务取得了突飞猛进的发展。然而在众多影响评判银行零售业务发展状况的因素中，银行自身的规模与工作效率至关重要。规模经济的形成是零售银行业务的发展之本，有了规模经济，效率就可以想象了，在规模经济的基础上打造效率。一定规模的银行与高效的服务一直都是银行在开展各项零售业务、产品服务更新升级，创新各类产品服务渠道改造过程中的起点和终点。

表 5－1　　　　四大国有银行基本情况

银行名称	2015 年员工人数（人）	2016 年分支机构（家）
中国银行	310042	11556
中国农业银行	508726	23682
中国工商银行	466346	16429
中国建设银行	369183	14985

资料来源：四大国有银行官网。

银行的营业网点构成了银行的零售业务，不容小觑，也是体现银行服务终端效率的最好体现，而且一直以来都是银行个人客户服务的主战场。近些年来，随着智能银行的不断兴起，银行的零售业也随之有了较大幅度的增长，网上银行、手机银行更是方兴未艾，不但为客户提供了更多元的选择，而且也从服务便捷的角度重新塑造了新时代的银行业用户体验。服务热线呼叫中心及时地回应用户多元诉求，即便从不同的维度评判，也能看到其骄人的业绩。传统模式下的零售银行业务由于技术的不断更新换代正在受到巨大的不可抵挡的冲击，面临越来越艰巨的挑战与可以想见的即将被淘汰的未来。

第一，传统的银行营销网点依然具有服务优势，但成本高昂。传统的扩张模式就是扩大市场占有率，广设网点，或者将旧有的网点进行改造升级。即便当前的传统网点仍在运行，但是从社会发展的长远视角来看，已经越来越无法适应时代的节奏，其巨大的成本使银行的运营步履维艰，如何降低成本、如何适应时代的脚步成为改革者当前需要严肃思考的关键所在。结合当前我国正进行得如火如荼的城镇化，新建居民区亟待铺设银行网点用于便民服务。然而，其成本巨大，却未必能实现预想的效果，由于其业务规模受限，与电子时代的发展背道而驰，所以基于效率的考虑，即便有市场需求，但是配套基于成本收益的考虑，却很难跟上，如何协调这种供需矛盾，也许是智能银行发展的有利契机。

第二，电子科技时代银行被赋予新的使命。电子科技的发展日新月异，我们期待的营销功能却远远低于交易功能，这是始料未及的。这是由于从成本、便利性、收益、服务质量、服务数量等角度，各家银行都在通过大数据、云计算、互联网布局等高新技术的角度，解决客户的商业需求和业务不断扩展的生存问题。除了继续升级改造原有的网上电子银行、智能银行网点、手机电子银行等，也相继推出了各种直销银行的颇具时代特色的服务平台。但是如何挖掘潜在的客户、开发潜在的客户并向有适配服务的可能客户销售产品服务始终是智能电子银行发展的一个无法破解的桎梏。当前多数智能银行还处于挖掘如何提升客户体验的初级层面，其交易功能还有待于进一步挖掘，所以说智能银行尚未发挥出其全部作用，还有巨大的提升潜力。

第三，精准的客户挖掘尚显不足。传统银行习惯了等客上门，不能主动挖掘客户，这样一来，客户资源有限。此外，传统银行喜欢用批量发卡等方式拓展客户，在很多时候并不能取得有效扩展客户数量的理想效果。采用运动式营销更是常态，这样做往往事倍功半，成本很高却收益很小，充分体现了产品销售中的绩效考核收益成本分担导向。其弊端在于无法主动筛选挖掘潜在的可能客户，产品服务缺乏特色，不能分层分级以适应客户，容易出现产品服务销售误导以及客户的黏性不高等诸多问题，特别是对潜在可能客户的识别精准性较差的直接后果即产品的销售数量上不去，销售效率严重低下，往往导致银行的经营贡献普遍偏低。潜在的可能用户在哪里？如何发展挖掘新客源？如何能够挽留住老的客户？如何能够提供精准的分层分级的服务？传统银行再继续使用这些营销方法似乎是难以行得通了。

第四，零售银行应该与时俱进。普惠金融的横空出世意味着银行想要惠及普通大众，就要做好产品服务的普惠性，并在尽可能的前提下想尽各种方法降低客户的使用成本，银行要担负起公共责任，这对传统银行业提出了极为艰巨的挑战。即银行要不断收缩各项经营成本，降低经营中的各种服务产品的收费标准，这势必将会与客户们日益提升的高质量产品服务诉求存在较为激烈的、但却是可以调和的供需矛盾。如何能够更好地服务于新老客户，同时又可以不增加成本，单靠网点传统运营工作人员的努力是远远不够的。从当前市场的大形势来说，来自高新技术互联网企业之间的激烈竞争对传统零售银行业务不可避免地形成了很大的分流影响。此外，一些高新技术的互联网企业也开始分门别类、与时俱进地提供各种新式的金融产品与服务。同时，他们在利用自身的科学技术与时代赋予的创新优势，将一些传统领域的金融产品和服务的消费体验提升到了一个前所未有的高度，并吸引了大量潜在可能的客户和大笔资金，这些均是迫使传统银行发生变革的主因。

因此，要想系统有效地解决上述难题，其核心在于当前的高新技术互联网大背景下，银行可以更多地从大数据、大平台、大网络、大系统等视角寻求突破，思考传统银行的整体改革方案，利用智能科技所带来的新思想、新理念、新创意来进一步提升传统的零售银行业务发展的产品服务规模和效率。

（二）智能银行更方便快捷高效①

智能银行的高速发展得益于电子设备等级、网络技术、助力网点流程、运营计

① 张航宇：《智慧银行：破解零售银行业务发展规模与效率瓶颈》，《中国银行业》，2016 年第 8 期。

算分析效率的大幅提升，智能银行的相关建设更多地关注底层策划和内部的顶层设计，特别是有关大数据云计算、物联网和互联网，因此在整体的零售银行业务方面竞争力有了惊人的提高。未来，智能银行一定能够让广大客户更便捷轻松地使用银行的产品与服务，银行的综合经营成本也会有所降低。具体来说，想要建设智能银行的卓越体系，可以从以下几方面重点考虑：

一是客户群，此为智能银行建设的基础保障，智能银行的构建需要有一整套的统一、分层、分类客户的标准和体系，挖掘潜在的客户，依托老客户发展新客户，结合供给侧改革的思路，以供给改革创造客户需求，通过对产品与服务的提升和改进扩大智能银行的规模和效率，为后续跟进的精准销售和产品服务打下了扎实可靠的强大基础。

二是产品体系。既要包括狭义上的产品体系，也要包括广义上的产品体系，以及产品的更新机制。在既有产品的基础上，结合大数据、云计算、“互联网 +”等新技术新概念，将金融产品与非金融产品进行升级改进，特别是包括风险、收益、期限等要素在内的产品标签更应该得到广泛的关注。多元的产品服务以及更好的用户体验都是做强做大产品的必备。

三是服务体系。服务体系不能陷于刻板，宜分类分层，包括物理网点的建设运营与维护、自助设备终端的构建与维护、电子渠道的扩展与维护运营、APP 平台开发运营维护、呼叫中心积极回应客户的多元诉求、客户经理以及短信平台的服务、微信平台的服务、邮件终端的服务等。基于客户服务的最高宗旨，精心设计出立体式的服务体系，努力将标准化的服务、个性化的服务以及智能化的服务相互结合，在不提升智能银行服务成本的前提保障下，一定要确保各层各级的客户均能够提供优质高效的服务。

四是大数据运营维护体系。相较于潜在客户与正式客户、产品与服务的运营维护体系，大数据技术的作用特别重要。大数据、云计算、物联网、“互联网 +”等技术的应用使得客户与产品服务体系在一定程度上发生了直接或间接的关联，精准定位与适度的匹配，让寻找潜在的客户源、跟踪产品服务、营销产品等在一定程度上摆脱人工束缚，真正地走向了智能。传统银行大数据技术要打破部门间的墙和系统界限，同时需要注重采集整理与客户们交易行为的众多数据。此外，导入来自外部的数据，结合自身数据，真正发挥大数据的优势。

五是金融系统。智能银行不仅需要认真研究其内部的体系建设，还需要进一步结合当前时代的发展，技术的进步，以及自身的经营战略的诸多需要，做好外部以及内部的金融生态建设，立足于银行的产品服务，与合作伙伴们一起为银行客户精准地提供金融以及非金融的产品与服务，努力提升客户的黏性，当前银行业竞争激烈，不能让客户流失，壮大竞争伙伴的队伍。

因此，智能银行建设是基于传统银行而发展起来的，是对传统银行业务重新的梳理和构建，同时包括团队建设架构。当前，许多传统银行均已基于大数据的挖掘，大范围地建设智能化的银行，让客户不再觉得金融产品与服务的遥不可及，而是唾手可得。当前，智能银行发展空间以及前景极为巨大，依靠大数据技术、云计算、物联网以及“互联网＋”等技术还会构建更多的现在都不敢想象的高科技场景。通过智慧银行的不断建设，一定会让银行业的终端零售业务和服务发展更具想象的空间。

未来，智能银行将会呈现以下的特征。

客户方面。银行不再为客户流失而头痛，也不必为有效客户拓展而发愁，也无需再为服务效果、用户体验等等琐屑的事物而烦恼。智能银行可以利用大数据、云计算等技术的帮助搜寻与自身业务相匹配的客户，一种是目标客户，一种是潜在目标客户，最重要的是维护已有的客户。并通过客户经理、客户中心、远程维护、系统平台等多层次服务，全面对应服务各层级的客户，全方位实现产品服务的满意度和效率的协调统一。即使面对流失甚至失联客户的情况，也能够实现及时修复。

产品方面。产品与客户的适配一直是一个极为重要却没有很好解决的问题，很多金融产品在市场上不受欢迎，往往并非是自身的设计原因，而是无法精准地匹配有需要的客户，智能银行在这方面具有比较优势，能够精准定位客户，将产品准确无误地呈现在客户面前。对于产品的销售，不再进行地域划分，因为当前的互联网已经使地域之间变得无差异或者说差异更小，智能银行应该把更多的关注放在客户划分而非地域划分，通过大数据、云计算挖掘潜在目标客户的数量，并实现一站式的购买服务。这种做法不仅会使服务的效率大幅度的得到提升，其营销的成功率也会随之得到显著提高。

渠道方面。智能银行会根据其自身实际经营的状况和服务客户的终极要求，更合理地布局各级各类的销售渠道。各个银行网点都会较以往更加突出综合化、智能化，让客户能够通过预约以及申请等形式提升用户对产品与服务的体验，同时也会为客户提供更加多元、更加便利的多元交易渠道。此外，手机的移动端、网上银行等产品与服务应用将能够更加品种多样和丰富多元的产品和服务提供给客户。而且随着手机的普及，移动端将会成为零售银行业务交易以及产品服务的主渠道。当然，大数据技术、云计算、物联网以及互联网将更多地通过批量处理来减少各种交易的成本。传统银行的身份也会因此随之发生巨变，这将从现在金融产品与服务的供应商，转变为金融信息、产品以及服务的供应商。

内部管理。银行对内部工作人员、流程运营与管理将会更加精确，智能银行系统将会对无形服务控制更加行之有效，这将在一定程度上利于银行节省解决舆情的成本。银行的各渠道服务会被贯通，跟踪客户的处理意见以及处理进度，这将在网点以及客服中心的数据处理屏幕上看见，避免一件事情重复处理或不处理。客户经理在为客户进行有效资产配置或者产品的销售时，系统中都是有迹可循的，并作系统的控制，筛选产品的风险等级，避免误导客户的销售或者不当的产品与服务配置。基于客户的画像，提前通过系统的提醒或风险提示显示产品的风险，避免事后风险发生，客户们的集体投诉和纠纷。相信未来的智能银行，不仅能使零售银行业务的产品与服务的规模越做越大，效率越提越高，也会大大提升全社会零售金融服务的供给量和顾客满意度。

（三）传统银行有升级成智能银行内生需求

综上所述，智能银行已经不是传统银行升级换代的产品。从零售业务角度看，智能银行的建设复杂性与多维性远远高于以往的智能网点建设，智能零售银行的建设利用大数据、云计算等高新技术和手段来帮助传统银行解决零售业务发展中所遇到的林林总总的既复杂又迫切需要改进的规模与效率的问题，构建大数据、云计算时代的零售银行业务，不仅需要发展线下服务，线上服务同样不可小觑，未来将是线上线下一体化，相互融合的过程。这一过程，需要银行放下包袱，大胆地拥抱新技术，迎接未来。

服务理念的转变：由“销售”变“引领”。在大数据、云计算等互联网趋势下完成的“互联网＋零售银行”改革的过程，要把高科技融入我们创新理念之中。首先，要改变经营模式，由“销售”变为“引领”。银行通过搭建各种各样的应用场景，以此方式培养客户以及潜在客户的多元需求。这需要智能银行利用相关技术在产品的设计和销售推广市场方面学会精准地寻找能够引起客户关注的关键节点、制造产品与服务的亮点卖点，抓住销售的热点难点、综合各类金融与非金融产品服务的综合优势并发扬优势避免劣势，不断拓展与之相关的产业链，使上下游产业融会贯通，降低成本增大收益。其次，改变传统的服务方式，引入特色而精准的产品和服务，由“无差异”服务升级为“精准”服务。无论是交易渠道、风险分担防控、产品服务销售、客户终端服务等，都要针对特定客户进行精准的能够迎合客户需求的设计。通过对客户群进行精准划分，并进行分层分类销售，提炼出市场与销售的共性，引导客户进行精准销售匹配，顺应市场发展规律自身所具有的趋势，提供针对客户的定向产品与服务，逐渐发展壮大客户群，补充新的客源，从而反哺生产效率。最后，通过改变各种技术方案的处理流程，变繁为简。通过不断地提升客户的用户体验来平衡各类业务发展与风险分担防控之间的错综复杂的关系，利用繁杂的计算系统和各种高新技术手段来提高产品和服务的使用效率。

运营方向的思考：从局部到整体，再从整体回归局部。由繁到简，再由简到繁。如何建设智能银行，从小处着眼，不放过每一个细节，无数的细小积累构成大的结构框架，其全局的系统性协调性也会在每个细节的构建中得到足够关注，所以全局的整体性不言而喻。智能银行构建的核心宗旨是更少的成本，更高的效率，更好的用户体验，所以应该致力于对目标客户的服务和市场挖掘，以点带面，更好地融合金融与非金融产品，实现线上与线下的互动，实现模拟场景化的营销。将智能银行的体系建设与智能化营销产品与服务进行融合，努力实现服务中有营销模式、营销中有服务目的。此外，智能银行应该变“封闭”为更加开放透明，整合原有的碎片化服务。可以通过拆分既有的功能模块，然后按照当前客户的实际需求，在充分思考其他各种外部制约条件的限制下将传统银行的金融产品与服务精准嵌入其他行业的产品和服务中，努力实现功能化的营销。智能银行并未意味着银行自身变得智能，还有一个更重要的原因是更好地提升用户体验。

执行的核心：内部协作与资源整合。对于智能银行建设是一个系统协调的工作，不是单兵作战，一定是各部门团结努力共同协作的结果。正是因为其结构的复杂多元，导致了金融部门、信息科技等部门、销售渠道的各个管理部门、电子银行等部门、运行管理部门等等步调一致，在统一的行动部署下致力于客户体验的升级。同时，智能概念是核心，但这并不意味着要全盘否定传统模式，而是要依托传统模式，整合线上线下，构建新型的管理和营销架构。

传统银行业向智能银行的转型升级并非想象中的孤军奋战，它将与未来实时的智能城市建设融为较为综合的整体。在这个时代的大情景下，智能服务将成为广大客户的需求，无论哪个银行能更精准地满足客户的某种需求，就能率先立足于智能银行的潮头。因此，在经历了互联网金融的一系列用户体验冲击后，传统银行的网点、金融零售业务和社区金融服务转型等业务正在朝着智能化转型升级。

1. 智能网点

对银行而言，依靠市场占有率，大范围铺设网点的时代已经悄然远去。为了保持既往的竞争优势，传统银行业选择了“互联网＋传统银行”即O2O这一模式，再通过嫁接大数据、云计算等高新技术，帮助传统银行削减运营成本，推动传统的银行网点逐步、精准地向智能银行网点转型升级，并真正实现银行的网络电子化。

智能银行的网点与传统银行的网点相比，其优势在于更注重客户体验，对金融业务流程也进行了更新再造。具体来讲，客户可在银行网点自助了解银行的金融产品，并迅速快捷地办理业务。同时，在流程再造方面也由人工向智能方向转变，铺设了智能终端、智能打印机、产品领取机、零钞兑换机、自助结汇机以及 VTM 等。

据了解，智能网点与传统网点相比，智能网点由于设备具有高新技术等特征，前期运营成本虽然较高，但是在后期可以通过缩减员工数量来降低运营成本。未来的银行智能网点极有可能向小而精的方向发展。

2. 大零售业务

传统网点向智能网点的转型也许只是智能银行服务体系建设的一小部分，此外，还包括粗放式的零售业务向整体大零售业务的升级转型。

利率市场化之后，银行的生存方式将发生翻天覆地的变化，既往银行依靠对公业务以及存贷款利差生存的传统方式将一去不复返。因此，传统银行必须改变以往粗放的零售业务经营模式以提升零售业务利润的贡献率。无论是各银行对零售业务的整合，还是银监会对管理架构的重整改革，最终目的都是推进大智能银行对效率的革命，进而通过推进金融的大零售业务以及银行各个网点的智能化转型升级，更好地对销售群体进行精准的市场营销。

3. 社区金融

当前，银行进社区是一种发展思路，但是如果真将传统银行开进社区，其成本必然要高到无法想象。开展社区金融的服务创新，实现社区金融服务的转型发展将是各银行在探寻转型智能银行之路上的关注重点。我们应该清醒地认识到，我们所说的“智能银行”实际上只是广义上的智能银行，指的是未来银行的发展体系，零售业务转型和网点转型都只能算是银行转型过程中的一个点，社区金融服务的转型发展同样是这其中的一个点。

在智能网点建成后，银行应充分发挥智能网点的各种优势，在智能的基础上不断勇攀高峰、与时俱进地创新产品和服务的内容，进一步地丰富智能银行相关产品与服务系列，推出能够融合线上与线下的便民与惠民的硬件基础设施，比如商品服务的相关查询、自助缴费系统查询与打印、优惠购物与销售、优惠券的打印，以及特惠商户销售查询等各种功能的开发与建设。同时，将各类金融产品和服务与智能银行当前现有的网上电子银行、手机掌上银行、微信掌上银行自助服务银行等电子渠道进行无缝链接，共同搭建社区商圈的电子支付产品与服务平台，延伸金融服务的“最后一公里”。

二、智能银行：对传统银行的颠覆性革命

在商业银行转型升级的当下，智能银行相较以往能够不断发挥自身的资源优势进行各种数据的收集、整理、洗刷、分析和应用与实际工作，推动银行终端渠道的融合与互联互通，提升银行产品与服务以满足各种客户的不同层次的需求。

（一）帮助商业银行进行数据整合与分析

数字化革命正在逐步推动信息科技在各智能银行中的广泛应用。数据加工分析与应用是当前银行逐步走向智能化网点并实现“智能”的核心，并不仅指新技术的应用以及新设备的投放。目前我国绝大部分商业银行都建立了数据信息管理网络平台，能够实时对各类数据进行分析、加工、处理、精准识别客户；从而面向客户提供更为准确、全面的服务信息，增加客户的便利性。根据当前的报告显示，有关全球数据的资料显示存储量到2020年将会达到40ZB，而2012年全球的信息化资料量却仅为2.8ZB，可以看到，数字信息存储正在以几何级数增长。随着全球智能手机与个人计算机的广泛普及，越来越多的数据信息正在产生，如何利用是当前大数据相关产业需要深入思考的关键。此外，由各种智能传感器所产生的数据比例将会从2005年的11%增长到2020年的40%。[①] 由此看来，围绕着大量数据信息和信息提

① 《2020年全球数据量达40ZB 目前中国占13%》（http：//it.21cn.com/prnews/a/2012/1213/22/20111951.shtml）。

取、分析与利用，是传统银行向智能银行升级的重要支撑。传统银行应该抓住这一历史机遇，将科技融入既有的业务当中，推动数据信息从传统银行的经营管理逐步升级为业务决策、积极广泛参与，让科技革命能够真正在银行业转型升级过程中发挥出无与伦比的作用。信息时代的数字革命为传统银行业向智能化发展奠定了科技基础。

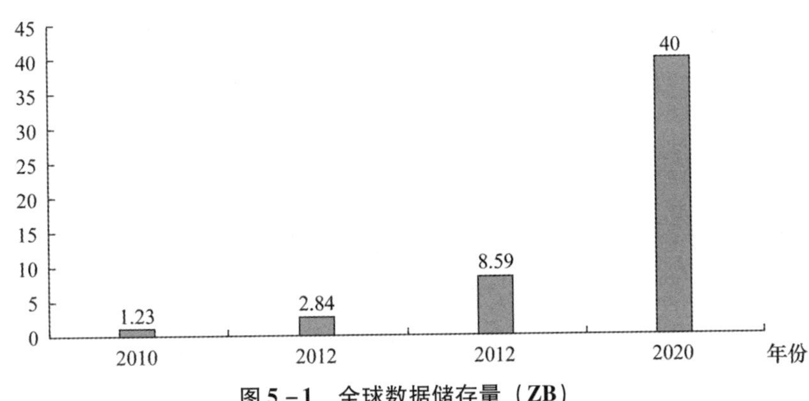

图 5-1　全球数据储存量（ZB）

资料来源：IDC 报告。

智能银行网点能够在一定程度上帮助商业银行进行原始数据收集、整理、洗涤与分析，并对数据进行加工与应用。在当下大数据极为盛行的时代，掌握了大数据就是掌握了客户们的潜在需求，大多数的商业银行都已经分门别类地建立了数据信息的相关管理平台，通过对有关客户数据的分析利用与加工，提高产品服务营销的精准度，为特定客户提供更为精确的信息以及更为便利的产品与服务。商业银行能够通过智能银行升级换代的途径，摒弃传统上等客户来银行的旧有模式，能够主动走到客户中去挖掘潜在的客户。① 银行能够通过大数据分析客户信息，挖掘出客户的真实的潜在的需求，为客户提供更精准丰富的线上功能，实现客户识别与分流，不间断地对客户进行营销与回访，充分挖掘智能银行的潜力并为客户所用。

实际上，即便放下线上业务不论，银行业务的线下布局，银行的转型也会与互

① 郭晶晶：《智能银行对我国商业银行转型的重要作用》，《经贸实践》，2017 年第 9 期。

联网、大数据、云计算密不可分。因此融合线上与线下，朝O2O模式的转型更离不开互联网技术的大力支持，其中大数据、云计算则是银行业转型发展不可忽视的重要因素。大数据就像一台精密的仪器，时刻都能了解客户的运行情况，为银行生产的各类差异化产品及金融服务提供各种决策支持。当前，传统银行已充分认识到大数据应用在客户维护、风险管理、营销推广中的核心价值和战略意义，需要及早建立起数据管理的相关体系，以进一步支撑和推进消费金融、网络金融、服务小微企业等战略重点。然而，当前银行内部的征信体系尚未发挥应有的积极作用，其构建往往被忽视，此外，对银行内部的数据挖掘尚远远不够。事实上，银行需要依据客户的既往交易信息，并结合第三方的专业信息，大致可以判断出客户的信用体系。因此，在数据的挖掘和分析上，智能银行依然有很长的路需要走。

智能银行服务体系的构建除了需要加深数据挖掘与数据清洗、数据分析以外，还要辅以相关的流程挖掘。大数据挖掘、清洗与分析只是个吸引人的噱头，只有通过智能操作平台，数据清洗、分析才能充分体现它的价值，在智能分析基础上的实时感知与响应才能得以实现。智能银行的核心理念是以客户根据综合性挖掘的描述性分析、诊断性分析、预测性分析、认知性分析、约定性分析等智能分析在传统银行向智能银行的转型、在改善客户流程的体验应用上应该得到大规模的运用。为计算中心快速地整合资源，主动、及时、智慧地响应客户的金融服务需求。而“主动、及时、智慧”这三个理念说到底是在流程和数据的测量分析基础上实现的感知和响应的决策支持能力。这种能力最终将落实到实时智能的业务操作。因此，在这种实时而智能的能力背后，不仅蕴藏着数据挖掘、清洗与分析，关键还需要一个智能的操作平台，可以将智能分析与业务操作加以整合，降低响应周期，最终实现实时响应的程度。

（二）改善商业银行的服务

众所周知，智能银行网点、电子银行、手机银行是为客户提供更加便捷且高效服务的新时代产品。在既往传统银行的转型升级更新换代的过程中，银行即便能够通过多渠道管理对资源进行整合，实现更多元化的业务经营销售模式。同时，传统银行能够通过对各种服务的终端渠道进行整合，以及对新渠道赋予的新定义，清晰定位每个渠道的功能职责，为客户设计和提供更为个性化的产品与服务以及各具差异化的产品和服务，设计出更符合客户使用者诉求的操作控制流程和复杂多元的服务方式，凭借此种努力为客户提供更好更精准的产品和服务，满足高新科技时代下的客户的使用者诉求。在智能银行的各个服务网点，应用软件界面的友好使人机实现互动，无论客户是否使用过类似的设备终端都能够与机器直接进行交互对话，人机交互体验能够非常有效地提升客户使用体验。同时，智能银行还可以优化银行的空间设置和人员配置，电子终端进一步替代人力劳动，在满足客户多种层次需求的基础上，为银行其他业务腾出空间与资源，并给予银行一定创新的空间。同时，智能银行还能打造严密体系的安全保障，为客户提供更安全稳妥的保障，通过做好风险分担预判识别与绩效评估，约束业务风险以及客户的交易风险，以及鉴别各种金融交易安全性等问题。① 其中，用户体验最受推崇，最受关注。

1. 智能网点不排队

从 2014 年伊始，中国银行、中信银行、平安银行等一些银行相继陆续地推出智能银行旗舰店服务，有效填补了我国银行智能化领域的发展空白。在智能银行网点旗舰店中，客户不再需要像既往那样用手工填写各种申报资料，而是可以在智能银行网点通过触摸屏进行操作，完成交易，并办理多种业务。智能银行的服务网点内设有自助发卡机终端、智能自助终端、智能贵金属展示柜等新型智能操作设备。客户可以在各个网点利用这些自助电子设备来办理申领各种银行卡、转账、汇款、结售汇等相关的业务，平均处理时间不会超过 5 分钟，极大地缩短高峰时段客户排队等候时间。此外，在智能银行的各个网点旗舰店中，门口设置的智能预处理设备能够实现业务分流、客户识别、排队叫号等几大功能为一体，代替既往“大堂经理”工作，这是对人工的有效替代。客户只需在该设备终端上刷刷身份证，即可完成设

---

① 郭晶晶：《智能银行对我国商业银行转型的重要作用》，《经贸实践》，2017 年第 9 期。

备终端对客户必要的信息采集。除此之外，在智能银行内部还会增设很多贴心服务，互动屏幕上可以浏览各类的金融资讯、还可以玩游戏、查阅相关的电子杂志，或在“机器人商店”内像实体商店一样购物，获得“宾至如归”、“多快好省”的用户体验。与智能银行各个网点旗舰店相类似的还会有中国工商银设置在海南省分行的智能网点终端等。现如今，智能银行已经如雨后春笋般地分布在中华大地。在智能网点革新升级的“智能银行体验区”内，客户办卡也十分便捷，仅需要三个步骤就可完成，全程耗时仅为 3 分钟。

2. 智能客服不必等候

既往的银行服务体系比较陈旧，用户体验不是很好，想理解银行的信息要么打银行的咨询电话要么必须亲自去银行网点询问。而且银行的服务热线也并不方便，无限地等待，不停地拨键，使用户体验像噩梦，最令人无法接受的是往往等待多时却因为无人接听还是要被迫挂断。智能银行的引入改变了既往这一不如意的局面，微信客户端、手机掌上银行及银行的官网均设置了“智能银行在线客服”或“智能银行客服”入口，打开对话窗口就可以非常方便地找到银行客服，与我们通常所说的 QQ 聊天、微信聊天的使用方法一样地省时、省力。一般将在线客服分为两类，“机器人”客服通常可以解答一些大众问题，而且无论是什么问题都可以做到“秒回”。如果用户遇到机器人客服不能解答的较为特殊的问题，则可以呼唤人工客服进行解答，以此方式解决一些难度高或个性化十足的用户问题。广发银行信用卡中心已经推出“微信神回复”，不仅仅在回复速度上更快，同时也是一款比较有特色的智能银行在线客服系统。“微信神回复”系统是广发银行的微信智能客户服务端，其以自然语言处理方式和人机交互等各种人工智能技术体系为基础，具有智能服务的软件功能系统，通过语义分析技术来理解人类自然语言，并辅以对用户的自动应答。因此，就像我们使用的苹果手机 Siri 或微软系统的小冰一样，广发银行的信用卡中心微信公号的“小发”又是一款能够模拟真人进行简单在线人机对话，不但能够第一时间回应用户需求，同时还能增强趣味性。目前，广发银行信用卡智能客服能够解决 90% 的客户需求类型，每天有超过百万客户体验智能银行客户服务，每日平均交互量高达140万，服务客户量平均超过60万。此外，广发银行智能客服还能够提供“1秒查账、3秒调额、5秒分期、6秒还款”的超高速智能服务。

3. 方便、安全的智能人脸识别系统

一段时期以来，招商银行推出的刷脸取款服务，可谓爆款，在社会上引起较多关注，这也是国内智能银行业首次将人脸、瞳孔的识别技术应用到自动取款机上的一项重大科技革命。用户无需预约，只需在ATM机的屏幕上选择“刷脸取款”键，取款系统将实时自动地抓拍现场工作照片，并与银行内部存储的可信照片源进行真伪比对。通过验证后，用户会通过输入手机号码进一步确认客户的身份，最后输入取款金额以及密码，用户提取现金。由于“刷脸取款”的技术具有人脸识别、瞳孔识别、手机号码验证、密码再次验证等层层安全防护，因此，我们通常认为的“刷错脸”风险也会大大地减少。目前，招商银行在全国已有106个城市800台ATM机支持“刷脸取款”技术。除了刷脸取款这项特别功能以外，人脸、瞳孔识别技术此前已经广泛应用于远程辅助开户以及直销银行账户开户。如江苏银行已经将人脸、瞳孔识别用于直销银行客户身份验证。客户注册账户时，只需在服务器终端的认证页面上根据机器提示做出一系列规定动作，即可完成必要注册。此外，平安银行的信用卡中心也适时推出“刷脸”识别瞳孔办理信用卡的相关产品和服务，极大地方便了广大用户。①

（三）提升银行竞争力

1. 突破时空的限制

智能银行依靠先进的电子硬件设备、通讯传输技术产品、应用软件等各个领域先进技术的发展，已经完成了初级的更新换代。如今，金融资本凭借着高新科技的发展已经不断地融入各个产业，既往的转账结算模式也在一定范围内代替了传统的现金交易，资金划转频率变得越来越高，债权债务问题亦呈现出越来越复杂的趋势，

---

① 陈悦：《银行“智能服务”有啥新玩法》，《中国品牌》，2017年第2期，第48～49页。

票据交换和清算迫切地需要更为精准、及时、合理地解决。智能银行正是为了解决传统银行这些影响用户体验的问题应运而生的，智能银行服务功能将会更全、速度将会变得更快，这是时代发展的必然需要。

智能银行的发展将较少地受到时间以及空间的发展限制，借助大数据技术、云计算、物联网以及互联网等最新科研技术成果，能够拓宽传统银行经营销售渠道、产品生产渠道、服务供给渠道。自动发卡机、外币自动兑换机、对公自助通以及远程柜员机等各种层级的智能化设备均能够简化流程，协助并帮助客户高速便捷地处理各项服务业务；各个职能银行的服务网点智能机器人、智能人脸瞳孔识别技术、智能在线客户服务等新型服务产品均能够让客户获得更加便捷、更加贴心的用户体验。这些智能化的转型能够帮助银行对服务能力进行优化，尽量降低企业的运营成本，从而实现其整体竞争力的不断提升。

2. 营业机构设置将会更加灵活科学

目前，各个商业银行在各地设立智能银行服务网点时，需要考察新营业网点的日均客流量、所在区域的覆盖辐射范围、有效营业运营面积等特点，从而有效地节省运营维护开支，尽可能地实现效益最大化。同时，我国各地商业银行也将会开始加大对原有银行网点的建设和改造维护力度，增加原有网点的自助设备数量，以满足用户的需求。①

智能银行的核心特征是智能化、远程化、个性化，这些特征的实现途径主要依靠技术的改造、后台的集成、创新的应用，其实质就是体验的不断提升、服务的不断转型、流程的持续再造。在银行智能化的转型升级过程中，新型智能化技术和设备在各新建的网点应用和部署中将会起到关键作用，传统银行分布在全国各地的智能网点在当前已经形成了基于生物识别技术、对客户能够实现精准识别的能力，基于传统银行在渠道整合方面可视化营销能力的不断提升，基于数据的洞察精准推送

① 薛浩天：《传统商业银行——创建智能银行》，《时代金融》，2016年第4期。

能力正在不断加强。[①]

3. 减少柜面人员数量

对客户诉求的高效回应是银行在激烈市场竞争中立于不败之地的核心要素。一方面传统银行的办公流程很难适应当前互联网高新技术模式下的海量数据实时处理分析的情况，纵观系统的弹性伸缩的能力，横向扩展的能力，以及突发事件的应对能力；另一方面传统系统的研发方式，很难满足互联网时代与时俱进的需求。因此，为响应市场，应用架构、银行技术架构、研发模式和基础设施架构均要适当做出调整。[②] 银行进入智能化时代后，当人们进入银行网点，不再像以往传统的手工填单、排队叫号的方式，而是由智能设备直接为用户提供服务，点击自助导览设备就能选择需要办理的各项业务、浏览业务办理区域的各种图片信息与到达路径；也能够在网上预先填写单子，到达网点后通过二维码打印出预处理单据以及叫号凭条，这样一来，大大节省了人们过去必须手工填单的时间。由于新型智能银行的业务流程可以通过事前的程序设计进行高度重新整合，压缩了既往很多低效的环节，借助当前的多屏互动和无纸化操作，智能银行能够实现比柜台服务更高的业务办理效率，让银行服务变得更加智能、高效、便捷。

（四）彰显科技魅力

智能银行传递的科技设计理念是自助、创新、关怀和体验，体现的是大数据、云计算等科技智能以及科技对银行客户服务质量的大幅提升，它和传统的银行网点最大的区别有以下三点。

一是，通过核心智能设备以及系统开发等方式优化传统业务流程，让服务变得更高效、更智能、更便捷。由于业务流程可通过事前的设计进行高度整合与压缩，并借助多屏互动和无纸化的操作，智能银行可以实现比柜台更高的业务办理效率。

---

① 孙石泽：《城镇居民对智能银行使用体验的调研分析》，《金融理论探索》，2017 年第 8 期。

② 李璠：《关于智能金融下的 IT 治理模式的思考》，《中国金融电脑》，2017 年第 2 期。

但是，前景虽然美好，却不能忽视推广阶段客户对智能银行的接受程度这一因素，毕竟再智能的机器也不能像真人服务那样具有针对性。

二是，通过全新的业务功能分区和渠道分流，让金融服务变得更贴心、更多渠道化、更广泛、协同性更好。目前，中国银行、中国工商银行、中国农业银行、中国建设银行、光大银行等多家银行已在国内开设了“智能银行”网点，纵观这些智能银行，其最明显的特点就是柜台数量明显减少，智能机器正在悄悄地取代人工。在全新功能分区的指示下，客户自助区成为传统银行向智能银行迈进的一大亮点。不难看出，未来智能银行的柜台数量将逐渐减少，将柜员从简单、重复、机械、低端的劳动中解放出来，参与到更加有针对性、更高端、更精细化的金融服务中去，从而实现人力资源的有效分配。

三是，远低于柜台成本，这是对认为建设智能银行一定要耗费巨资的刻板印象的有力纠正。为了具备智能银行的硬件建设，其前期投资一般都会较大，但在投入使用以后，尤其是把人工成本释放出来后，其实际运营成本并不大。根据业务量的测算，当前的智能银行的单笔交易成本已经远远低于国内二线城市柜员的交易成本。事实上，智能银行核心设备的购置成本不比一线城市柜员一年的人力成本高，购置是一次性投入，而人力成本的投入则是长期的，所以不难看出，虽然智能银行的初始投入成本大，但是从长远角度来看，智能银行的成本还是比人工成本要低很多。

（五）金融与技术融合催生了运营模式的转化

金融科技发展催生了众多新型金融产品与服务模式，呈现出专业化、垂直化、个性化特点，聚焦在单一领域没有广泛扩展。伴随人工智能、云计算、大数据、物联网等技术的不断深入应用，为客户提供广泛的综合金融产品和服务将是银行核心竞争力的关键所在。在前台，通过计算机视觉、语音识别、认知计算等相关技术的综合运用，从而了解客户真正的诉求；在中台，通过深度学习、云计算、知识图谱系、机器学习等技术，全面分析计算内外部多源、异构的数据，建立持续数据综合的分析运用能力，支持更加复杂的融资授信、行为审计、风险预警等，为前台的客户提供最相匹配的金融产品与服务方案；在后台，提供统一基础设施服务的平台，实现服务的营运、开发管理、部署协调以及运维一体化服务能力，满足可以扩展、可以定制的金融产品和服务需求。特别是面对智能银行信息科技集约式动态发展趋势。如何提升信息安全的防护能力，确保业务连续性，均需要从IT治理角度深入思考。①

眼下，银行业的竞争正逐步演变为实时智能客户体验的竞争，改变产品服务方式和渠道建设已经成为银行新的战略转型，因为智能银行时代已经来临。加快创新步伐，加强资源整合，融合线上线下向O2O模式转型是银行积极拥抱未来的途径。在这个过程中，创新关键一共有两个，一是智能设备更新升级，二是信息的整合。

智能银行的智能设备必不可少，而要做到VTM、人机智能互动桌面触屏、人脸识别等功能的升级换代，就要对银行几百个后台服务系统进行有选择性的整合升级。在保持既往传统银行后台系统大框架的情况下，对有关联的系统进行整合升级，或者将新开发的系统整合到一个大系统中，或者将以前不关联的子系统合并到一个系统中。这是一项耗资巨大的工程，是系统架构将智能功能与传统功能融为一体的一次重塑。

必须强调的是，智能银行以客户为服务中心，这也是银行转型的最核心宗旨。以客户为中心的宗旨体现到网点投放上，可以用“智能化和社区化”来形容。智能化体现在服务网点的铺设将不再单纯地以地域为划分维度，而是要基于银行业务发展的纵深策略，对银行客户进行精准的划分，有针对性地定义银行网点分层服务策略、网点分类，以及不同网点之间的内部功能、布局、规模等要素。社区化体现在银行想通过网点的铺设深入到客户身边，打造“毛细血管”一样的最后一公里服务。

探索传统银行的发展转型过程，也是促进高科技与银行的金融业务深度融合的一个无法回避的过程，但与国外的智能银行相比，国内智能银行的技术水平仍有较大的提升空间。以VTM为例，国内“后台”远程的集成中心主要靠人工处理服务，

---

① 李璠：《关于智能金融下的IT治理模式的思考》，《中国金融电脑》，2017年第2期。

而富国银行等国际大型银行则是依靠电脑在处理，即便在表象上都是智能银行，但是在运行本质上还是有较大的差别。可见我国传统银行金融业务与高科技的融合只是表面的融合，并未向纵深发展，未来的金融与科技融合还有很长的路要走。

对大多数传统银行来说，要在真正的意义上实现金融业务与高科技的深度融合，在渠道协同方面应该有所突破，这一点极为关键，不容忽视。尽管新兴的智能业务渠道对传统的网点渠道替代趋势较为明显，智能化也肯定是未来银行网点的转型发展方向，但这并不意味着所有传统银行都到了向智能银行转型的绝佳时机。这需要根据银行自身的资源和条件而定，如果盲目转型，不仅不能提高网点的运营效率，反而会造成资源的进一步浪费。积极拥抱智能银行，除了需要提高金融业务与科技的深度融合，加快传统业务的创新步伐之外，对银行自身实力的评估和转型时机的把握也是同样非常重要的，这非常值得我们深入思考。

三、银行智能服务中存在的问题及对策

目前，尽管智能银行业正在蓬勃发展，但其存在的问题亦不容忽视，例如网络的安全性尚存一些障碍，因互联网系统的匿名性以及易受攻击性等特征，导致许多客户对智能银行不信任等。智能银行未来的发展需要完善服务体系，加强科技引领。

（一）智能银行发展中存在的问题

智能银行的电子终端服务远低于既往的柜台服务成本，这也算是对建设智能银行在初始期间的大量物质投入的一个弥补，从长远来看，其经济账是可行的。智能银行对电子设备的要求比较高，前期的巨大投入不可避免，但是在正式运营以后，随着对传统人工的逐步替代，其成本呈现逐步降低的趋势，也可以理解成马克思所说的“机器吃人”。事实上，智能银行的核心设备 VTM 的购置成本确实要比长期的

人力成本低很多，并且从持续不间断的服务时限上以及工作效率上都是人工服务无法比拟的。即便初始的VTM设备购入在初始投入阶段巨大，但是长期来看，成本收益率更优于人工。然而，我们不能因此得出结论，VTM能够彻底替代人工。机器就是机器，无法完全替代人，它只能在简单机械操作方面部分地将劳动力释放出来，真正要替代人，目前还无法实现。机器缺乏跟用户的互动，甚至对用户的知识层级要求得也比较高，想要在近期内完全由VTM替代人工在实践中还不可行，它在服务细节方面，还存在一些瑕疵不容忽视。这些主要体现在以下几个方面。

1. 智能银行尚处于初始起步阶段

（1）服务方式。

现有的智能银行各大网点的诸多设备，比如远程柜员系统（VTM）、自动填单机、立体金融超市、对公自助通等，属于传统业务自助化或智能化的相应延伸，这些设备解决了客户排队耗时的问题，使服务资源的供需更匹配。业务流程还是既往传统服务的延续，没有做突破性的改进，服务方式尚有较大的改进空间。智能银行的很多理念还没有在实践中体现出来，在未来会随着软件硬件的不断改进使智能银行的服务方式能够实现真正意义上的更新升级。

（2）服务产品。

由于使用智能银行的客户必须是能够接受新产品、新事物、受过良好教育的人士，使得既往很多的传统客户被新技术、新机器拒之门外，这违背了改革的初衷。银行改革就是为了更高效率、更多产品、更广泛的客户。所以，在未来，智能银行使用技术的推广还有很长的路要走，要普及大众学会使用智能银行的服务，使传统的金融产品都能够通过智能银行的销售方式为大众所接受，这才是银行要升级成智能银行的初衷。未来，不仅仅是在智能银行产品的销售上，还有客户的挖掘与培训方式，都亟需加强。

2. 人机互动稍显不足

（1）自助设备。

自助银行的自动填单机、对公自助通、远程柜员系统（VTM）、立体金融超市这些自助设备确实会使特定业务办理变得更加便捷，但是在人机互动上稍显不足。用惯了人工服务的客户独立面对键盘和触摸屏，经常会有不知所措的感觉，即便能够顺利使用，但过后仍感到不踏实，还要去人工柜台核实一下，尤其是老年用户，更是如此。所以，经常会看见这样一种不正常的现象，虽然这边的自助设备闲着，但是人工服务那边依然有人排队。所以说，智能银行要被客户接受，还需要一个漫长的过程。

（2）用户不会操作。

智能银行对于知识层级较高的客户来说，可以用 so easy 来形容，但是对于不接触新生事物的人群来说，使用智能终端可能比排队等候办理业务还要费时费力。现有的触摸屏在一定程度上缺乏人性化设计，经常上一步操作完了，不知道下一步该操作什么，界面引导不是很好。如果工作人员亲力亲为地为每个客户讲解操作流程，那么不如追溯源头，从源头上下功夫，开发出更友好的操作界面，更清晰的引导流程、更好的人机互动，从而彻底解决客户弃智能而排队选人工的问题。

3. 智能银行服务管理尚显不足

（1）前期的培训没有跟上。

即便智能银行已经走入大街小巷，但是其所占的市场份额并不是很高，还没有形成足够的市场影响力。这是由于各个智能网点更专注于硬件设备的投入，但是有关硬件设备的使用与用户接受方面，并没有引起各个网点的足够重视。所以导致硬件上线却并不为老用户买账，很多用户不会用，也不想用。对硬件设备的宣传与推广没有走到前面，形成了上线初期的被动之势。此外，即便没有事先推广，但是后续的推广也是乏善可陈，在机器终端附近也没有详细的讲解，机器摆在那里却无人用，无人会用，这对智能银行的推广造成了极大的阻力。

（2）急需大量跨学科复合型人才。

智能银行的电子设备终端的硬件发展依托的是软件人才，然而当前既懂金融又懂计算机软件开发、数据处理的跨学科复合型人才还比较少见。此外，智能银行的普及还需要员工的知识层级相匹配，所以说对外要培训客户，对内更要先行培训工作人员。人才是第一生产力，在科技高速发展的今天，拥有人才才具备发展的动力。

（二）改善智能银行服务的建议

1. 改善机器服务效率①

（1）增强操作界面指引性。

就各个智能银行服务网点目前的运营情况来看，智能终端机比工作人员数量还要多，在客流量大时，智能设备操作人员很难完全照顾到使用机器的客户。事实上，尽管工商银行智能设备的操作程序已经十分简洁，但是仍有很多客户不会操作。所以，如果能够在界面设计上提高指引性，客户即可单独使用，这时候更多智能终端能够并行一起使用，效率得到提高。很多客户往往忽略“下一步”按键，误以为交易已经完成，直接就退出。建议银行客户服务端对进程给出更明确指引，比如对“下一步”的按键进行高亮显示，提示客户点选。

（2）完善操作功能。

由于客户直接面对智能机器提供的服务，不需要排队等待叫号、机上自动取号，所以银行很难获悉客户信用资质情况。鉴于此，银行有必要在智能机具上展示客户资质的功能。具体步骤如下：当客户将借记卡、身份证、信用卡插入智能机具后，屏幕最下方空白处就会显示客户服务星级，这也是判断客户资质情况的凭据，同时能给资质较高的客户以优越感。另外，还可以像叫号单那样，显示一些必要销售信息。

（3）人机交互服务。

鉴于中高端优质客户更倾向于“一对一”的人工服务，尤其是在处理复杂业务时。而“一对多”的自助服务很难满足这一需求。所以，为更好地维护中高端优质客户，网点应该尽可能地将智能机具能够胜任的业务一律迁移至智能机服务终端。

① 涂福泽、汪志勇：《当前网点智能化运行和推广工作中存在问题及管理策略》，《中国金融电脑》，2017 年第 4 期。

当更多业务被迁移至智能机具后，更多柜面资源腾出给中高端优质客户，最大限度体现智能银行自助、方便、快捷、分流的功能。为更多迁移业务，柜员引导客户新开借记卡，或将定期一本通、活期一本通，转换成借记卡，通过这种形式引导客户走向智能机具。另外，为方便活期一本通客户在智能机具上办理转账汇款业务，可以取消活期一本通自助转账5万元限制，最大限度地分流不必要柜面服务的非现金业务，将已缩编的柜面服务留给中高端的优质客户，提升服务的效率和效果。

2. 增强科技引领

（1）科技引领创新。

智能银行的出现昭示着传统银行开始转型，随着科技的不断融入，银行的服务水平也在不断提高。云计算、大数据、互联网方兴未艾，再加之算法的支持，金融行业的发展正在以前所未有之势进行着革新。互联网企业具备产品开发能力、互联网运营能力以及大数据分析能力等，均是金融创新科技能力的核心所在，在大数据、物联网与云计算广泛应用的背景下，数据经过清洗加工等人工智能方面所具有的优势正是智能银行发展所必备的。传统银行业与大数据、云计算、“互联网+”相互融合，正以所向披靡之势席卷银行业，无论从理念上，还是用户体验上，都可称得上是一次金融革命。

科技融入金融是大势所趋，中国也是在这个大趋势下发展金融创新。所以说凭借既往的传统服务模式已经很难适应科技进步的潮流，银行服务必须迎头赶上，智能银行的出现是时代的产物，所以我们应该牢牢抓住历史机遇，在科技引领创新的改革洪流中迎头赶上。将智能银行尽快融入到百姓的生活当中，紧跟时代的脚步。借助智能银行为客户提供高效、便捷的金融服务。

（2）普及网点智能化。

智能银行无论从深度还是广度上来看都是一场革命，这一点毋庸置疑，既有的服务理念、销售理念都应该伴随这场革命有所改变。利用大数据、“互联网+”、云计算等提供的开放平台将开展更多金融产品的营销、智能服务的营销，大数据背景下精准营销、互联网背景下营销整合以及数据库营销，让更多消费者了解、体验智能网点服务。智能网点联系客户是其职责所在，挖掘潜在客户群，努力把设备的智能化发展为流程的智能化，实现数据智能化，真正转变既往传统银行营销的理念。

当前我国的各个银行网点的智能化尚未完全普及，正在朝着智能化方向迈进。当前的大数据、云计算等新技术亟待广泛用于智能银行的服务体系，结合这些新技术可以让金融服务更具个性化、更有针对性，还可以在一定程度上拓展延伸服务，利用大数据的分析优势帮助客户投资理财，还可以定点定向地销售产品，使销售更有针对性，更有的放矢，精准瞄准客户群。此外，还可以借助网络，发挥网络银行的优势，可以实时异地办理金融业务，节省客户的时间，只需要一个网络平台，全国都可以使用，网络银行也是成本最低的金融服务形式，值得广泛推广。

（3）建立智能服务体系。

建立围绕客户需求的智能服务体系，不断加强与“云计算 + 大数据 + 物联网 + 互联网 +”时代的各种商业模式的融合。智能银行网点要线上线下结合，线上活动引领线下销售，线下辅佐线上服务，凸显线上线下互动的新型营销服务模式。进一步加快 O2O 模式构建，整合终端服务链条，并在可能的情况下进一步延展，360 度无死角地提升客户满意度。智能网点就是为客户服务的，要时刻秉持这一宗旨，维护客户利益，为客户服务，让客户满意，最终的目的是从金融服务延伸到金融产品销售，产品销售从客户对服务满意开始，如果一个客户不能在银行得到满意的服务，很难想象他会继续在这里买投资理财产品。

智能银行应该着力建设网络金融，协同建设线上线下的各项业务。不断发展完善包括微信银行、手机银行、电话银行、短信金融等在内的线上网络服务体系，同时在线下引进先进运作模式，利用线上线下业务，打造面向客户金融服务的渠道。实现账户服务、处理业务、参数管理等环节集中化，从而不断降低成本，实现高效的管理。①

① 孙石泽：《城镇居民对智能银行使用体验的调研分析》，《金融理论探索》，2017 年第 4 期，第 53 ~ 60 页。

（4）提供精准服务。

利用大数据分析精准定位客户，并提供个性化服务。银行客户群体的构成很复杂，涉及不同的年龄段、不同的行业、受教育程度迥异的人群。智能银行网点要在已有数据管理的网络平台上，对客户数据进行处理，并向客户提供更为精准的产品与服务投放，满足各类客户需求。另外，银行智能化转型决定其客户群体具有高端化、年轻化、商务化特点，这部分客户符合“二八法则”，是重点客户。银行对客户进行严格的市场细分，针对不同群体开发具有针对性、创新性的移动平台和金融服务产品，根据客户个性化需求分别制定出不同的营销策略，在智能网点为其开辟个性化的服务专区，效率与服务体验并存。

（5）强化智能银行的风险防控。

页面提示。与柜台业务相比，智能设备的风险提示环节很多都被省去了。建议可在智能设备上增加提示的页面，给出足够阅读时间，充分履行对客户风险提示的义务。

优化管理。出台智能服务管理细则和操作指引，核算要素管理、对客服代表准入、检查等进行细化规范统一；各个智能银行网点应加强客户的身份识别，加强客户签名、防范外部欺诈的风险；加强网点的智能服务区管理，设置“一米线”，配置一些防诈骗警示牌，提示并保障客户的存款安全。①

（6）加强人员培训。

智能银行需要装备大量的智能化设备。与此同时，对技术人员、工作人员都有了新的要求，员工培训必不可少，员工的知识亟待更新升级。在未来，更需要跨学科的复合型人才，不仅仅需要掌握金融知识，还要掌握 IT 知识。不仅要掌握管理知识，还要掌握心理学知识。这样才能够适应智能银行的相关业务。人机互动理念要融入到软件开发里，心理学在这个时候就会派上用场。另外，柜员要能够熟练掌握各种机器设备的操作，为客户提供全面、高效、精准的指导和推荐工作。

---

① 涂福寿、汪志勇：《当前网点智能化运行和推广工作中存在问题及管理策略》，《中国金融电脑》，2017 年第 4 期，第 33 ~ 35 页。

第六章

智能投顾：让用户与资产匹配更精准

传统金融有三大业务，分别是存款、贷款和结算。但是广大投资者对除此之外的金融业务普遍缺乏专业知识，在这时，投资顾问的作用便显现出来。投资顾问由于个人专业水平的不同而显示出的能力差距巨大，专业能力不足的投资顾问无法很好地匹配用户与资产。同时，我国目前投资者数量巨大，而投资顾问可以说是极少，这便使得我国资本市场供求关系严重不均衡。而智能投顾，便可以很好地解决这些问题。

一、传统投顾业务的掣肘和麻烦

传统投顾业务依赖于投资顾问。投资顾问是通过提供投资建议而取得报酬的一群人士。投资顾问业务是由投资咨询业务发展而来的，两者在业务上具有高度相关性和一定重合性，投资顾问业务的从业者与客户的契约关系更为紧密。从中国证券业协会官网公布的从业人员注册信息中可以查询到，目前投资咨询业务有分析师和投资顾问这两种岗位形式。分析师侧重于发布研究报告而投资顾问偏向于投资顾问业务，这和改革以前投资咨询业务从业者只能评论股票等业务的时代相比有了非常大的转变，但由于之前所说的投资顾问专业参差不齐与人员供给不足的问题，导致了目前传统的投顾业务服务费用高昂并且服务流程繁琐的同时出现了欺诈现象横行的现象，给投顾业务的发展产生了极大的阻碍。

（一）服务流程繁琐，服务费用高昂

首先，投顾服务的取得过程是烦琐的。投资者想要获得投资顾问服务需要经过签约流程，双方确定收费标准与收费方式，更换投资顾问需要变更手续，解约同样需要解约手续。以签约流程为例，签约之前投资顾问需要对客户做风险测评，填写问卷，从而知道客户的风险偏好，投资顾问还需要了解客户的投资需求。除此之外，客户的身份情况也需要充分了解。但这其中不乏客户隐私，并不是所有的投资者都愿意将这些信息告诉投资顾问，加之繁琐的手续，因此传统投顾业务并没有广泛地被投资者接受。

其次，投资顾问的工作流程是烦琐的。选择一支有投资价值的股票并不是一件容易的事，进行基本面分析就是非常重要的工作，基本面分析的核心是大量的数据与资料，因此，投资顾问需要时刻关注上市公司的动态，研究财务报表，关注会影响宏观局势的各种新闻，获取各种各样的素材、资料、数据、信息，并且用自己的专业能力将收集到的数据信息总结成最简单的一句话告诉顾客，就是某只股票值不值得投资。投资顾问不仅要承受专业压力，还要承受股市不确定性带来的推荐股票盈利结果的心理压力。工作产生的双重压力决定了投顾服务的服务费用高昂。

最后，我国目前投顾服务行业的盈利模式是混乱的，部分从业人员的职业操守是缺乏的。证券投资咨询资格下有两种岗位，分别是投资顾问和分析师，当前我国的分析师一般服务于机构，投资顾问却到处都是，电销盛行，虽然大部分只是打着投资顾问的幌子，没有资格证，但是在供求关系不均衡的情况下，大部分人有过受骗经历，从而使得投顾业务人人喊打。因为他们的目的是为了让客户频繁交易，进而获得更多的佣金，对用户的亏损却毫不在意，但投资者一开始并不能判断出投资顾问的专业能力，这种信息不对称无形中加大了投资者获取服务的成本。

与此同时，真正高水平的投资顾问往往会服务于少数高净值客户，这使得普通投资者的服务资源更为稀缺，服务费用更为高昂。

（二）专业投资顾问供给不足

我国于 2010 年首次确认了证券投资咨询业务相关业务从业人员的对应业务，即由投资顾问负责资产管理业务，而由证券分析师负责出具研究报告。以 2010 年为节点，投资顾问的工作与在此之前产生差异，最重要也最简单的一点就是投资顾问推荐股票不再违法。也就是在 2010 年之后，从法律的角度看，投资顾问开始具有资产管理的权利。投资顾问可以与投资者签订协议，投资咨询业务开始发生巨变，一个全新的时代到来。

因此自 2010 年至 2017 年 12 月，证券行业已经涌出逾 4 万名投资顾问，根据中国证券业协会从业人员注册信息公示，目前 120 家证券公司共有投资顾问 40115 名，85 家证券投资咨询机构共有投资顾问 2177 名。而与近 4.1 万名投资顾问相对应的

表 6－1　**2016 年投资者情况统计表**　单位：万

	2015 年	2016 年
一、新增投资者数量 Number of now investors	2616. 18	1900. 50
1. 自然人 Natural person	2611. 20	1896. 27
2. 非自然人 Non-natural person	4. 96	4. 24
二、期末投资者数量 Number of investors by the end of the Year	9910. 54	11811. 04
1. 自然人 Natural person	9882. 15	11778. 42
其中： Including：		
已开立 A 股账户投资者 Investors with A share accounts	9812. 14	11710. 77
已开立 B 股账户投资者 Investors with B share accounts	237. 85	238. 55
2. 非自然人 Non-natural person	28. 38	32. 62
其中： Including：		
已开立 A 股账户投资者 Investors with A share accounts	26. 06	30. 32
已开立 B 股账户投资者 Investors with B share accounts	2. 35	2. 33

资料来源：中国结算。

是我国境内股票市场近亿名的投资者。中国结算最新数据显示，截至 2017 年 8 月，境内投资者数量为 12949. 89 万。其中，个人 A 股投资者为 12848. 14 万人，A 股非自然人投资者为 32. 67 万家。因此，近年来投资顾问人员虽然在人数上已经飞速上升，然而相对于我国极其庞大的投资者数量来说依然相形见绌。由两者数量可见，我国平均一名投资顾问理论上要服务 2500 位以上的 A 股投资者。

表 6-2 2017 年末各证券公司执业注册的从业人员

序号	机构名称	从业人员数	一般证券业务	证券投资咨询业务(其他)	证券经纪业务营销	证券经纪人	证券投资咨询业务(分析师)	证券投资咨询业务(投资顾问)	保荐代表人	投资主办人
1	爱建证券有限责任公司	1293	759	0	3	457	5	53	5	11
2	安信证券股份有限公司	9005	6340	0	208	1482	65	802	96	12
3	北京高华证券有限责任公司	125	85	0	0	0	16	24	0	0
4	渤海汇金证券资产管理有限公司	123	100	0	0	0	0	0	0	23
5	渤海证券股份有限公司	1770	1196	0	35	367	21	143	8	0
6	财达证券股份有限公司	2209	1587	0	15	428	25	134	6	14
7	财富证券有限责任公司	2691	1354	0	25	953	18	318	6	17
8	财通证券股份有限公司	3617	2231	0	2	889	22	439	34	0
9	长城国瑞证券有限公司	754	567	0	6	128	3	26	10	14
10	长城证券股份有限公司	4190	2238	0	3	1495	24	339	53	38
11	长江证券承销保荐有限公司	349	292	0	0	0	0	0	57	0
12	长江证券股份有限公司	9015	4730	0	139	2848	63	1234	0	1
13	川财证券有限责任公司	417	309	0	0	60	12	24	6	6
14	大通证券股份有限公司	1394	664	0	17	582	3	116	5	7
15	大同证券有限责任公司	1775	834	0	1	613	1	314	5	7
16	德邦证券股份有限公司	1058	891	0	2	50	4	70	20	21
17	第一创业证券承销保荐有限责任公司	115	97	0	0	0	0	0	18	0
18	第一创业证券股份有限公司	3388	1122	0	13	2038	1	193	0	21
19	东北证券股份有限公司	4032	2288	0	0	1092	44	566	41	1
20	东方花旗证券有限公司	412	343	0	0	0	0	0	69	0
21	东方证券股份有限公司	4196	2760	0	19	910	50	457	0	0

续表

序号	机构名称	从业人员数	一般证券业务	证券投资咨询业务（其他）	证券经纪业务营销	证券经纪人	证券投资咨询业务（分析师）	证券投资咨询业务（投资顾问）	保荐代表人	投资主办人
22	东海证券股份有限公司	2497	1507	0	0	775	21	158	14	22
23	东吴证券股份有限公司	3395	1917	0	8	1042	43	302	63	20
24	东兴证券股份有限公司	2953	2217	0	10	220	26	392	62	26
25	东莞证券股份有限公司	3567	2132	0	19	1048	11	318	23	16
26	方正证券股份有限公司	8669	4724	0	40	2959	69	846	0	31
27	高盛高华证券有限责任公司	56	46	0	0	0	0	0	10	0
28	光大证券股份有限公司	7209	3357	0	3	2983	68	713	85	0
29	广发证券股份有限公司	11404	6730	0	105	1721	92	2579	175	2
30	广发证券资产管理（广东）有限公司	187	141	0	0	0	0	0	0	46
31	广州证券股份有限公司	3254	2546	0	26	474	0	171	16	21
32	国都证券股份有限公司	1439	753	0	3	453	7	201	13	9
33	国海证券股份有限公司	3292	1553	0	0	1339	19	328	31	22
34	国金证券股份有限公司	2968	2232	0	0	198	69	306	136	27
35	国开证券有限责任公司	688	575	0	0	48	12	37	6	10
36	国联证券股份有限公司	1853	1121	0	0	455	28	237	0	12
37	国融证券股份有限公司	2073	1265	0	7	657	7	111	12	14
38	国盛证券有限责任公司	2948	1511	0	0	1375	8	46	6	2
39	国泰君安证券股份有限公司	11190	6746	0	1	2522	118	1700	103	0
40	国信证券股份有限公司	8310	6532	0	24	118	60	1388	163	25
41	国元证券股份有限公司	4294	2424	0	60	1339	26	356	57	32
42	海通证券股份有限公司	11677	4298	0	0	6131	121	1000	127	0
43	恒泰长财证券有限责任公司	136	125	0	0	0	0	0	11	0

续表

序号	机构名称	从业人员数	一般证券业务	证券投资咨询业务（其他）	证券经纪业务营销	证券经纪人	证券投资咨询业务（分析师）	证券投资咨询业务（投资顾问）	保荐代表人	投资主办人
44	恒泰证券股份有限公司	3432	1706	0	51	1266	6	392	0	11
45	宏信证券有限责任公司	1450	955	0	13	295	3	149	16	19
46	红塔证券股份有限公司	1000	595	0	2	257	27	100	12	7
47	华安证券股份有限公司	3421	1975	0	17	1015	13	370	16	15
48	华宝证券有限责任公司	730	505	0	0	148	12	40	0	25
49	华创证券有限责任公司	2361	1585	0	10	357	46	307	30	26
50	华福证券有限责任公司	3388	2634	0	16	354	16	345	13	10
51	华金证券股份有限公司	933	607	0	0	250	14	42	11	9
52	华林证券股份有限公司	2661	1390	0	78	1001	0	148	38	6
53	华龙证券股份有限公司	1860	1223	0	0	135	7	460	18	17
54	华融证券股份有限公司	2697	1658	0	1	793	19	167	25	34
55	华泰联合证券有限责任公司	540	427	0	0	0	0	0	113	0
56	华泰证券股份有限公司	6842	3528	0	18	1533	69	1694	0	0
57	华西证券股份有限公司	2904	2412	0	0	34	6	409	29	14
58	华英证券有限责任公司	165	146	0	0	0	0	0	19	0
59	华菁证券有限公司	189	165	0	0	0	4	2	8	10
60	华鑫证券有限责任公司	1700	981	0	4	539	12	151	0	13
61	汇丰前海证券有限责任公司	32	23	0	0	0	8	1	0	0
62	江海证券有限公司	2589	1202	0	0	1114	4	247	10	12
63	金通证券有限责任公司	9	9	0	0	0	0	0	0	0
64	金元证券股份有限公司	1815	1071	0	16	617	2	81	17	11
65	九州证券股份有限公司	5790	1324	0	0	4317	1	94	26	28
66	开源证券股份有限公司	2105	1644	0	2	286	7	124	13	29
67	联储证券有限责任公司	1672	1076	0	1	464	2	100	4	25

续表

序号	机构名称	从业人员数	一般证券业务	证券投资咨询业务（其他）	证券经纪业务营销	证券经纪人	证券投资咨询业务（分析师）	证券投资咨询业务（投资顾问）	保荐代表人	投资主办人
68	联讯证券股份有限公司	1867	1067	0	24	476	14	270	6	10
69	民生证券股份有限公司	2890	1761	0	0	579	35	403	93	19
70	摩根士丹利华鑫证券有限责任公司	161	149	0	0	0	0	0	12	0
71	南京证券股份有限公司	2039	1142	0	2	541	10	322	12	10
72	平安证券股份有限公司	3492	2943	0	28	237	37	198	39	10
73	瑞信方正证券有限责任公司	160	138	0	0	0	0	0	22	0
74	瑞银证券有限责任公司	340	257	0	0	0	36	19	23	5
75	山西证券股份有限公司	2393	1097	0	1	820	17	437	0	21
76	上海东方证券资产管理有限公司	179	155	0	0	0	0	0	0	24
77	上海光大证券资产管理有限公司	139	104	0	0	0	0	0	0	35
78	上海海通证券资产管理有限公司	154	123	0	0	0	0	0	0	31
79	上海华信证券有限责任公司	602	535	0	0	41	3	6	8	9
80	上海证券有限责任公司	1789	1047	0	3	508	24	197	0	10
81	申港证券股份有限公司	418	381	0	0	18	0	0	11	8
82	申万宏源西部证券有限公司	1126	644	0	1	145	1	335	0	0
83	申万宏源证券承销保荐有限责任公司	392	299	0	0	0	0	0	93	0
84	申万宏源证券有限公司	10608	4965	0	6	4116	0	1443	0	78
85	世纪证券有限责任公司	1408	856	0	69	405	11	49	5	13
86	首创证券有限责任公司	1647	881	0	12	597	5	135	9	8

续表

序号	机构名称	从业人员数	一般证券业务	证券投资咨询业务（其他）	证券经纪业务营销	证券经纪人	证券投资咨询业务（分析师）	证券投资咨询业务（投资顾问）	保荐代表人	投资主办人
87	太平洋证券股份有限公司	2718	1598	0	0	798	38	232	18	34
88	天风证券股份有限公司	3536	2486	0	7	757	75	133	33	45
89	万和证券股份有限公司	1241	591	0	2	571	4	62	4	7
90	万联证券股份有限公司	2467	1545	0	36	649	6	211	8	12
91	网信证券有限责任公司	774	515	0	0	182	5	58	5	9
92	五矿证券有限公司	1572	731	0	2	769	1	51	6	12
93	西部证券股份有限公司	3042	2030	0	7	558	14	388	20	25
94	西藏东方财富证券股份有限公司	3103	1108	0	2	1890	11	69	4	19
95	西南证券股份有限公司	3680	1875	0	23	1176	46	470	49	41
96	湘财证券股份有限公司	1931	1150	0	0	484	3	280	7	7
97	新时代证券股份有限公司	2245	1207	0	12	791	18	198	7	12
98	信达证券股份有限公司	3079	1697	0	16	715	38	569	23	21
99	兴业证券股份有限公司	5587	3196	0	0	1171	97	1025	91	7
100	兴证证券资产管理有限公司	104	84	0	0	0	0	0	0	20
101	银泰证券有限责任公司	1525	502	0	1	949	1	66	0	6
102	英大证券有限责任公司	1287	541	0	7	681	6	26	13	13
103	招商证券股份有限公司	9212	5195	0	47	2902	95	862	111	0
104	浙商证券股份有限公司	3532	2345	0	15	896	31	206	39	0
105	中德证券有限责任公司	240	194	0	0	0	0	0	46	0
106	中国国际金融股份有限公司	2201	1853	0	0	0	86	141	84	37
107	中国民族证券有限责任公司	1764	1045	0	10	361	5	323	20	0

续表

序号	机构名称	从业人员数	一般证券业务	证券投资咨询业务（其他）	证券经纪业务营销	证券经纪人	证券投资咨询业务（分析师）	证券投资咨询业务（投资顾问）	保荐代表人	投资主办人
108	中国银河证券股份有限公司	9818	6569	0	0	1133	34	2036	45	1
109	中国中投证券有限责任公司	4636	2535	0	8	1343	24	688	17	21
110	中航证券有限公司	2417	1062	0	1	1199	20	106	19	10
111	中山证券有限责任公司	1669	948	0	7	598	4	62	9	41
112	中泰证券股份有限公司	8533	5159	0	44	1955	57	1265	53	0
113	中天国富证券有限公司	606	568	0	0	0	0	0	38	0
114	中天证券股份有限公司	926	651	0	0	158	7	103	0	7
115	中信建投证券股份有限公司	11428	6849	0	0	2410	42	1914	179	34
116	中信证券（山东）有限责任公司	2298	1897	0	0	110	0	291	0	0
117	中信证券股份有限公司	9411	7006	0	6	439	92	1681	141	46
118	中银国际证券有限责任公司	4012	2130	0	64	1401	51	305	31	30
119	中邮证券有限责任公司	763	551	0	3	134	3	52	5	15
120	中原证券股份有限公司	2794	1790	0	1	386	12	564	16	25

资料来源：中国证券业协会官网。

根据同花顺拥有千万级股民的大数据调查显示，2017 年第一季度股民整体状况为股民平均盈利 1.2 万，整体人均盈利 3227 元，平均收益率 2.06%。2017 年是股市稳步上涨的一年，从股民人均盈利 1.2 万与整体人均盈利 3227 元可知，大部分的盈利集中在少数人手中，行情良好的年份尚且如此，其他年份可想而知，百分之八十的投资者处于亏损也便理所当然。由此可见，我国目前专业投资顾问供给严重不足。[①]

投资顾问专业能力的形成需要深厚的金融学理论基础和长期的投资经验积累，但是同时具备这两个条件的人员不但很少，而且在2010年以前这些取得了相关从业资格而且专业理论知识和投资经验都很扎实的证券从业人士，进行资产管理业务是违法的，因此投资能力无法得到展现，私下从事投资顾问业务则是触犯法律的行为。即使开放以后，由于发展时间太短，加之由于2010年以前的政策导致的人们对这一行业的从业愿望不强而引起的人员不足，使得这一领域几乎成为了骗子的天堂。因为这些没有取得资格并且在中国证券业协会注册登记的人，能够肆无忌惮地从事证券投资咨询业务和资产管理业务，因为法律只约束具有资格证并且登记的从业者。无疑，后果是极其严重的。证券市场上始终充满了欺骗，现在看起来已经很难挽回了。社交平台的发展也给骗子忽悠散户提供了契机，他们收取服务费后私下分成。几年下来原有的股民几乎都收到过欺骗而对投顾服务失去信任。新开户的“小羊羔”也渐渐被骗子进化成了“老油条”。骗子们大多背熟了与证券投资相关的专业名词，但是未必理解其真正意义，缺乏真正的实战技能和投资理念，因此，新老股民便一批批地成为了受害者。虽然随着政策改变，正规的投资顾问不断增加，但是之前很多无证从业者们却以所谓经验占据了很大一部分市场，这些行业的肿瘤依然没有消除。

而这一切产生的原因，都是因为专业投资顾问供给不足。

二、智能投顾：标签化的优势

人工智能是一个标签，它在当前代表了高科技，展现出了强大的数据收集与分析等能力。在人们心目中，人工智能的机器本质使得它比人更可信赖，因为当前的

---

① 同花顺投资账本：《2017年第一季度股民大数据报告》，2017年4月。

机器还只能按照人类的指令去不折不扣地完成本职工作，似乎比捉摸不透的人更可靠。智能投顾以其强大的数据处理能力使普通投资者获得廉价的投顾服务成为可能，让投顾服务不再是净高值人群的专属服务。智能投顾可以实时根据市场动态给予调整投资组合的建议，为每一位投资者提供个性化的服务，满足投资者多样化投资组合需求。

相较传统投顾，智能投顾整合了互联网技术的特点，它能够分散以及预测风险、降低成本、防止意外事件的发生。我们可以看见，传统投顾机构已经开始引入例如大数据、人工智能等计算机科学相关技术来改善投资决策并且用以分析乃至量化决策的合理性。同时，与投顾行业相关的科技公司，已经开始设计基于互联网的投顾平台，用以在一定程度上解决信息不对称的问题。所以，不论是券商、投资机构、相关科技公司还是互联网金融平台，都已经对智能投顾表达了关注。

（一）私人订制式投顾服务

由于投资本身具有的不确定性和每位投资者不同的风险偏好程度，投顾服务注定也应该是私人定制式的个性化服务，好的投资顾问可以根据顾客的需求，即比较预期收益和风险承受能力来制订计划。对于高净值人群，传统投资顾问已经给他们提供了个性化的服务，但是对于大部分投资者来说，接受的服务还停留在“一对多”式的机械化阶段，固定时间统一在社交群推荐股票，日常的大盘分析等。对于股市这种变化剧烈的市场，机械化的服务无疑是难以满足要求的。

智能投顾和传统投顾一样，主要作用都是进行资产管理。虽然在国外做得好的智能投顾公司目前主要面向的也是高净值人群，但是仅仅是因为这一人群具有更多的可用于投资资产，使公司获取更大收益。事实上，智能投顾没有任何资产门槛，并且它在进行资产组合管理的时候尽量避免了人为因素产生的影响，这可以使得投资行为更加理智，按照之前设定的目标进行决策，投资决策变化完全依据市场变动情况而非任何人的情绪。

以美国硅谷 Wealthfront 公司为例，这是一个典型的智能投顾平台。这个平台可以运用现代投资组合理论里分散风险的方法规避风险并且及时做出风险提示，让客户享受自动化投顾服务的同时还能获得不错的收益，与此同时，它的信息还是透明开放的。

“中产阶级的焦虑”是当下我国十分显著的问题之一。我国的“中产阶级”已经基本实现了富起来的目标，但是随着CPI的不断上涨，如何投资才能让收益跑赢通货膨胀，守住自己的财富便成为一个重大的问题。在存银行这条路行不通的情况下，投资便成为最重要的途径。我国的中产阶级也是思想较为开放，目光并不短浅的群体，他们热爱并勇于接受新技术，正因为如此，智能投顾这种基于大数据时代产生的新兴产物一定会迅速地被广泛接受。

（二）满足投资者多样化投资组合需求

著名美国经济学家詹姆斯·托宾所说的“不要把鸡蛋放在一个篮子里”在投资界是非常著名的，同时还说了“不要把鸡蛋放在太多的篮子里”。这两句话极好地概括了投资组合的必要性及其限度。把“鸡蛋”放在一个“篮子”里无法规避风险，而放在太多的“篮子”里即资产多样化过度虽仍可以规避风险，但由于边际成本大于边际收益，会造成大量的固定损失。如何满足不同投资者多样化的投资需求成为当前一个紧迫的问题。

在智能投顾方面，我国企业起步晚，还都处于初步探索阶段，但是发展迅速，参与智能投顾研发的公司和推出的智能投顾产品越来越多。参与智能投顾领域的企业囊括了传统金融公司、互联网公司以及独立的第三方平台，目前已经有平安一账通、弥财、京东智投、同花顺等代表各自领域公司的智能投顾产品出现。

国内典型的智能投顾产品是金贝塔，它是嘉实基金旗下公司的一款财务软件，有较好的投研功能，在2016年下半年，金贝塔A轮融资引入蚂蚁金服作为新股东。它仿照了国外“Smart Beta”策略。虽然这一策略方便简易，可以提供多种投资组合以分散风险，并且能够让投资者轻易把握可以取得收益的因子，例如价值因子，但是研究者也指出目前而言，如果过多的人依赖这类产品，大家同时倾向于某一类投资，泡沫将不可避免。这和目前产品的多样性还不够有一定关系。

智能投顾要发展，成为投资服务领域的趋势，多样性是注定要实现的，满足投资者多样化投资组合需求的同时使智能投顾取得更长足的发展，进而促进智能金融的全面实现。

三、智能投顾满足普通投资者投资需求

人均可支配收入逐渐提高、国民投资意识逐渐深化、资本市场资金不断累加意味着投机、套利、套保将不再是少部分人的专属。我国证券市场目前还是一个以投机为主的市场，因此风险极大，但是随着证券市场改革与监管加深，倾向于利用资产组合套保的人群将会不断增多，平衡收益与风险的前提下获取一定收益。而目前智能投顾产品就是运用了资产组合理论，可以很好地服务于广大投资者。加之传统投顾服务对不同梯次的投资者分级服务，准入门槛对资产要求较高，所以智能投顾将成为一个有益的选择。

（一）传统投顾服务门槛过高

传统投顾服务在我国发展时间较短，服务门槛相对较高，这主要体现在以下三个方面。

一是优质服务只针对高净值客户。服务人员不足决定了想要获得高质量的服务首先要使自己成为高净值群体。供小于求引起物价上涨，服务也一样，虽然投资者经常收到投资咨询机构的推销电话，服务提供机构里电话销售人员的孜孜不倦似乎让人们觉得投资顾问少了几个投资者会吃不上饭的错觉。事实上，一个在投资咨询机构的投资顾问往往有几百位电话销售为其寻找客源，渴望获取更多顾客的是需要靠提成吃饭的电话销售而非投资顾问，需要服务的客户群体太大，天天在接打电话中忙

碌，无法很好的静下心来研究分析，投资顾问的生活压力也会增加。我国专业投资顾问数量与投资者数量近1∶2500的比例决定了普通小额投资者的服务只能是粗放的。

二是服务费用高昂。2017 年上半年，中国股市持续上涨，全体股民人均收入 1.2 万元。而投资咨询机构的服务费用通常在每月 1000 元左右，专业能力较高的投资顾问往往价格会翻倍。显而易见，平均盈利只够补偿服务费用。并且问题在于：第一，1.2 万元的半年平均收入是股市行情稳定上涨的情况下发生的，可以说这是整体平均收入的极限；第二，即使在行情好的年份，大部分的收益仍然被机构包揽，散户的平均收益是远远达不到平均水平的。一年动辄上万的服务费用在整体散户人均一年几千元的收益面前显得高不可攀。对于广大的小额投资者更是遥不可及。

表 6 - 3　　2016 年自然人与机构投资者比例

期末已上市的A 股流通市值	自然人		机　构		合　计	
	投资者数	比重（%）	投资者数	比重（%）	投资者数	比重（%）
a. 1 万以下	11752886	23.92	4368	6.11	11757254	23.89
b. 1 万 ~ 10 万	23504415	47.84	7949	11.11	23512364	47.78
c. 10 万 ~ 50 万	10608719	21.59	10649	14.89	10619368	21.58
d. 50 万 ~ 100 万	1849412	3.76	5932	8.29	1855344	3.77
e. 100 万 ~ 500 万	1250229	2.54	13301	18.59	1263530	2.57
f. 500 万 ~ 1000 万	103303	0.21	5263	7.36	108566	0.22
g. 1000 万 ~ 1 亿元	62160	0.13	14012	19.59	76172	0.15
h. 1 亿以上	4791	0.01	10058	14.06	14849	0.03
合计	49135915	100.00	71532	100.00	49207447	100.00

资料来源：中国证券登记结算有限公司。

三是获取服务的渠道不开放。当前我国投顾服务通常是投资顾问寻找客户进行服务销售，客户主动寻找投资顾问在普通投资者中极其罕见。客户不了解找上门来的投资顾问的专业能力，在未签约服务之前，投资顾问主动提前服务印证能力的情况也不普遍，通常由投资顾问列出之前的成功案例来进行侧面说服，但这种举例中不乏偶然与欺骗，良莠不齐的服务市场让投资者无从选择，运气就成了很重要的因素之一。而导致这一现象的原因之一就是获取服务的渠道不开放，服务提供者的信息不完全公开透明，双方信息严重不对称。

四是对投资者具有一定的专业能力要求。因为传统投顾基于条件限制，投资顾问与客户通常使用社交软件和电话进行联系，这就产生了延迟，证券市场是瞬息万变的，几秒的差距就有可能殊途同归，所以投资顾问自己的投资模拟记录往往与客户实际收益有极大的差距，这时就需要投资者能够有一定自己合理的判断，而不是盲从。

总体而言，形成高门槛的因素是“人”。服务提供者与客户之间的各种矛盾短期内难以调和。

（二）智能投顾能够满足普通投资者的个性化投资需求

智能投顾比传统投资顾问准入门槛更低、更智能、分散化投资能力更强。智能投顾基于当前大数据时代的社会优势，收集数据、建立模型、量化分析，能够依据投资者提出的各种要求例如风险承受力、预期收益等作出相应决策并提供投资建议。

1. 智能投顾比传统投顾具有更低的准入门槛

由供需关系不平衡作为主要因素导致的高门槛是难以逾越的，因为在投资顾问数量每年固定缓慢增长的同时，客户需求却在迅猛上升。

事实上，智能投顾在我国有着非常坚实的发展基础，主要原因是资本积累产生的理财市场规模扩大、全球第一的投资者数量、市场初步发展但尚未形成寡头垄断。[①] 我国个人财富配置相较发达国家差距过大，发达国家公民倾向于将个人财富的大部分配置于金融产品，其比例高达65%左右。而我国由于受历史、文化以及资产管理费用高、难度大的影响，公民更愿意将个人财富配置于房地产等不动产方面，在金融产品方面的配置只有发达国家的一半。因此我国目前投资领域与发达国家具有明显的结构性差异。2017 年我国可用于投资的资产总额约 20 万亿美元，约占世界可用于投资资产总额的 1/10。三年后，预计这个比例将翻一番。并且，随着我国

① 张立钧：《中国智能投顾市场蕴藏巨大潜力》，《清华金融评论》，2016 年。

社会结构日益老龄化，但社保等养老体系的支柱还没有取得有效的发展。因此，以个人为主体的养老财务保障体系显得越发重要，老年人群理财需求增大，进而使金融服务的受众群体更加广泛，受众数量增加。

相较于传统投顾，目前智能投顾主要目标客户是资产在 3 万～300 万之间的投资群体，他们占了中国 40% 的人口数量。这么庞大的预期服务能力，能够使目前因为传统投顾服务门槛过高而被拒之门外的大部分投资群体得到相应的服务。

2. 智能投顾的智能化能最大限度地为投资者提供方便

第一，资讯获取及通讯传达延迟的问题是传统投资顾问无法避免的，因为传统投资顾问只是提供投资建议而非全权进行资产管理。而智能投顾可以进行自主交易。因为人们对于机器更加放心，所以更愿意把钱交给机器进行管理，这样就解决了投资建议传达延迟导致的问题。同时机器收集数据、分析数据的速度是人不可企及的，这对投资者把握住转瞬即逝的投资机会十分有益。智能投顾自动交易也给投资者省去很多麻烦。第二，传统投资顾问是人，是人就有情绪，在长期承受巨大压力的情况下，就无法保证高度理智。主观情绪与价值观对于传统投资顾问提供投资建议也有很大影响，而没有感情的智能投顾可以时刻保持绝对理智，服务稳定高效，从而减轻投资者自身压力。

3. 智能投顾的分散化投资能力能够更好地满足多样化的投资需求

在我国这个极其庞大的投资市场，投资者完全倾向于为获取最大收益而乐意承担风险或为了规避风险愿意放弃所有收益的状况是不存在的。上亿投资者的风险偏好都处于这个区间，并且每个人都不完全相同。因此，在目前投资顾问与投资者数量在1∶2500的情况下，为了满足每位投资者的投资顾问需求，理论上，一个投资顾问每天要研究 2500 种不同的投资组合，而这显然是不可能的。所以，证券市场投资顾问一对多的情况下往往也只提供一种方案，觉得哪只股票会挣钱就给所有人推荐哪只，完全不考虑投资者的风险偏好，更别说投资组合。与此相对，智能投顾的大数据分析能力完全不用在乎投资者的数量，因为它所能承载的投资者数量远远超过了有投顾服务需求人群的数量，并且能够快速地给每位投资者提供相应的投资组合建议。

第七章

智能风控：让金融业运行更安全

随着科技与互联网的不断发展，金融行业的风险也随之愈加复杂、难以控制。但是从另一个方面来说，互联网以及科技给金融行业带来的不仅仅是挑战，还有不可多得的机遇，互联网给金融行业带来的创新也是不能估计的。不断地创新、改革让金融行业走入了新的时代，金融风险种类越来越复杂，变化也越来越频繁。但是科技衍生出的智能风控系统给这个难题带来了转机。智能风控依靠大数据、云计算等数据为金融风险防控系统带来了“多维+快速”的监管优势，同时不同类型的智能风控系统也在一定程度上完善了金融行业的风险防控体系。智能风控的类型在现在主要有三类：一是研发自用型，即企业自己研发自己使用、贴合自身金融业务、相对具有定制化的金融风险智能防控系统；二是技术输出型，即智能风控企业为商业银行、小贷机构、理财平台、消费金融公司等提供信用评估审核、智能风控、反欺诈等金融解决方案，方便了小微企业的金融风险防控工作；三是混合型，即研发自用型与技术输出型相结合的智能风控系统，也就是既支持企业自身业务发展又对外技术输出的智能风控系统。

一、金融风险变化频繁

在金融行业发展历程中，不可避免的就是存在着金融风险。金融风险，就是指与金融行业的金融活动有关的风险，也是指那些有可能会给某些企业或者机构在财务方面带来金融损失的风险。例如金融产品风险、金融市场风险、金融机构风险等。金融风险大致有流动性风险、市场风险、作业风险、行业风险、信用风险、人事风险、法律、法规或者政策风险、自然灾害或其他突发事件、政治风险以及股票风险等多个类型。事实上，风险是客观存在的，如果一家金融机构在财务方面发生了风险，导致的后果往往会超过其对自身的影响。同时，金融机构在具体的金融交易活动中出现的风险，也有可能对该金融机构的生存构成威胁；其次，如果一家金融企业经营不善，然后出现危机，有可能会对整个金融体系的稳健运行构成威胁；系统风险一旦发生，金融体系就有可能会运转失灵，进而导致全社会经济秩序的混乱，甚至还有可能引发严重的政治危机。① 随着科技和互联网的飞速发展，各式各样的科学技术在不断创新，互联网和智能技术与金融行业结合的金融服务形式层出不穷，所以金融风险模式也在不断增加，变化的频率也会愈加频繁，风险控制的难度也会大大增加。

（一）高技术金融风险防控难度加大

既然金融风险一直存在，人们必然会寻找一些方式去避免、控制风险，这种情况下，就出现了风险控制。风险控制也可以被称为风险管理，是指由风险管理者来采取各种措施，去消灭或者在一定程度上减少风险事件发生的各种可能性，或者是

① 李佳勋：《中部省市合作应对中小企业金融风险法律探析》，《经济导刊》，2009 年第 11 期。

减少风险事件发生时给企业或机构带来的损失。在现实生活中，风险的管理者会采取各种措施来减小风险事件发生的可能性，或者把有可能造成的损失控制在一定的范围内，以避免风险事件在发生时带来难以承担的损失。但是在金融行业的金融活动中，总会有些事情是不能控制的，风险也总是存在的。风险控制有四种基本方法，我们将之表示为：风险回避、损失控制、风险转移和风险保留。

但是，就目前金融行业的发展现状来说，像互联网金融、智能金融、金融科技等这些高科技金融服务在将来只会增加，不会减少，因为整个世界的金融行业的发展方向就是高科技金融。而对于金融风险控制来说，随着高科技金融形式越来越多、越来越复杂，高科技金融风险防控的难度也只会越来越大，整个金融风险防控行业都面临着严峻的考验。然而，就国内金融行业来说，我国高科技金融，例如互联网金融、智能金融等的发展还不够成熟，人们在这个行业的摸索时间还不够长，行业内部的很多细节发展还停留在青涩时期，更不用说对这些高科技金融服务所产生的种类多样、不可控的风险进行控制了。

高科技金融的大量业务涉及互联网技术，就目前的互联网行业而言，存在着大量不为人知的风险。近些年来，人们一直在不遗余力地维护互联网的信息安全。然而，大批黑客的兴起，还是让人们对互联网安全问题表示担忧，更不用说牵涉到钱财的互联网金融和智能金融这些高科技金融业务了。对于一些非法分子来说，客户将钱财放进高科技金融中，相较于将钱财放在银行里面更加容易盗取，也更加容易进行犯罪，犯罪后也会更加容易脱身。因此，在犯罪分子看到了这样一个成本低、利润高、风险小的犯罪活动，更倾向于运用互联网技术去盗取、骗取客户的钱财。再加上这几年来，通过互联网被骗取、盗取钱财的犯罪活动层出不穷，所以高科技金融在广大人民群众心中的可信度便大大降低了，但是犯罪分子的犯罪手段却随着科技的不断创新愈加多种多样了，这些情况无疑加重了高科技金融风险的防控难度。

再者来说，我国发展互联网行业的年数还不多，互联网自身的风险还没有完全搞明白，还缺少大量这方面的专业型人才，更不用说我国起步不久的互联网金融、智能金融等这些高科技金融了。然而，对于一个行业来说，最重要的要素之一是拥有大量的专业型人才，缺少人才就会缺少创新的想法，行业的发展就只能止步不前，因此专业人才很重要。但是，就我国高科技金融的风险防控方面来说，风险防控的人才是少之又少，大学也没有设置对应的专业。而且，风险防控的工作对于我国刚起步的高科技金融来说非常重要，同时又因为涉及因素实在太多而显得异常复杂，故而专业人才的重要性便逐渐凸显出来。这一系列原因会导致高科技金融的风险防控难度会逐渐增加，需要引起国家尤其是金融机构的重视。

（二）金融风险模式增多

在上文中，我们曾提到过金融风险的概念，是指任何有可能导致企业或机构财务损失的风险。随着时代的发展，金融风险的模式也在不断增加，愈加多样化，将其分类，大致有市场风险、信用风险、流动性风险、作业风险、行业风险、法律、法规或政策风险、人事风险，以及自然灾害或其他突发事件等。但是在中国则主要被分为宏观经济风险、外部传染风险、市场风险、流动性风险和信贷风险这四类。然而传统体制的影响以及市场监管失效而导致的违规是我国最大风险的来源。其实我国国有企业建设资金由于长期以来积累的机制性、体制性等因素，包括受传统计划经济体制的影响，形成了太过依赖银行贷款的现状，使得银行信贷资金财政化；我国金融行业发展不成熟，金融机构内部管理不善，造成了庞大的不良债权，导致金融资产质量不高也是其中一大原因。近些年来，我国市场正常的秩序被证券、期货市场不规范的经营扰乱，市场上一直存在大量违法违规现象，一些证券机构和企业（包括上市公司）为了从中牟取暴利，与少数银行机构串通，将股市的投机风险引入到我国的银行体系；一些企业和金融机构为了逃避国家监管，违规进行境外期货交易，给国家造成了巨额损失；同时，上市公司经营也不够规范，甚至成为圈钱的手段。①

对于金融风险来说，风险都是客观存在的，是不可能避免的。我们要做的，就

① 史学岗、方霞、王金利：《金融风险的防范与信息披露》，《贵州警官职业学院学报》，2003 年第 5 期。

是学好如何去控制风险，减少金融风险隐患。但是，随着时代的发展与时间的推移，金融行业的金融服务形式也在不断更新，科技的发展给金融行业带来了高科技金融，随之而来的还有众多不可控的已知风险和潜在风险。与此同时，我国在加入 WTO 之后，在资本市场、货币市场、外汇市场完全开放的情况下，资本的自由流动将给我国经济和金融市场监管带来更多难题，我国金融风险的防控难度不仅会因此增大，而且会增加更多复杂的金融风险防控模式。

传统金融的金融风险模式相对于现在新型金融体系来说，还是比较少的，因为传统金融涉及到的领域比较窄，风险产生的机会也就相对较少，因此金融风险的模式还是不多。但是，现在已经天翻地覆了，在互联网快速普及的背景下，互联网金融和智能金融等这些高科技金融登上了历史舞台，并在时代的发展历程中起到了一个非常重要的角色。举个例子，互联网金融衍生出的第三方支付，如蚂蚁金服的支付宝与腾讯金融的微信支付等，都是人们日常生活中常用的支付方式之一，因为其简便性而被人们快速接受。同时这些金融机构内的基金项目类似于余额宝、零钱理财等更是让金融投资的概念走向了各个年龄阶段，刮起了全民理财的风潮。但是转念一想，万一哪天支付宝、微信支付等系统崩溃了，广大人民群众放在这些客户端的钱财又怎么才能拿回来呢？正因为这些互联网金融、智能金融等高科技金融存在巨大的风险，很多人对其望而却步。虽然这种新的金融模式具有巨大的发展空间，同时也存在着不可忽视的风险，它的管理制度并没有健全，国家相关法律法规也还没有完善，风险监管体系并没有与现在的发展水平匹配，这就会严重影响互联网、智能金融等高科技金融的进步以及发展。

与此同时，新的金融体系下的金融服务形式众多，但是新兴金融的服务模式众多，可以说是它的优点，也可以说是新兴金融的不足之处。一方面，新兴模式下的金融服务形式多样，可以供更多不同类型的客户选择到自己心仪的金融服务，吸引更多的客户，同时还可以为客户提供专业化、个性化、定制化的金融服务，在一大方面上增强了客户的满意度。而且，形式众多的金融服务模式更会激发创新意识，会衍生出更多形式的创新金融，这将会是一个良性循环。但是，从另一个方面来说，模式众多就是它的缺点之一了。众多模式的金融服务，尽管为客户们提供了多种类、个性化的定制性服务，但是在金融行业中风险却是客观存在的，多种类的金融服务模式带来的便是多种多样、可知与不可知、可控与不可控的风险，金融风险模式随着金融服务模式的增多而增加，然而这些风险在金融行业的发展历程中都是不可避免的。因此，唯一的方法就是完善我国的金融风险防控体系，健全相关法律法规，培养金融风险防控的专业型人才，要将目光逐渐放在风险防控方面。

二、智能风控："多维 + 快速"的监管优势

在上一节中，我们已经谈到了金融风险的种类随着科技与互联网的发展以及时代的不断进步在不断的增多，风险防控的难度也在不断加大，这引起了国家以及相关机构的重视，因此在这样的背景下，产生了一种具有"多维 + 快速"的监管优势的金融风险防控模式——智能风控。这时候也许会产生疑问何为"智能风控"？"智能风控"是"智能金融"的后台。智能风控，顾名思义便是将人工智能与风险防控结合起来，也就是运用人工智能技术对金融风险进行金融防控，显示其"多维 + 快速"的监管优势。

（一）大数据基础为风控模型提供有价值的数据组合

智能风控，所依赖的重点便是"智能"二字，而人工智能在金融行业以及金融风险控制方面的应用都离不开信息的收集。而随着互联网的发展，信息的收集也愈发依赖于互联网技术，因此大数据时代便到来了。首先我们需要先搞清楚到底何为"大数据"？大数据也就是"Big data"，是指无法在一定时间内用常规软件工具对其内容进行抓取、管理和处理的数据集合，而大数据技术，则是指从各种各样类型的数据中，快速获得有价值信息的能力。适用于大数据的技术，包括大规模并行处理

（MPP）数据库，数据挖掘电网，分布式数据库，分布式文件系统，云计算平台，互联网和可扩展的存储系统。[①] 在前文中，我们得知智能金融的信息技术基础是物联网以及云计算，而这两项技术全都离不开大数据技术，因此在智能风控上，大数据技术也可以为风控模型提供有价值的数据组合。

说起大数据，就不得不提大数据的特点与作用。大数据的特点具体来说可分为以下四点。[②]

一是数据体量巨大。百度资料表明，其新首页导航每天需要提供的数据超过1.5PB（1PB=1024TB），这些数据如果打印出来将超过5000亿张A4纸的厚度。有资料证实，到目前为止，人类生产的所有印刷材料的数据量仅为200PB。

二是数据类型多样。随着科技的发展，互联网的普及，现在我们所处的这个时代是信息大爆炸的时代，人们所接受的数据类型已经不仅仅拘泥于文本形式了，更多的是音频、图片、地理位置信息以及视频等等这些多类型的数据，其中，为个人量身打造的个性化数据占据大多数。

三是数据处理速度快。在数据类型繁多的背景下，企业在激烈的竞争中的重要因素之一便是处理数据的速度，处理信息的速度越快，越容易在市场上占据先机，而大数据的数据处理遵循着“1秒定律”，可以从类型众多的数据中快速地获得最具价值的信息。

四是价值密度低。我们以一个视频为例，在一个长达一小时左右的视频里，而且还在不间断地监控过程中，我们能够获取到的有用的信息也许仅仅只有一两秒左右。

我们再来说大数据的作用，将之具体可以分为四类。[③]

其一，对大数据的处理分析正在成为新一代信息技术融合应用的结点。说起新一代信息技术的应用形态，例如社交网络、移动互联网、数字家庭、电子商务、物

① 韦成府、吴越、王左利：《科技引领图书馆探索未来》，《中国教育网络》，2013年第7期。
② 陶安：《“大数据”时代下的信息资源建设》，《软件导刊》（教育技术），2014年第10期。
③ 《大数据时代已经到来，你了解吗?》（http：//developer.51cto.com/art/201505/476507.htm）。

联网等都可以被称为新一代信息技术的应用，同时这些应用被应用在人们的生活之中，便会不断地产生巨大数量的数据，这时就出现了“云计算”。云计算为这些海量、多样化的数据提供了一个存储与运算的平台。利用云计算技术对这些来源不同的大数据进行管理、处理、分析以及优化，并将分析的结果反馈到上面所说的新一代信息技术的应用中，而这些应用将会为我们的社会创造出巨大的经济以及社会价值。

其二，大数据将会成为信息产业持续高速增长的新引擎。在现在这个数据信息大爆炸的时代，社会生活中的新产品、新技术、新业态、新服务等，随着大数据市场的不断进步也在不断涌现。与此同时，大数据在将来会对芯片、存储产业等在硬件与集成设备领域产生重要影响，还会催生出内存计算、一体化数据存储处理服务器等市场。除此之外，大数据还会在软件与服务领域促进数据挖掘技术、数据快速处理分析以及软件产品等的发展。

其三，对大数据的利用将会成为提高企业核心竞争力的关键因素。目前。各行各业随着时代的发展，也在改变他们的各项决策，这些决策正在从“业务驱动”转变为“数据驱动”。就比如，零售商们能够通过对市场大数据的分析进而掌握市场动态并且可以在短时间内做出一定的应对；大数据也可以为各种商家制定更加精准有效的营销策略进而为他们提供更精准的决策支持；同时大数据的应用也可以促使企业来为消费者们提供更加个性化、及时、定制化的服务，提升客户的满意度；除此之外，大数据在医疗以及公共事业领域等发挥着重要的作用。

其四，大数据时代也使得科学研究的方法发生了重大改变。例如，在以前，抽样调查一直是社会科学的基本研究方法，但是到了现在的大数据时代，人们在科学研究的过程中，就可以利用大数据对实验调查对象在互联网上产生的海量行为数据进行实时监测、跟踪调查等来挖掘分析，揭示出一些具有规律性的现象，进而提出研究的结论和对策等。

大数据的作用应用于智能风控上，能更加方便直观地为风控体系建立风控模型，提供更加完善的数据与信息。同时，更加有效、有价值的数据组合会给风控模型提供更多的简便性。在这个大数据、信息化与互联网时代，智能风控离不开信息、离不开大数据，智能与风险控制相结合后，通过大数据、云计算等功能，风险控制系统在建立的完善性上，从最基础的风险信息的完善性上就有了一个质的提升。除此之外，现在这个信息大爆炸的时代，金融风险控制在建立健全的风控体系时，需要的不仅仅是大量的、复杂的信息，它们需要更多的是有效的、有价值的信息，因此，大数据技术在这个方面的优势就完全体现了出来，大数据不仅能够为金融风险防控提供健全完善、大量全面的信息之外，它最重要的是能够通过大数据的分析来为金融风险防控体系的研究提供更多有价值的、有效的数据组合，供智能风控体系使用。

说到对于大数据的分析，就不得不说这个信息大爆炸时代下的大数据的现况了。众所周知，就目前而言，我们必须要认清大数据已经不单单是大数据的事实了，只有通过分析和筛选才能够获取更多的深入的、智能的、有价值的信息，因此说现在最重要的则是对大数据进行所需要的分析和筛选。越来越多的应用将会涉及到大数据，而这些大数据的速度、数量，以及多样性等属性都呈现出大数据不断增长的复杂性，所以大数据的分析方法在大数据领域就显得尤为重要，可以说是判断信息是否有价值的决定性因素。而对大数据的分析我们可以将其分为五个方面：一是可视化分析。就目前而言，不仅仅只有大数据分析的专家要对大数据进行分析，还有很多不同阶层的普通群众。但是不管是大数据分析的专家还是普通用户，他们二者对于大数据分析的最基本的要求便是可视化分析，因为可视化分析能够简单直观地展现大数据的特点，同时还会更加简单易懂，更加容易被各阶层不同类型的群众读者所接受。二是数据挖掘算法。在大数据时代，极其重要的就是对大数据的分析，而大数据分析的理论核心便是数据挖掘算法，说起数据挖掘算法，各种数据挖掘的算法就是在不同的数据格式和类型的基础上才能更加科学地呈现出数据本身所具备的特点，同时这些被全世界的统计学家所公认的统计算法才能够深入数据的内部，挖掘出公认的数据价值。而在另外一个方面，也正是依赖着这些大家公认的数据挖掘算法才能更快速地处理大数据，速度越快，所需时间越短，越贴合实际，这样的数据价值才会越高。三是预测性分析。大数据分析最重要的应用领域之一便是预测性分析，从古至今“先见之明”都是极其重要的。我们从大数据分析出大数据所具有的特点，进而建立合适、正确的科学数据模型，然后人们便可以根据数据模型来代入新的数据，得出大数据的预测性数据，有了这样的“先见之明”，企业在以后的发展过程中便可以占领先机，赢得成功。四是语义引擎。大数据的特点之一便是多元化，而非结构化数据的多元化却会给大数据的分析带来新的挑战，这时候，我们就需要一套系统的工具去分析、提炼出有价值的数据，而语义引擎需要依赖人工智能技术从大量的、多元化的大数据系统中主动提炼出有价值的数据信息，来支持大数据的系统化分析。五是数据管理和数据质量。大数据的分析是离不开数据质量与数据管理的，含金量高的大数据以及有效性的数据管理，会给大数据分析结果的真实性和有效性提供保证与支持。[①]

对大数据的处理是通过采集、导入（也就是预处理）、分析或者统计、最后再进行挖掘，这样对大数据分析透彻后，就可以筛选出有价值的数据组合，然后为金融风险控制中的风控模型的建立提供信息。

（二）风控模型多维度监管、防范金融风险

上文我们讲到大数据技术通过分析为风控模型提供有效的、有价值的数据组合，那么就会有人疑问道，何为风控模型？正所谓风控模型，就是风险控制模型的简称，常见于信贷担保公司，用来对业务进行风险控制，具体则是指能够计算最高能够承受什么样的高风险客户，同时该如何把这些资产证券化并分散风险给投行对自己是最有利的模型。一方面，强大的高频交易和程序化交易要求更快速的交易通道和更高效的策略模型；另一方面，快速交易导致投资面临的风险呈指数级增长，从而市场和投资者需要更全面的策略组合和更精准的风控模型进行风险对冲。就目前而言，当下国内风控模型主要有：工商银行开发的风控模型。

在金融风险的防范过程中，利用先进的统计计量模型来更加精准地描述各种各

① 《如何进行大数据分析及处理》（http：//www. thebigdata. cn/jiejuefangan/12819. html）。

样的金融资产价格的波动的关联性，这是高度精细化的风险控制模型中一个非常重要的环节。因为在现实生活的金融交易中，我们将会面对成千上万的金融资产，所以在对这些金融资产的风险防范的过程中，我们则需要一个不管是在理论上还是现实中都十分灵活、有效的统计模型，这样的一个统计计量模型可以同时对大量的风险因素进行相关性的描述、估测以及模拟。因此，在各种相关的科研活动中，人们通过不断地探索与研究，都在尽其所能地在现有的统计模型的基础上寻找到更加灵活、有效、可变的计量模型，它同时还能够准确、高效地描述各种高纬度的金融风险因素之间的相依性。理所当然的是，在金融市场的实际应用中，速度也是高度量化的数量风险模型的运算过程中必然要求之一，只有反应非常迅速，才能非常及时地对各种金融组合进行实时风险预测与风险监控。

在现实生活中，金融风险随着金融服务的多样化而不断增多，也变得越来越多样化，本来金融风险就是客观存在的、不可避免的，我们能做的就是运用各种方法去回避、控制已知风险以及潜在风险。然而，就目前的情况来说，原来的风控模型与现在多样化的金融风险已经不相适用，因此需要多样化、多维度的金融风控模型。而我们要做的就是建立更加完善的、多维度的风险控制模型来防范随着科技与互联网的发展而逐渐变得多样化的金融风险，其中包括用户授权下获得的网络黑名单、信用行为、网上行为数据、相关认证、社交关系数据以及第三方渠道及维度。近二十年来，全球金融市场受经济全球化和金融一体化、信息技术及现代金融理论、金融创新等因素的影响，而迅猛发展，金融市场呈现出前所未有的波动性，金融机构也面临着日趋严重的金融风险。近年来频繁发生的金融危机造成的严重后果充分说明了这一点，因此金融风险防控的重要性就凸显了出来，多维度的金融风险控制模型更是风控系统发展的方向。

（三）机器学习的快速自迭代提高风控效率

我们讲人工智能，便是人工与智能的结合，换句话说就是研究让计算机等如何去做一些以前只有人类才可以做的事情。举个例子，在以前，我们只能使用键盘、鼠标等输入设备才可以将你想说的话、想要看的东西换成计算机语言然后输入到输入框内；但是到了后来，触屏的出现，让人们不用再借助键盘、鼠标这类输入设备进行输入了，只需要用手在屏幕上直接写与画就可以了；再到现在，几乎每一个应用上的输入框旁边都有一个麦克风的按钮，人们都可以直接对着手机说话，这些移动设备会直接将人们的语言转化成你想要表达的文字展现在设备上，这样更加的简洁方便，并且让移动设备的覆盖面变得更广。除此之外，蚂蚁金服、百度金融等还出了人脸识别的功能，很多移动设备还有了人脸解锁的功能，例如苹果公司最新出的 iPhone X 就可以直接人脸识别然后完成付款，这些都是人工智能的发展。在人工智能的研究内容中，有一项成就也是极其重要的，那就是机器学习。机器学习是指在一定的知识表示意义下获取新知识的过程，按照学习机制的不同，主要有归纳学习、分析学习、连接机制学习和遗传学习等。但其实机器学习涉及范围极广，它涉及概率论、统计学、逼近论、凸分析、算法复杂度理论等多门学科。

机器学习是专门研究计算机如何模拟或者实现人类的学习行为，从而获取新的知识或者技能，重新组织已有的知识结构使之不断改善自身的性能。机器学习在人工智能的研究中占据了很重要的地位，也可以说它是人工智能的核心，是使得计算机具有智能的根本途径。在目前，机器学习的应用已经遍布了人工智能的各个分支，举个例子来说，就比如自动推理、专家系统、自然语言理解、模式识别、计算机视觉、智能机器人等领域。我们之所以说机器学习是人工智能的核心，就是因为一个不具有学习能力的系统很难被称为一个真正的智能系统，但是，在以前，其实几乎所有的智能系统都不具有学习的能力。例如，以前的智能系统在遇到错误的时候是不能够自主改正的，它也不会根据自身的经验来改善自己的性能进而提升自己，同时也不能够自动去获取以及发现所需要的知识。以前的智能系统只可以根据人们所输入的程序按部就班地进行演绎而缺少归纳，因此就只能证明已经存在的事实而不能发现新事物、新定律、规则等。但是随着科技的发展，人工智能研究的不断深入，从前的智能系统的局限性便愈加突出。在这样的情况下，机器学习的重要性便被凸显了出来。

人们在对机器学习的不断研究上，就想到了将机器学习技术与金融风险控制体系结合在一起，研究使用机器学习技术来提高风险控制的效率。互联网的快速更迭的同时也带来了机器学习的快速更迭，金融风险控制体系配合不断快速更迭的机器学习技术，不断丰富和完善系统评估的数据维度、策略模型来提高金融风险控制的效率。说起机器学习在金融行业中的应用，那么就非常广泛了，例如：投资领域会用来做高频交易、量化投资；保险行业做精算定损和营销获客；信贷信用管理做风险策略，以及信贷评分卡等；信贷反欺诈用它做语言识别和人脸识别等。机器学习几乎在每一个社会生活中有数据的场景都有应用，它主要是区别于纯粹人工经验去做决策。因此机器学习在大数据风控中的作用也就非常重要了。我们知道，风控可以按照其形式被分为传统人工风控和量化风控，它是信贷管理业务中的重要组成部分，而大数据风控则是量化风控的一种新形式，这是在这个信息化时代的发展背景下必然会出现的。由于大数据风控依托于海量的数据去判断借款人的信贷风险，决定了大数据风控比传统的判断方法更加依赖于技术方法去处理信息，同时决定了机器学习是实现这一场景的核心方法原因是大数据时常伴随着高维度、稀疏性等特点。相对于传统风控技术而言，新兴的大数据风控是在方法论上做了相应的革新。风险，即不确定性，风险管理实际上就是做量化风险，而大数据风控则是将贷款主体各个方面的属性维度做全面风险的量化。它的主流技术渗透到量化风险的整个流程中去，包括贷前、贷中、贷后以及营销获客等全生命周期的管理。机器学习作为大数据风控的显著特征出现，充当着重要的技术更新角色。通过它去解决传统方法无法解决的问题，它是大数据价值变现的重要工具，机器学习的技术水平在某种程度上是一家大数据公司的核心竞争力。①

机器学习在风险控制中的应用，有优点的同时还有它的弊端。在一方面，机器学习对于风险控制的应用，优势在于带来了新的技术革命。机器学习在区分精准度开发效率、自动化审批等方面都比传统的风控方法有更多的可能性。但是另一方面，

① 张驰：《一文看懂机器学习与大数据风控》，《雷锋网》，2016 年 11 月 3 日。

新技术的很多方法论仍处于探索阶段，在完备性方面上很多时候还不够成熟，在解决方案上也没有形成完整的闭环。就比如，风控模型的可解释性等。传统模型入选若干变量，每个要求有很好的解释性，而机器学习会入选成百上千的变量，这些变量不是很直观。但是这是任何新技术都会产生的问题，它需要时间去进行探索和修正，也可以说道路是曲折的，前景是光明的。因此，在把机器学习应用于金融风险的防控系统的过程中，必然要进行不断更迭，并且要随着互联网的不断更新而与时俱进，不断完善自身缺陷，然后不断提升金融风险控制的效率。幸运的是，在现在这个信息大爆炸的时代，互联网在不断更新与创新，机器学习的技术也会在互联网更新的催促下不断快速更迭，并且不断完善自身的劣势，进而提升金融风控的效率，在最短的时间内，对金融风险进行最有效的防范。与此同时，智能化风控的出现也解决了很多微小散户征信难的问题。这种智能化的风控系统的共同优势是解决人工实地审核和判断所带来的审核标准不一致的问题，大大提高了工作效率，同时减少了人工可能出现的错漏。

三、智能风控的三种主要类型

金融分为传统金融、互联网金融、智能金融等等，但它们的本质还都是金融，而金融的核心就是风险控制。京东金融、蚂蚁金服、百度金融等互联网金融大咖莫不如是，因此金融业务要想获得长远发展，风控是关键。目前，随着互联网的飞速发展，人工智能技术也在不断崛起，将人工智能技术应用于金融风险控制行业也有着光明的前景，同时还是金融风险防控行业发展的方向所在。李开复曾说：“人工智能最好的应用领域之一是金融领域，因为金融领域是唯一纯数字领域。”互联网金融时代，尽管拥有着庞大而且诱人的市场是缺失央行征信的人群以及躲在手机背后的用户，但是仅凭传统的风控手段很难判断用户的属性。换一个角度，借助人工智能和大数据，金融的风控能力就得到了质的突破，人们认为，“人工智能 + 金融”主要体现在智能风控、智能投顾以及反欺诈三个方面，尽管在现在智能投顾最为热门，但是由于我国人工智能还处于正发展阶段并且还未成熟，因此智能投顾的发展还需要一些时日。相对来说，智能风控在广大人民群众中就普遍许多，因为风控是金融企业的基础。要想从“互联网金融”转变为“金融科技”，智能风控系统必不可少。一般可以将智能风控分为三大类：研发自用型、技术输出型以及混合型。①

（一）研发自用型

智能风控企业将所研发的系统匹配自身业务发展，我们称之为智能风控的研发自用型。也就是说，企业根据自己公司的业务去研发匹配自己公司业务的智能风控系统，来贴合自身企业业务的发展，而不是为了将此系统出售，我们就叫这种智能风控系统为研发自用型。例如爱钱进的“云图”动态风控系统、拍拍贷的“魔镜”大数据风控系统、融 360 的“天机”大数据风控系统等等。我们可以通过其中一个例子具体来看智能风控企业所研发的研发自用型智能风控系统。

2016 年 5 月 6 日，爱钱进母公司普惠金融信息服务（上海）有限公司（以下简称为普惠金融公司）在京举办“未来就现在”战略发布会，正式发布全新消费金融品牌“钱站”和升级版风控系统“云图动态风控系统“（以下简称为云图）。其实云图作为普惠金融公司自主研发的第三代风控系统，从 2015 年末便默默地应用于公司旗下互联网金融投资平台“爱钱进”。而此次的正式亮相，云图增加了一个身份——普惠金融公司全新推出消费金融品牌“钱站”的核心风控技术。云图是业内首个完整的动态风控知识图谱生态系统。云图利用自然语言处理技术、机器学习可以有效地链接内部、外部多元化的数据源，形成一个用于风控的完整的知识体系。云图将深度学习技术与知识谱图相结合，构建一种能够模仿人类大脑行为的电脑网

① 《智能风控哪家强？盘点 19 家输出智能风控能力的 Fintech 公司》（http：//b2b. toocle. com/detail - - 6387341. html）。

络，让机器自动地去发现隐藏在复杂关系里的风险点以及风险扩散途径，从而挖掘出潜在的欺诈行为，经过大数据多维交叉验证，得出一个客观准确的结论同时做出相应的行为，这是与行业内直接对知识图谱的应用的不同之处。云图采用知识谱图应用、云计算与深度学习等领域的最新成果搭建而成，有效提升了进件审核等流程上的准确率和效率。① 普惠金融创新资产业务现总裁陈羲表示："云图动态风控让全流程的大数据驱动成为现实，也成为如今普惠金融公司及旗下品牌最大的优势。目前，云图的风控能力已全面应用在公司关键业务的所有阶段。"② 随着网络数据量的膨胀，越来越多互联网和计算机技术被巧妙地应用于互联网金融的风险控制，令该领域的数据处理水平持续提升，算法迭代优化不断加速，有效提高了信用预测准确性和人群覆盖度，最终降低行业整体融资成本。除此之外，互联网金融是传统金融的有效补充，让社会上的资金更有效的流动起来，帮助更多人享受到金融服务，这也与国家现在大力推行的普惠金融的目标不谋而合。

（二）技术输出型

技术输出型的智能风控系统即智能风控企业为小贷机构、消费金融公司、商业银行、理财平台等提供信用智能风控、评估审核、反欺诈等金融解决方案。由于国内的个人征信体系尚未完善，尤其是对于银行等传统金融机构尚未完全覆盖到的小微客户的授信，在风控方面，企业需要花很多功夫去判断人，规避人的道德风险。这时数据的重要性就体现出来了，如果想改变长期以来的低效率、覆盖不全的传统信审，把好风控关，就需要大数据辅助。但是，有很多小贷机构、理财平台、消费金融公司等不具备智能风控评估的技术支持与保障，因此一些智能风控企业就会专门研发"技术输出型"智能风控系统为商业银行、小贷机构、理财平台、消费金融公司等提供信用评估审核、智能风控、反欺诈等金融解决方案，这样一来，不仅可

---

① 董莉：《任买串联消费生命周期》，《IT 经理世界》，2016 年第 10 期。

② 陈莹莹：《"普惠金融公司"技术再升级推出"云图"动态风控系统》，《中国证券报》，2016 年。

以为我国互联网金融的安全环境提供征信保障，还会加强客户的可信度，吸引到更多的客户去使用互联网金融并且在互联网金融的风险方面放下担忧。

（三）混合型

智能风控企业研发的“混合型”智能风控系统，就是指既支持自身业务发展，也对外输出技术能力的智能风控系统。这一类型的企业一般以建立生态为目的，希望以技术输出换取接入更多的数据。也就是说，这一类型的智能风控企业一方面是以贴合企业自身业务而研发支持自身业务发展的、具有定制性的智能风控，同时还注重智能风控的对外输出技术，并研发具有对外输出技术能力的智能风控系统，这样，它们既可以为企业自身业务服务，又可以以技术输出为手段换取接入更多的数据，完善企业自身的数据库。比如，京东金融的供应链金融产品“京保贝”，品钛集团的“读秒”，网易金融的“北斗”风控系统，蚂蚁金服对中小企业开放的风控产品“蚁盾”，个人征信产品“芝麻信用”等。这些企业的智能风控系统既贴合自身金融服务的需求发展，又对外开放，然后获得更多的数据与信息。同样，我们也可以具体看看其中一个例子来对“混合型”的智能风控进行一个简单的了解。我们就以蚂蚁金服的“蚁盾”为例。

近日，蚂蚁金服在成都举办的蚂蚁开放日上称，整合互联网资源帮助线下商业升级将成为下一个创业风口，并宣布面向本地创业者开放支付、信用、营销、风控等互联网技术能力。其中，风控环节的服务为推出品牌“蚁盾”。据介绍，蚁盾是一项拥有完整风控体系的服务，目前主要在金融和互联网这些新型行业进行布局。其中，作为蚂蚁金服移动智慧城市压轴技术环节，蚁盾多应用于消费金融、医院、出行、共享经济等行业领域。自从去年人工智能概念兴起，智能风控的概念和企业也开始为人熟知，更有甚者，在互联网金融行业，到目前为止号称要输出风控技术的也层出不穷，一下子，智能风控成为红红火火的市场。此前，在北京某酒店举办的“番钛客 2017——金融科技与金融安全峰会”上，蚂蚁金服集团全球核身平台资深专家陈继东发表了演讲，在他的演讲中，陈继东表示，蚂蚁金服在互联网金融的安全上做出了巨大的努力，蚂蚁金服运用生物识别功能大大提高了高科技金融的安全性，降低了金融风险，并对之加以控制，与此同时，除了这个生物识别能够大大提升支付安全性和金融整体的安全性之外，其实它也给用户带来了非常好的便利，特别是对于一些老年人，对互联网，包括移动互联网不太熟悉的人，他可以直接通过刷脸的支付宝快速完成交易。

除此之外，陈继东还在演讲中表示希望沉淀蚂蚁金服的风控能力，开放数据能力和技术能力给生态伙伴，与之共同构建一个安全壁垒。并表示希望通过类似“蚁盾”这种产品来为金融机构提供更好的反欺诈服务，输出蚂蚁金服的风控技术，同时提供信息校验服务防范身份冒用的风险。这些都充分表明了“混合型”智能风控的作用，既贴合企业自身的业务需求发展，又可以对外技术输出，帮助其他企业进行信用评估、智能风控等金融解决方案。

第八章

智能金融的其他应用和更多业态

一、区块链

最近几年，区块链从不为人知到发展为一个炙手可热的新兴领域，吸引了越来越多的人的关注。区块链起源于比特币，但作为一项基础技术，其应用与发展不仅仅局限于比特币。现阶段，区块链技术正在越来越多地运用于支付转账等金融交易领域，区块链技术的发展和广阔的应用场景，已经引起世界范围内的广泛关注。2017年，在国务院印发的《“十三五”国家信息化规划》中，区块链被定义为战略性前沿技术之一，虽然现阶段区块链发展还处于早期，但未来将有更为广阔的发展前景。

（一）什么是区块链

1. 区块链的定义

事实上，区块链最早是伴随着比特币，并作为比特币的底层技术出现的，它的概念最早出现在中本聪《比特币：一种点对点的电子现金系统》一文中。从本质上讲，区块链（Blockchain）是一种分布式记账技术，是指通过去中心化和去信任化的方式，集体维护一个可靠数据库的技术方案。区块链由一个个区块组成，区块是区块链的基本存储单元，能够记录10分钟内各节点的全部交易信息。区块链的每一个数据区块中都包含了一次交易信息，用于验证信息的有效性，并为下一个区块的生成做准备。当区块链的上一个节点发起一笔交易时，该节点需要将信息向其他节点公告，收到信息的节点能够利用备份信息判断交易是否真实。各节点验证成功后，将最后一个区块的地址与交易信息相结合，就能够形成一个新的区块，并打上时间戳，连接到区块链上，从而完成交易的全过程。①

---

① 宫晓林、杨望、曲双石：《区块链的技术原理及其在金融领域的应用》，《国际金融》，2017年第2期。

区块链技术能够有效解决交易中存在的信任问题，减少国家信用或企业在交易过程中所要起到的背书作用；在解决信用问题的同时，还能够降低交易成本。综上，区块链技术能够实现交易双方的直接支付，从根源上解决了需要第三方机构监管的问题，可以说，区块链天然有着与金融交易活动相融合的属性。

2. 区块链的特征

（1）去中心化。

在一个分布有众多节点的系统中，每个节点都具有高度自治的特征。节点之间可以通过自由连接形成新的连接单元，任何一个节点都不具备强制中心的控制功能，但能够成为阶段性中心。这种开放式、扁平化、平等性的系统现象或结构，被称为去中心化。

去中心化最大的优势在于能够降低维护成本，调动每个成员参与的积极性，区块链就是典型的具有这一特征的系统。区块链的整个网络中不存在中心化的管理机构，而是通过一种分布式端到端的网络结构进行信息传输，系统中任何节点的退出都不会影响整个数据库的稳定性，不会出现中心化节点可能遇到的“单点故障”问题。

（2）强安全性和共识机制。

区块链具有强安全性，具体体现在基于密码学的安全通信和共识机制。在区块链条件下，除非能控制超过51%的节点同时修改，对单个甚至多个节点内数据的修改无法影响到整个数据库，因而数据库内数据被篡改的几率极低，从这一角度上讲具有较强的安全性。

区块链的另一个鲜明特征为基于共识机制。由于点对点网络下存在较高的网络延迟，各个节点所观察到的事务先后顺序不可能完全一致。因此区块链系统需要设计一种机制对在差不多时间内发生的事物的先后顺序进行共识。这种对一个时间窗口内的事务的先后顺序达成共识的算法被称为“共识机制”。① 以比特币为例，比特

① 赵阔、邢永恒：《区块链技术驱动下的物联网安全研究综述》，《信息网络安全》，2017 年第 5 期。

币是依赖于分布式网络节点共同参与的一种称为“工作量证明（Proof of Work）”的共识机制完成交易验证与记录的。在这一共识机制过程中，各节点通过贡献自己的计算资源来竞争解决一个难度可动态调整的数学问题，成功解决该数学问题的矿工即可获得这一区块，同时当前时间段的所有比特币交易被打包计入一个新的区块，并按照时间顺序链接到比特币主链上。[①] 目前，区块链的共识机制主要有工作量证明机制（Pow）、股权证明机制（PoS）、授权股权证明机制（DPoS）和验证池机制（Pool）等。

（3）不可篡改和安全透明。

区块链系统是一个公共的总账本，系统全部数据都公开、透明地记录在上。每笔基于区块链交易的新数据都会向全网发布，经各个节点逐一确认和保存后，将收到交易信息形成的新区块。这样的工作原理可以确保区块链系统信息不可篡改、无法作假、可以追溯。同时，区块链技术使用了随机散列算法和时间戳技术，节点在验证时会盖上时间戳，并提供交易时间保证，从而确保了每笔交易的唯一性。在区块链条件下，交易信息的篡改成为了不可能完成的任务，因为如果需要修改某个区块的交易信息，必须要完成区块及之后区块的所有信息，但由于修改后会造成哈希值（将任意长度的二进制值映射为固定长度的较小二进制值的结果）的改变，将会无法通过其他节点确认，也就会使修改无效，在这样的情况下，信息篡改的难度极大，且所有数据都是公开透明的，因而区块链技术可以为交易提供可靠的信用保证。[②]

（二）区块链的技术原理[③]

1. 密码学

迄今为止，密码学已经有了数千年的历史。作为保护信息传输的技术手段，密

---

① 梁斌：《从“比特币挖矿”看区块链技术的共识机制》，《中国金融电脑》，2016 年第 9 期。

② 宫晓林、杨望、曲双石：《区块链的技术原理及其在金融领域的应用》，《国际金融》，2017 年第 2 期。

③ 张健：《区块链：定义未来金融与经济新格局》，机械工业出版社 2016 年版。

码学最早应用于军事、外交和情报领域。20 世纪 70 年代之前，密码学大都属于政府的应用范畴，随着数据加密标准的诞生和公钥加密算法的发明，密码学逐渐被应用于各个领域。

区块链中应用的密码学包括非对称加密算法和哈希算法。非对称算法是通过设置公开秘匙（Public Key）和保密的私匙（Private Key）来实现对信息的加密与解密；而哈希算法则是根据将任意长度的输入过程转换为固定长度的输出，用以验证数据的完整性。在区块链技术中，密码学是保证数据传输、存储和访问安全的重要技术手段，也是构造交易双方信任的基石。区块链中使用了大量的密码学技术，可以说，每当区块链碰到难题的时候，总会求助于密码学，并尝试用密码学的方法解决问题。

2. P2P 网络

P2P（Peer to Peer）的网络架构是指位于同一网络中的每台计算机都是彼此公平、对等的，各个节点共同提供网络服务，不存在任何“特殊”（中心）节点，也是区块链技术具有“去中心化”的原因。一般网络系统都是由服务器和客户端组成，而 P2P 网络则只通过客户端直接通信，客户端可能既是数据读取者，也是数据发送者，信息可能需要经过多次转发才能到达最终使用者。P2P 网络通信本身不是区块链独有的发明，在区块链技术之前，就已经被运用于文件共享领域了。P2P 网络分为有结构和无结构两种类型，有结构的 P2P 网络利用一致性哈希表构建每个节点的路由点，无结构的 P2P 网络节点之间通过广播的方式，发送信息给附近的节点，附近的节点再询问其附近的节点，以此迭代。

由于在 P2P 网络中，所有电脑都是平等的，不需要中心服务器，互相之间都可以直接建立联系并发送数据，因而不会出现由于某个中心服务器出现故障而影响整个网络的运行，从这一意义上讲，P2P 网络使用的人越多，网络就会越通畅，这也是一般的 Web 网络做不到的。

3. 共识机制

共识机制是区块链为了使所存储信息具有准确性和一致性而设计的一套机制。

在存在中心节点或集权情况下，意见相对容易统一，但在分布式网络中，每个节点的意见都独立存在，互相达成共识是一件很困难的事情。要想整个 P2P 网络维持一份相同的数据，同时保持每个参与者的公平性，整体体系的所有参与者必须要有一个统一的协议，即共识机制。

共识机制本质上是一种可编程的协议，如果所有参与者都严格按照协议在区块链上生成数据，则每个人生成的区块链都是完全一样的；如果少数人违反共识协议，故意生成错误的数据，其他人就可以立即发现，拒绝接受他的数据进入区块链，这样的结果就是错误的数据被整个网络抛弃，剩下的都是大家一致认同、正确的数据。

4. 侧链技术

侧链，又称“楔入式侧链”，是相对于主链而言的，是一种特殊的平行于主链的另一条区块链。主链和侧链通过“双向锚定”（Two-Way Pegging）来建立关联，实现主链与侧链之间价值的双向转移，侧链上可以使用主链资产，并通过侧链来弥补主链功能的不足。虽然它们具有双向转移的能力，但彼此又是互相隔离的，即使侧链加密被破解（或恶意设计），所有损害也都只限于侧链本身。以区块链应用较多的比特币为例，人们不必再担心比特币难于采纳创新和适应新需求，侧链技术条件下，只要创造一个侧链，然后对接到比特币的区块链中即可。通过继承和复用比特币强大的区块链，还避免了新货币的流动性短缺和市场波动等问题。并且由于侧链是一个独立的、隔离的系统，侧链中出现的严重问题只会影响侧链本身，这极大地降低了创新的风险和成本。

总的来说，侧链作为主链新功能或新业务逻辑的“试验田”，一方面帮助主链试行、扩展新功能，另一方面随着各种主链本身无法具备的业务逻辑在侧链上实现，围绕主链可更进一步搭建起一个覆盖各种业务需求的产业生态圈。新的扩展可以支持无数资产类型，如股票、债券、金融衍生品等、真实和虚拟的世界货币等，还能实现智能合约、安全处理机制和真实世界财产注册。相对于其他技术，这一技术目前应用较少，未来有着较为广阔的发展前景。

（三）区块链的应用场景

已有的区块链应用场景，主要体现在数字货币、众筹、智能合约、结算与审计公正等方面。

1. 数字货币

数字货币也称数字加密货币，是不同于纸币和电子货币的新型货币，它与电子货币最大的不同之处在于没有类似央行的“中央发行者”。数字货币的发型量是由复杂的数学算法模型决定的，它的运行体系通过所有参与者之间形成的价值链维持。

（1）比特币。

现有数字货币中，最为人所知的就是比特币。比特币（BitCion）的概念最早由中本聪在2009年提出。与大多数货币不同，比特币不依靠特定货币发行机构，而是由于复杂的计算机算法决定的。作为区块链技术应用的典型代表，比特币本身也具有区块链技术的鲜明特征。首先，是总量恒定，按照算法设计，每四年产生的比特币数量会减半，该货币系统曾在4年内只有不超过1050万个，之后的总数量将被永久限制在2100万个。其次，是以共识技术为基础，包括对规则的共识、对内容的共识和对价值的共识等，这些共识组合在一起，以相互依存的方式发挥作用，通过更多场景和技术的结合，比特币与智能合约相互促进，实现双赢。最后，是匿名与公开的统一，即拥有某个地址私钥的人就拥有对该地址的永久所有权，而若该拥有者愿意公开自己的比特币账号，则每一笔转账的到账时间、金额等也可以清晰的呈现出来，做到100%的透明。①

在之前的一段时间内，比特币可以用来兑换成大多数国家的货币。使用者可以使用比特币购买一些虚拟物品，如网络游戏中的装备等；也可以使用比特币购买现实生活当中的物品。但由于其本质上是一种非法定货币，即是由国家以外的主体发

---

① 李志杰、李一丁、李付雷：《法定与非法定数字货币的界定与发展前景》，《清华金融评论》，2017年第4期。

行的，虽然已经得到了一定程度的应用，但其带来的风险也不容忽视，极易成为洗钱、贩毒、走私、非法集资等违法犯罪活动的工具，这也引起了监管层面的关注。2017 年 9 月，我国七部委联合发文，关停了国内的比特币交易所，此后，韩国、俄罗斯等也对比特币的交易给予了更为严格的限制和监管。

（2）国家层面对数字货币的研究。

尽管我国对比特币进行了严格的限制，但对基于区块链技术的数字货币的研究仍在继续。近期，央行提出了“国家发型的数字货币”的设想，计划未来可以使用“数字人民币（eRMB）”作为法定货币的新的表现形式。尽管这一设想现阶段并未完全落地，但仍可对其未来的发展态势进行预测。数字货币的运行中，需要三种角色：货币发行方、验证交易方和记录交易方。在国家发行的数字货币体系中，央行可以与商业银行合作发行数字货币，通过将商业银行设置为发行和验证节点进行扩展，通过区块链发行数字货币系统与原有的纸币系统相兼容，增加增量的数字货币，并与纸币形成两个平行的系统，这种发行方式可以自动确定初始货币的供应量，运用区块链技术进行多中心节点记账和验证，可以保障系统的安全性。①

国家层面发行数字货币仍在研究中，可以预见的是，基于区块链技术的数字货币在发行过程中会产生诸多问题，蕴含着诸多潜在的风险。法定数字货币的发行在技术上是可行的，但在国家战略、法律和社会制约等问题上仍需要进行深入研究。

2. 众筹

众筹作为一种互联网金融的融资模式，具有门槛低、项目多元、注重创意等特征，相比于传统金融渠道，众筹的效率更高。传统众筹服务中，需要众筹平台作为可信的第三方来运作众筹活动。通常，项目支持者先将资金转到项目发起人账户，在众筹过程中，资助者还需要确认他们的钱投到了项目发起者所说的目标上，众筹平台是这个关系的中间人，但实际上不承担更多的受信责任，并不能保证资助者的资金被合理的使用，不管是项目发起者，还是众筹平台本身，他们的行为都无法做

① 吴志峰：《区块链与数字货币发行》，《国际金融》，2016 年第 9 期。

到彻底的公开透明。区块链作为一种技术，虽然不能消灭这种失信行为，但可以通过本身公开透明的特征，降低众筹过程中以及后续资金使用时的信息不对称水平，降低信任成本。

2016 年，法国巴黎银行证券服务部门与众筹平台 SmartAngle 建立了合作关系，共同开展了试点业务，使用区块链技术为小型公司和创业公司提供发行股份，以获取散户投资。众筹是区块链技术最直观的应用领域之一，能够使众筹更加容易发起和管理，也能够增加众筹的透明度和稳定性。将区块链技术运用到众筹活动中有费率低、容易流通和规则透明的优点。首先是费率低，使用数字货币进行众筹，能够节约交易费用支出，发起者可以抛开传统的众筹平台，采用区块链协议发起和管理众筹项目，而不需要给第三方平台支付手续费。容易流通方面，采用发行代币的方式进行众筹，众筹的支持者可以快速、简单地将代币赎回，也可以与他人进行交易，兑换成其他的数字货币，这相对于任何专有系统，都是一个显著的优势。最后，当投资者使用基于区块链的代币支持了某一项目，这笔支付就留下了永久不变的公开记录，这一记录不能被篡改，也不会因为技术原因丢失，这一特性本身就提供了传统支付手段和事后审计所不能达到的安全透明水平。

基于区块链技术的众筹发展中，最大的问题在于现实法律的支持。2017 年 9 月，我国七部委联合发文，叫停了类区块链众筹业务 ICO（首次代币发行），可以预见，未来其他相关众筹业务的发展也很有可能面临有关部门更为严格的监管。

3. 智能合约

合约是双方当事人或多方在并没有充足信任的情况下，通过文字的约定和法律的权威，对各自的权利与义务进行的约定。智能合约的概念出现早于区块链，早期，智能合约是指一套以数字形式定义的承诺，包括合约参与方可以在上面执行这些承诺的协议，智能合约确立的权利和义务是由一台计算机或者计算机网络执行的。在区块链技术出现以前，智能合约没有大的发展，随着区块链技术的发展成熟，智能合约将大有用武之地。

根据区块链的可编程特点，可以将合同变成代码的形式，放到区块链上，并在约定的条件下自动执行，这就是区块链条件下的智能合约。在区块链条件下，智能合约是一段涉及资产与交易的代码，只有将它放到区块链上，才能有效防止“盗版”和“篡改”，是一种新的参与者之间达成共识的方式。

举例来讲，智能合约运用于房屋租赁协议时，只有业主收到租金才会触发合同的自动执行，并将公寓的安全密钥发送给租户，这个合约可以确保租金的定时支付和密钥的重启。在实践中，关于智能合约的研究和实践主要集中于基础设施的完善上，如以太坊是用图灵完备的计算机语言完成的区块链系统，目前就是新一代智能合约开发平台。

4. 结算审计与公证记录

区块链技术在金融和法律领域也有广泛的应用空间。这两个领域中，对相关应用的探索主要集中于结算审计和公证记录两个方面。

（1）结算审计。

将结算审计的相关过程放到区块链上，将会大大增加机构和参与各方行为的透明度。由于区块链技术开源和透明的特征，系统的参与者都能够知晓系统的运行规则、验证账本内容和账本历史的真实性与完整性，确保交易记录历史是可靠的，没有被篡改的，这种特性相当于提高了系统的可追责性，降低了系统的信任成本。

在区块链上，交易被确认的过程实际上就是清算、结算和审计的过程。录入区块链的数据难以撤销且能在短时间内同步到每个数据块中，这就在实际上产生了公示的效果，因此交易都实时显示在全球共享的分布式互联网上，区块链能够将这个过程的效率提升到分钟级，从而有效降低资金成本和系统性风险。另外，区块链技术还能有效预防故障与攻击。传统金融模型以交易所或银行等金融机构为中心，一旦中心出现故障或被攻击，就可能导致整体网络瘫痪和交易暂停。区块链在点对点网络上由许多分布式节点来支撑，任何一部分出现问题都不会影响整体运作，而且每个节点都保存了区块链数据的副本，因而区块链内置业务具有连续性，也就有着极高的可靠性和容错性。

2016 年 9 月，巴克莱银行（Barclays Bank）和以色列一家初创公司共同完成了全球首个基于区块链技术的贸易交易，通过区块链技术，他们在 4 小时内完成了传统上需要耗时 7 至 10 日的交易处理流程。

（2）公证记录。

现有的公证形式，或是公证机关统一行使公正职能，或是公证机关与政府或法院并行，这都需要公证机关提供信用背书，有着较高的制度成本、时间成本、经济成本和人力成本。公证的本质是向公众证明某种东西、关系或状态在某时刻的真实存在，因而也就可以认为，在现实生活中，把相关记录放到区块链上，将为公证的过程和相关行业带来颠覆性的改变。区块链本身作为一个达成共识的链条，任何登记在区块链上的有价值信息都是公开透明的，并且相对于传统方式，记录的安全性和有效性都得到了极大的提升。因此，公证服务将是区块链应用迅速发展的领域之一。区块链公证服务可以为任何文件生成不可改变的、准确的证明。相对于传统公证方式，区块链公证的权威性和可靠性是数学保证的，它可以突破地理范围和行政区划的限制，成为一种真正全球通行的存在证明，并且相对于传统的公正方式，区块链公证使用的时间更短，支付的费用更低，区块链的时间戳系统基本上可以扮演公证人的角色，并且更加经济可信。

区块链公正现阶段并不被法律所认可，利用区块链技术进行公正服务的效力，目前还没有得到现行法律体系的承认，但区块链提供的基于数学和逻辑的信任在未来仍有广阔的发展前景，新型公证方式也会得到快速发展。

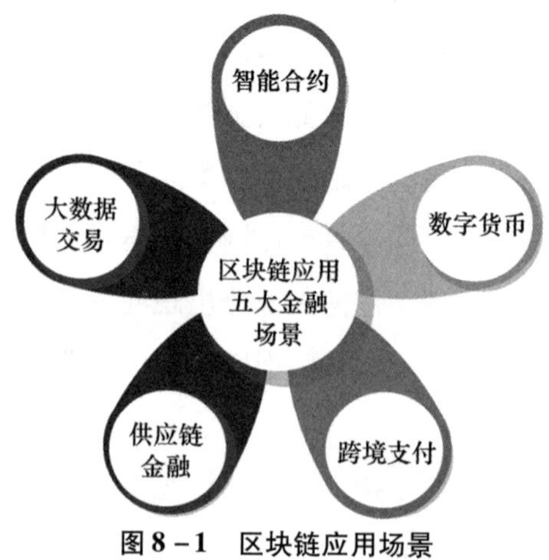

图 8－1　区块链应用场景

（四）区块链的新机遇[①]

现阶段，不管是从技术上看，还是从应用上讲，区块链的发展还处于非常早期阶段。未来，随着这一技术的不断成熟、普及和创新，尤其是在互联网金融和物联网的应用上，区块链将有不可限量的发展前景。

1. 互联网金融

近年来兴起的P2P网络借贷被很多人认为是互联网金融的典型，实际上，其中相当一部分仅仅是民间金融的互联网化，并且很多平台由于缺乏足够的技术实力及成熟的风控体系，反而暴露出了更大的风险，区块链技术则能够有效地提升效率和降低风险。通过区块链技术的应用，能够减少多方沟通成本，通过多重签名等技术实现一条龙服务的同时，实现信息共享，提升整个业务的协作效率。此外，区块链条件下，交易过程能够实现数字化，且通过完整记录，能够有效控制欺诈、手工输入错误等操作风险。

区块链技术的发展与成熟将有效化解互联网金融面临的核心矛盾，为行业未来的发展奠定技术基础。由于其具备的去中心化、透明、可靠的特征，区块链将进一步降低金融行业的信息不对称程度，同时提升互联网金融体系的效率和安全性，通过移除金融服务双方对过多中间机构的依赖，加速金融交易的完成，这可能会从根本上改变未来金融业的面貌。

目前，区块链技术应用于金融领域的核心阻碍在于基础设施不够成熟，也就是说，就当前而言，它给金融业带来的实际价值还没有完全体现。然而，区块链为金融业未来的发展提供了广阔的想象空间，未来区块链技术的演进和互联网金融的进一步发展，将有能力从本质上提升金融业的效率，创造新的价值连接方式和商业模式。

2. 物联网

相对于互联网，物联网是一个更新的概念。物联网的定义可以表述为通过信息

---

① 徐明星等：《区块链：重塑经济与世界》，中信出版社2017年版。

传输设备，按照约定的协议，把任何物品与互联网连接起来，进行信息交换和通讯，以实现智能化识别、定位、跟踪、监控和管理的一种网络。在物联网时代，能接入网络的不单是计算机或移动终端，甚至包括汽车、健身设备、锁具、交通摄像头等等。物联网是与共享经济紧密联系的概念，是一种点对点的分享产品或服务的使用权的经济模式。随着物联网的发展，共享经济拥有了可以爆发的技术基础，物联网也能够成为拓展共享经济边界的原始技术驱动力。

在物联网时代，物品能够接入庞大的智能网络，交易的主要目的也是产品使用权而非所有权的流转，网络中的每个节点，每个产品都可以同时承担交易对象和交易发起者的角色，因而交易数量会呈几何级数式增加。也正是由于这样的交易特点，物联网中会产生天文数字的交易频率和交易数量，相关系统只有顺畅的运转才能保证交易的正常进行，这样复杂且庞大的网络，在中心化网络中显然难以有效实现。区块链将使设备实现自我管理与保护，使整个系统变成一个去中心化自组织体系，在这个体系中，可以实现无须信任的，点对点的价值传输，实现安全的分布式数据分享，进而构造出一个完善且可扩展的物联网。

现阶段，在物联网领域使用区块链较为成熟的是 IBM 公司，它在多个不同层面已经建立了多个合作伙伴关系，共同进行区块链的研究与合作。2015 年 1 月，IBM 宣布与三星联合打造 ADEPT 项目，利用区块链技术实现去中心化的物联网。未来，“物联网 + 区块链”的模式将很有可能颠覆现有行业的基本架构，为物联网提供更多的可能。

二、金融搜索

金融搜索，顾名思义，就是针对于金融领域的搜索平台或引擎。金融搜索是在一般性搜索引擎之后发展起来的，根据其特征可以分为传统金融搜索和新一代金融引擎搜索。传统金融搜索主要是指以信息提供为主的金融搜索引擎，而新一代金融搜索引擎则由于人工智能的使用，而具有了部分分析功能，在帮助金融信息获取的同时，其发展还有助于使金融分析服务实现规模化和工业化，降低金融服务成本。

（一）金融搜索的特征与用途

1. 什么是金融搜索

金融搜索的兴起，离不开各类互联网金融业态的蓬勃发展。与 Google、百度等搜索引擎类似，金融搜索平台实质上充当了融资产品领域的聚合器，担任着经纪人的工作，即记录不同机构的产品、政策、价格，并针对客户的不同金融需求和其自身实际情况在数据库中寻找可以满足客户需求的金融产品，进而提出各种服务方案，并从中抽取佣金和广告费。金融搜索引擎的实质是搭建了各类形式的金融产品平台，通过向消费者普及金融知识，帮助消费者增强个人理财、投资及风险管控意识，满足细分异质性客户的个性化需求。此外，金融搜索引擎还能够推进金融机构间的良性竞争及金融理财产品的多元化，积极打造互联网金融生态，提高互联网金融的运行效率。总的来说，金融搜索能够更为便捷地消除或降低用户之间的信息不对称性，进而降低通过互联网进行金融活动的交易成本。

金融搜索最主要的作用在于产品比价，特别是对类型相似的产品的比价，如投资类贷款（住房按揭贷款）和信用卡产品，各类金融机构的这类产品可能存在略微不同，但大体不会有太多差别。正是这种在大处统一、微处细节差异的产品为搜索比价平台带来了检索的可行性和比较的商业价值。一般来说，金融搜索引擎平台的收入来源主要有三种。一是对于客户提交的交易申请，金融机构支付推介费用；二是供求双方金融交易完成后，平台再从中提取交易佣金；三是在线平台收取金融产品和服务广告推介费。

2. 金融搜索的作用和特点[①]

金融搜索平台的特点在于能够在一定程度上解决信息搜索成本高、信息不透明

---

① ［美］斯特凡·韦茨：《搜索：开启智能时代的新引擎》，中信出版社 2017 年版。

和不对称等问题，通过建立深度学习和机器学习，建立相关判别系统，如客户贷款资质判别系统，在为客户节约时间的同时，提高自身的风控能力。

由于打破了传统金融信息获取的物理约束，金融搜索平台具有成本低的优势，同时多数金融搜索平台具有整套的精准判断体系，能够自动判断客户的需求，因而能够在节约金钱成本的同时，节约客户和金融机构的时间成本。金融搜索平台的另一个有点在于能够为客户的投融资提供更多的选择和途径，在资源获取方面，金融搜索平台的思维方式有别于传统搜索引擎，能够通过对产品进行多维度的复合查询实现目标产品的精准定位，提高了平台和客户的成交额，实现双赢。此外，金融搜索平台还能充当认证信贷经理和风险控制角色，通过大数据分析和合理机制，推动信贷产品更低价质优和贷款客户信用评估等。

3. 金融搜索发展的机遇与挑战

（1）差异化产品增大了比价难度。

对于比较整齐划一的金融产品，如投资类贷款（住房按揭贷款）和信用卡等，各金融机构能够提供的产品可能存在略微不同，但大体不会有太多差别。然而，随着互联网金融行业的发展，生产经营类融资、消费类融资和理财产品则呈现出了极强的个性化特征和需求，不同地域、行业和额度的微小差异就会使实际搜索结果千差万别。现阶段，金融搜索的比价功能在这类产品中的使用效果仍有待提高。

（2）客户覆盖范围有限。

从理论上看，通过互联网或移动终端，运用金融搜索平台免费找到最适合自己的金融产品是简便易行的方式。然而，当前各平台的渠道通路却仍然难以覆盖到真正具有投融资需求的客户。

据国外的调研机构数据显示，每年有 8000 万美国人、1000 万英国人通过在线金融搜索、比价网站作为申请金融产品的第一站，其中近 70% 的用户表示金融搜索比价的方式改变了他们对金融机构和产品的选择。而从中国的情况却与这些国家大相径庭，目前中国的小微企业主、个体工商户并没有通过上网搜索比价的方式实现资金融通的习惯，而这一部分群体却恰恰是互联网金融最大的目标客户群。据相关数据显示，目前国内通过互联网搜索消费、信贷产品的人总数还不到10%，其中小城市比例更低。未来随着未来客户需求越来越专业化，这些平台在如何抓住客户更深层次的需求进行私人定制方面需要进一步下功夫。

（3）用户潜力有待进一步挖掘。

对多数人群来说，现阶段对金融产品的需求，除理财产品外，信用卡、车贷、房贷等需求的频次并不高，小额信贷等产品的普及率偏低。同时，金融产品的推广对搜索引擎的依赖性也较低，尤其是房贷与车贷这两种贷款，消费者绝大多数都会参考开发商、4S店以及中介的建议去选择贷款渠道。即使是理财产品，仅仅在互联网金融发展初期，信息数量庞大并且质量参差不齐的情况下，消费者才更依赖搜索引擎，但当市场发展到一定成熟的阶段，消费者偏好形成之后，对搜索平台的依赖程度就会降低。因而如何通过更好更新的服务拓展市场，开发用户潜力也成为了金融搜索平台需要进一步探索的问题。

（二）新一代的金融搜索引擎——AlphaSense

传统意义上的金融搜索引擎能够提供的功能和一般搜索引擎相类似，仅仅是提供了更为专业化的搜索结果和可选服务。新一代的金融搜索引擎则不然，它除了能够提供产品比价、信息搜索功能外，更是由于人工智能的加入而在某种程度上代替了部分分析师的功能，能够对搜索得到的结果通过智能化的方式加以分析和推荐，其中最为著名的是AlphaSense。

AlphaSense由Jack Kokko和Raj Neervannan于2008年创立，旨在应用先进的语言搜索技术协助投资专业认识在公司披露中查找信息。2010年，AlphaSense推出了利用自然语言处理的搜索引擎，能够为用户提供搜索、浏览和分析公开或授权的文件。通过“人工智能+金融”的方式，AlphaSense为专业投资人士设计的智能搜索引擎，帮他们排除不相关的谷歌搜索结果，其内容包括券商研究、SEC文件、过往新闻稿等相关公共或授权金融信息，这些数据来自超过1000个卖方调研提供者和35000家上市公司，同时AlphaSense还拥有超过450家机构用户，包括摩根大通、瑞银信贷、甲骨文等。2016 年，AlphaSense 获得了 3500 万美元的投资，并出现在了福布斯美国金融科技公司 50 强的榜单中，具有相当强的竞争力。

图 8－2　金融搜索引擎 AlphaSense 的主页

一般来说，在投资研究的场景下，分析师通常需要从新闻、财报、研报等行业网站获取大量数据、信息和知识形式的素材，之后分析师再通过自己的逻辑将这些素材组织成投资决策，这往往需要投入大量的人力和物力，也导致传统的分析工作无法批量进行，为了找到需要的相关资料和数据，用户往往需要在不同的网站、软件或页面中切换。相关调查显示，金融分析从业人员甚至平均每天花费 36% 的时间做调查和整理信息，而信息寻找和筛选更会花超过其中 56% 的时间。

Alphasense 的一大优势在于，能够把所有这些网站上的资料聚集在了一起并加上了智能搜索的功能，大大地减少了这部分信息搜索的时间。更为重要的是，AlphaSense 具有高级语义搜索引擎、交互式知识管理系统和文档（知识）协作系统功能，这就大大降低了分析师将耗费在信息搜集方面的时间和精力，尤其是其中的高级语义搜索功能，能够智能分辨不同金融术语的语意。如当用户输入“Revenue”后，除了会出现与“Revenue”相关的文档，还会出现包含“Sales”或“Top line”等与“Revenue”语义相似或相关的内容的文档，方便了后续工作的进行。在 Alphasense 的帮助之下，分析师能够通过高级语义搜索引擎获得各类素材，在交互式知识系统里有选择地对素材进行收集和管理，在知识协作系统中对素材进行加工和再组织使用。

Alphasense 在大大减少了金融研究人员工作量的同时，也能够降低金融咨询服务的价格。从更高的层面上讲，这也会促使金融信息服务业向规模化和工业化的方面发展，形成某种程度上初步意义的金融知识网络，将那些传统上由经验和人脉承载的信息传递和处理渠道，逐渐转向由机器承担，最终实现自动化和智能化。

三、金融云

金融云是在云计算迅速发展背景下，金融 IT 转型升级的最新成果。近年来，金融机构信息化进程不断的深化和加速，IT 投入持续保持较快增速，在互联网金融、金融科技等新兴金融业态的冲击之下，金融业拉开了转型升级的序幕，对传统的金融 IT 也提出了挑战，金融上云已经成为不可逆转的趋势，目前，云服务商已经给出了银行、保险、证券等细分领域的云服务解决方案，金融云平台趋势已经显现。

（一）基本概念

1. 云计算

云计算是一种网络环境下计算资源的交付和使用技术。云计算的概念有狭义和广义之分，狭义云计算是从技术角度定义的，包括云计算有三项核心技术：虚拟化、分布式计算、软件定义一切。其中虚拟化将用户和物理资源得以分开，分布式计算解除了用户与大型应用系统的绑定，软件定义一切（SDX）解除了使用者与物力资源的时空绑定，使现实时空中分布的物理资源得以在虚拟世界中使用。广义的云计算是一种模型，可以实现随时随地、便捷地、随需应变地从可配置计算资源共享池中获取所需的资源（例如网络、服务器、存储、应用及服务），资源能够快速供应并释放，使管理资源的工作量与服务提供商的交互减小到最低程度。美国国家标准和技术研究院（National Institute of Standard Technology，NIST）将云计算定义为一种按照使用量付费的模式，也就是我们所说的将计算资源向水和电一样按需供应。

2. 三种服务交付模式

云计算服务架构分为三个层次：软件即服务、平台即服务、基础设施即服务。①

（1）SaaS（Software as a Service，软件即服务）。

厂商将软件统一部署在自己的服务器上，客户根据实际需求在互联网上订购软件，服务费用根据订购量和使用时间决定。用户租用基于 Web 的软件同样可以达到管理企业经营活动的目的，但是由于不需要直接购买软件，软件使用成本下降，且由云服务提供商负责软件的管理和维护。软件服务商还可以提供软件的离线操作服务和本地存储服务。SaaS 模式比较适合中小企业，减轻了企业使用最新技术的成本，企业不需要购买、构建和维护基础设施和应用程序。其实，我们平时的生活中也接触到一些 SaaS，比如我们不需要在自己的电脑中安装搜索系统就可以使用 Google、百度等搜索系统，不需要安装邮箱软件就可以使用 Email。而且在浏览器上注册账号，可以随时随地通过网络来使用这些软件编辑、保存、阅读自己的文档。用户只需要按照自己的需要使用搜索和邮箱服务，却不用管后台软件的运行、数据的保存等环节。

（2）PaaS（Platform as a Service，平台即服务）。

与 SaaS 通过网络提供软件服务不同，PaaS 是提供的服务器平台或者开发环境。平台是应用系统得以运行的基础，一般由应用服务提供商负责搭建和维护。但在 PaaS 模式下，平台的搭建和运营已经从应用服务商那里剥离出来，由专门的平台服务商负责，所以 PaaS 主要面向的是开发者客户。PaaS 平台在云架构中位于中间层，SaaS 是其上层，IaaS 是其下层。PaaS 提供许多互联网资源的可编程接口，开发者可以根据用户的需求，灵活使用这些可编程元素，开发出更具商业价值和 WEB 应用，

① 张霞：《浅析云计算在企业中的应用》，《黑龙江科技信息》，2014 年第 7 期。

最终为用户提供实实在在的利益。

（3）IaaS（Infrastructure as a Service，基础设施即服务）。

面向企业或者开发者，提供基础资源服务，包括计算、存储、网络等服务。IaaS 提供给消费者的服务是对所有设施的利用，包括处理器、存储、网络和其他基本的计算资源，用户能够部署和运行任意软件，包括操作系统和应用程序。消费者不管理或控制任何云计算基础设施，但能控制操作系统的选择、储存空间、部署的应用，也有可能获得有限制的网络组件（例如，防火墙，负载均衡器等）的控制。

3. 四种部署模式

根据部署模式，云服务分为公有云、私有云、社区云、混合云。

公有云，由第三方提供商提供，用户群体是开放式的，社会公众均可以使用云服务，是云计算服务的主要形态。国内公有云的主要提供商主要分为四类：一类是传统电信基础设施运营商，包括中国移动、中国联通和中国电信；一类是政府主导下的地方云计算平台；一类是互联网巨头打造的公有云平台，如盛大云；一类是部分原 IDC 运营商，如世纪互联，一类是具有国外技术背景或者引进国外云计算技术的国内企业，如风起亚洲云。

私有云是根据单一用户或机构需要而构建的，具有专有性和排他性，通常部署在企业数据中心的防火墙内，或者由一个安全的主机托管场所托管。

社区云是一定范围内的多名用户为了达到某一目标、或者共同的安全需要，或者出于政策等方面的考虑，将云建设为一种共享的基础设施，社区云是介于私有云和公有云之间的一种状态，是一种有限的共享。2011 年 9 月，深圳建设了国内第一个“社区云”——“深圳大学城云计算公共服务平台”，服务对象既有机构，也有个人，机构主要是大学城内的高校、研究单位、服务机构等单位，个人主要是高校的老师和学生，以及各单位职工。该平台提供的云计算服务主要有 IaaS 服务和 SaaS 服务，IaaS 服务主要面向科研需求，包括云主机、云存储、云数据库，SaaS 服务包括自助建站、视频点播、视频会议等，具有独特的大学城特色。

混合云结合了公有云和私有云的优点，具有广泛的市场发展前景。私有云安全性更强，企业处于保密的考虑往往希望将数据存放在私有云中，但是公有云资源更加丰富，企业同时也想获取公有云的计算服务，现实的需求推动着云计算向混合云方向发展。公有云和私有云的混合与匹配带来更加的用户体验，更加个性化，既为企业节约了成本，又保障了安全需要。私有云和公有云的典型搭配是，私有云提供存储、数据库服务，公有云则提供数据处理服务，这样，企业在无须购买额外硬件的情况下，需求高峰期也可以充分利用公有云计算能力。

（二）金融云：依托云计算的金融科技产品，满足金融机构服务需求

金融云是为银行、基金、保险等金融机构提供 IT 资源和互联网运维服务的云。

在云计算、移动互联、大数据涌动的时代浪潮之中，金融行业正在积极转型、努力创新。许多金融机构开始利用互联网来开展服务，但是基于传统架构的直销和清算系统很容易遇到瓶颈，金融云就是为满足金融机构在互联网新经济中产生 IT 新需求。大量的金融机构开始应用云来承载应用和处理高并发业务。银行、基金、保险、券商等金融机构纷纷涉足云计算，拉开了金融信息和数据管理创新的帷幕，给金融云厂商提供了广阔的发展平台。未来，关于金融行业云计算应用的标准将越来越明确，同时随着技术的不断创新，云计算在金融领域的应用也将越来越广泛。

不同的金融企业也根据自身情况选择自身技术团队独立建设或者选择与金融云提供商一起合作建设的模式。传统银行、证券等金融机构主要采用金融私有云或者混合云的模式，新兴的互联网金融企业则倾向于公有云的模式，比如阿里金融云和腾讯金融云，金融云之所以能够得到金融机构的青睐，主要是基于以下三个方面的优点。

首先，金融云具有很强的可扩展性，金融服务上云可以有效地应对互联网流量的变化。金融市场是一个极易受政策影响的市场，在牛市中，开户量、交易量可能会创纪录，交易量的暴涨对金融机构的服务器和交易系统带来极大挑战，应用金融云可以有效地解决这一问题。富国证券是一家为全球投资者提供港股和美股证券开户及交易服务的互联网券商，2015 年 4 月 8 日到 4 月 10 日，富途证券同时在线人数

和新增客户数同创新高，官网访问量增长10倍，交易额也迎来大幅上升，从60亿攀升到150亿，后台一小时之内腾讯云服务器规模增长了3倍。富国证券的服务器放在了腾讯云上，腾讯云提供了快速的弹性扩容能力，为富国证券成功应对此次交易洪峰提供了保障。另一个著名的案例就是余额宝，余额宝背后的基金公司天弘基金联合阿里云将核心系统放在了云上。根据阿里巴巴透露的数据，在将系统迁移到云计算平台后，余额宝3亿笔交易的清算可以在140分钟内完成。

其次，金融云服务商可以提供基础设施日常维护和管理服务，并且可以借助互联网思维和互联网金融增值功能，将金融机构从IDC建设、规划和运营中解放出来，专注于核心金融业务，发挥比较优势，更能高效地实现金融行业的跨界转型升级。

第三，金融云可以降低金融机构的运营成本。微众银行是中国首家互联网银行，也是全球首家云上银行。微众银行完全部署在腾讯云提供的金融合规云机房里，可以按需使用，按量付费，避免了传统银行开业时需要投入的巨量资金用于建设数据中心；数据库则采用了腾讯云金融级数据库TDSQL，光是这一项支出，相比传统数据库就节约了50%以上的成本。微众银行在腾讯云的基础上，利用海量服务分布式的架构，最终将成本下降80%，只需要小型银行的5%的负担用户成本，就可以服务好银行的用户，让银行IT的竞争力得到极致的提升，双方未来的合作目标是，将微众银行每个账户的IT成本降至1元。

（三）国内金融云

据Gartner报告，2016年全球云计算市场规模是2066亿美元，金融云占据其中超过20%的份额。国内金融云发展也比较迅速，比较具代表性的是腾讯金融云、阿里金融云和兴业数金云。

1. 腾讯金融云

腾讯金融云是面向金融行业客户（保险、证券、基金、银行、消费金融、互联网金融等）开放的行业解决方案，结合金融行业的特点，为用户解决行业安全合规性的要求，并开放腾讯互联网运营积累的高并发处理、海量数据存储、大数据挖掘分析、高安全可靠的基础能力。

根据金融企业对合规性，隔离性等不同的要求，腾讯金融云提供两类业务托管区：金融专区和公有云。

金融专区是高规格的合规区域，主要面向保险、银行、消费金融、证券、基金等有监管审计要求的金融机构，提供独立的金融行业专用机房，安全隔离和防护要求、运维要求都属于最高标准。金融专区的机房的建设及云平台管理系统满足合规性要求，配备多种隔离保障机制和三大安全保障机制。金融专区提供的云服务主要包括云服务器、负载均衡、私有网络，金融数据库 tdsql、redis 存储、人脸识别、物理服务器托管、专线和 VPN 对接服务、CDN、云监控等，除此之外，还提供全天候的迁云咨询、技术指导、架构建议、技术协助等运维服务。

金融专有云主要针对 P2P、小贷公司、众筹等互联网金融客户，以及传统金融机构的网销渠道、互联网应用、移动应用等。与公有云相比提供更安全的防护和客户服务。

2. 蚂蚁金融云

蚂蚁金融云服务开始于 2015 年 9 月，当时蚂蚁金服集团（以下简称“蚂蚁金服”）宣布启动“互联网推进器”计划，主要目标是为金融机构转型新金融提供技术支持，且主要是为面向金融机构提供定制化的行业云服务，并将推动平台、数据和技术方面的能力全面对外开放。

蚂蚁金融云有着独特的优势，第一，蚂蚁金服已有十年多的金融实践，金融 IT 技术基础较强，蚂蚁金融大数据分析能力在金融科技企业中处于数一数二的地位；此外，蚂蚁金融云还能为金融机构提供快速支付、零停机维护的高效云计算运维能力，以及符合新金融要求的高并发、移动化服务能力。

第二，蚂蚁金融的金融产品日趋丰富，在此基础上金融云能较好的符合金融业对安全性的要求，并且蚂蚁金融云融合成本低。蚂蚁金融云已经成功推动了余额宝、芝麻信用、招财宝、聚宝等创新业务的开展，只需要通过平台内置接口，就可快速与蚂蚁金融各项开放业务进行融合，降低金融机构尤其是中小金融机构的创新成本，加速金融机构向系金融转型升级。

第三，蚂蚁金融云开放性强。蚂蚁金融云平台开放了技术接入标准，为软件提供商、服务提供商、数据提供商等合作伙伴提供一个自由创新的空间。只要符合蚂蚁金融云安全准入标准，即可通过 API 将自己的软件/服务快速地对接到蚂蚁金融云上，共同为金融机构提供更丰富的产品、服务和价值。蚂蚁金融云不仅仅给予合作伙伴强大的技术支持，同时借助蚂蚁的客户群优势及良好的品牌及口碑效应，促进金融服务以最快的速度、最高的效率传播开来，真正实现以技术引领金融快速发展、安全创新，促进行业繁荣，助力普惠金融。

蚂蚁金融云主要提供的服务有：基于阿里云的基础设施服务（Infrastructure as a Service-IaaS），蚂蚁金融云提供符合金融级安全的平台即服务（Platform as a Service-PaaS）以及软件即服务（Software as a Service-SaaS），包括大规模分布式计算、跨平台云资源管理、集中式云环境监控、EB 级大数据处理、金融级安全防护、移动互联网金融应用开发等。

3. 兴业数金云

2017 年 7 月 26 日，在可信云大会上，兴业数金云与腾讯金融云一道，共同荣获 2017 可信云金融行业奖。兴业数金云隶属兴业银行集团旗下的兴业数字金融服务有限公司，为主要是兴业银行集团以及外部客户提供云计算资源和服务。兴业数金云涵盖计算、存储、网络、安全、数据库、容器、区块链等全系列金融级云服务，兼具弹性高效、高可靠、高性能、安全合规以及自主可控等特征。多站点高规格数据中心互联在保障高效云计算服务的同时，也提供了强大的稳定性和灾备能力。

兴业数金云主要由三大核心平台构成：面向银行机构的银行级 IaaS 服务、面向互联网应用场景的金融级 IaaS 服务和在互联网场景下提供金融应用组件服务的 PaaS 服务。

四、身份识别

（一）以人工智能为内核，降低核验成本

身份识别，或者身份认证，是确定用户资源访问、使用权限的技术手法，对保证系统和数据的安全、防止黑客窃取合法用户信息具有重要意义，身份识别技术已经日渐成为保障网络安全的重要关口。

传统的身份识别技术很难适应新兴金融业务发展的安全需要，其一是因为传统的身份认证方式主要是账户密码、短信验证码、U 盾等，本身难以应对互联网金融环境的支付安全需要；其二是传统的身份认证主要采取单一因素认证，比如 PIN 码认证、短信验证码认证、指纹认证、人脸识别等认证方式，这种单一认证方式很容易被黑客攻破，形成安全隐患。比如，虽然许多网上银行在支付环节要求输入短信验证码，但是在用户银行卡信息泄露的前提下，黑客可以通过木马病毒、补卡攻击、克隆攻击、无线电监听等诸多方式，拦截用户的短信验证码盗刷银行卡。可以说，在互联网技术高度发达的今天，金融诈骗也越来越呈现出集团化、专业化、智能化的发展趋势。

近年来，除了传统的认证方式之外，兴起了一种新的身份识别方法，那就是人脸识别。2015 年 12 月，支付宝上线了人脸登录功能，用户可以通过人脸识别代替账号密码登录。此后，支付宝将人脸识别技术先后应用于实名认证、找回密码、支付风险校验等多个场景。进入 2017 年之后，人脸识别技术迎来了井喷式的爆发，出现了许多人脸识别的应用和案例。2017 年 9 月，支付宝联手杭州肯德基推出“刷脸支付”功能，北京师范大学为宿舍楼安装了人脸识别门禁系统，提高了校园管理效率。龙门石窟启用了“刷脸”入园方式，开启智慧旅游时代。但即便发展势头如此迅猛的人脸识别技术，也不能保证身份识别万无一失，就在 2017 年的 3・15 晚会

上，主持人演示了人脸识别技术的安全漏洞，主持人用一张照片加上一定的图像处理之后就可登录个人账户的过程。

因此，随着撞库、暴力破解、社工攻击等黑客技术日新月异，大规模的个人身份信息泄露事件频发，身份认证技术急需创新。人工智能技术与身份认证结合是值得期待的一个方向。近年来，从国家层面相继出台了《中国制造2025》和《“互联网＋”行动计划》，明确提出了加强对人工智能生物识别技术、网络安全等应用技术的研究，鼓励企业加大研发力度，探索人工智能与身份认证技术的融合发展。目前已经有企业取得了一些科研成果，研发出新型的身份认证技术，并在政务、金融、互联网医疗等重点领域得到应用，开创了互联网生态发展的新局面。

通过数据挖掘和深度学习等技术，人工智能技术能够对身份进行非常精确的模式识别，这其中包括用户的性别特征，各种网络的活动比如认证行为、时间、空间、认证所涉及业务等信息进行大数据来分析，因此人工智能技术能够对并能智能并精准的识别一些恶意的认证动作，及时进行拦截，完全阻断黑客攻击和账号盗取行为。随着人工智能的发展，特别是大数据和生物学习的驱动，生物特征识别技术的精度会越来越高，真正实现“智能化”风险防控。

未来一段时间内，人工智能将在两方面发力，一是提高活体检测的准确率，目前主要以人脸识别为主，二是注意区分身份识别的使用场景，在涉及隐私、支付等对安全级别要求高的场景时，需要探索生物特征识别与其他识别方式的融合，进行价差验证，提高安全门槛，保障用户安全。

（二）人工智能身份识别案例介绍

1. 融360人工智能牛

融360（北京融世纪信息技术有限公司），成立于2011年，是新型的网络金融服务平台，提供贷款（以车贷和房贷为主）、信用卡、理财产品的搜索比价及申请服务。融360的模式是“搜索＋匹配＋推荐”，用户通过该平台，能够集中搜索到多家金融机构的相应产品，而无需到各家金融机构网站查询产品信息，而且能够提供便捷的申请服务，给用户带来金融产品超市般的体验。

登陆网站，首页就出现了上图的搜索界面，在这一界面提供了个人/企业贷款、购房贷款、购车贷款、信用卡、大众理财五种金融产品的搜索功能。融 360 的搜索是基于对用户需求和用户资质的了解基础上，这种了解体现为两个表单，第一个表单是用户需求表，以个人/企业贷款为例，用户首先要输入基本的需求信息、贷款金额、期限、贷款人身份。

个人/企业贷款
购房贷款
购车贷款
信用卡
大众理财
融360应用
贷款金额
5.0
万元
贷款期限
12个月
职业身份
不限
搜索贷款
热门贷款：5万个人贷款 10万个人贷款 20万企业贷款 50万企业贷款
1万家金融机构
免费申请
最快1天放款

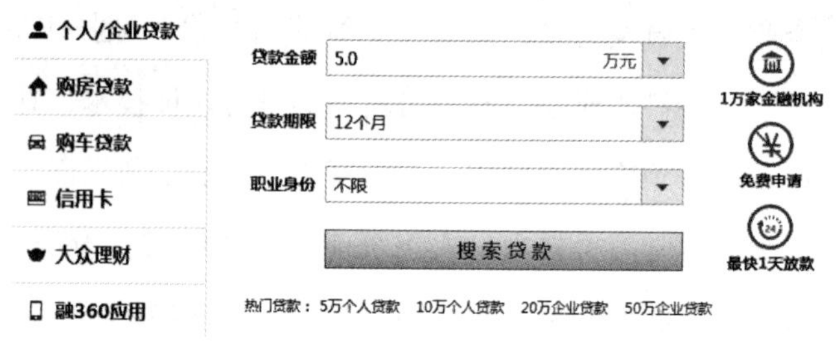

图 8－3 融 360 的用户需求表

第二个表单是申请人的资质调查表，选项包括每月平均收入、工龄、资产状况、信用状况。

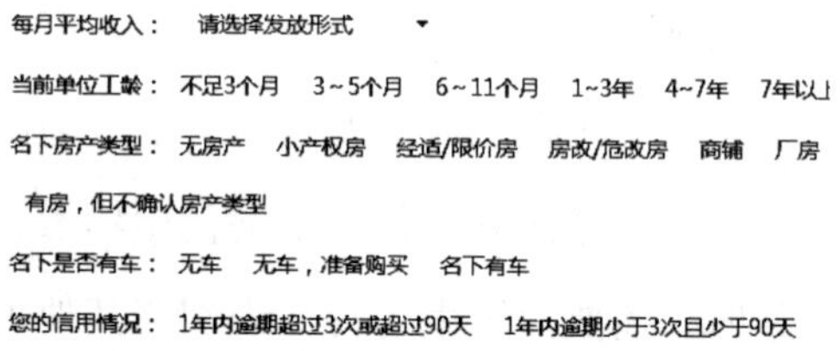

每月平均收入： 请选择发放形式
当前单位工龄： 不足3个月 3~5个月 6~11个月 1~3年 4~7年 7年以上
名下房产类型： 无房产 小产权房 经适/限价房 房改/危改房 商铺 厂房
有房，但不确认房产类型
名下是否有车： 无车 无车，准备购买 名下有车
您的信用情况： 1年内逾期超过3次或超过90天 1年内逾期少于3次且少于90天

图 8－4 融 360 的申请人资质调查表

在进行上述两个表单的操作之后，就可以对 1 万多家金融机构的产品进行搜索，查询到有哪些金融机构提供这种贷款，以及贷款条件，用户可以对贷款条件进行对比，选择更加符合自身需求的金融机构进行联系。

2015 年 5 月，融 360 推出“天机”大数据风控系统，系统会根据身份认证、还款意愿和还款能力三个大维度进行大数据分析，对贷款申请用户进行评分，为合作机构房贷提供参考意见。在特定细分市场，融 360 提出了更高的目标，比如 5 万以内的小额贷款力争实现 10 分钟审批、当天放款。除了贷款审批速度实现了突破，贷

款获批率也得到了显著提升，同一类用户，传统风控方式主要依赖于抵押物和收入流水证明，风控较为粗放，贷款获批率为15%左右，而使用大数据模型结合人工后获批率可以达到30%以上。

2017年4月，融360宣布进军人工智能，并推出AI产品人工智能牛。人工智能牛具备语音识别、人脸识别、自动连接后台智能风控系统三大功能，人工智能牛的工作原理是，首先通过语音识别技术识别访客问题，然后通过人脸识别技术，扫描用户脸部，1分钟内完成身份识别，然后通过连接后台的风控系统，整合互联网大数据及融360独有的金融数据报告资源，进行审批、放款，提高了审批效率。此外，人工智能牛采用深度神经网络、机器学习技术，用户通过简单声控交互可以获得人工智能牛的语音推荐。

2. Face + + 人脸识别

Face + + 是新一代云端视觉服务平台，提供一整套世界领先的人脸检测，人脸识别，面部分析的视觉技术服务。目前为支付宝、神州出行、招商银行、小米金融提供人脸识别技术。

Face + + 支持两种注册方式，一是身份证注册，通过拍摄身份证照片，能够自动区分身份证原件、身份证复印件、临时身份证、屏幕翻拍、粗糙PS，智能识别身份证信息，支持全部少数民族版本、生僻字识别，综合准确率高达99%；二是人脸注册，通过拍摄人脸照片，自动抓取符合条件的最佳质量照片，避免亮斑、强曝光、阴影等问题，自动判断人脸真伪，是否符合比对条件，如佩戴墨镜、口罩等。

Face + + 提供多种验证方式，基础验证、双角度活体验证、视频活体验证、动作活体验证、炫彩活体验证，这几种验证方式的安全等级依次上升。基础验证主要是通过对比用户照片和注册信息，对比精准度达到99.5%，远超人眼识别水平，能够实现在不同光照、不同年龄阶段等复杂条件下的精准识别。在双角度活体验证方式下，软件将只要求用户分别拍摄证明照片和侧面照片，通过对两张照片进行3D建模，通过metadata检查和背景一致性检查，确保用户是真人进行身份验证。在视频活体验证方式下，软件将要求用户读出一串数字，并录制成视频上传，通过语音识别、唇语识别和声话同步检测来确保用户是真人并验证身份。在动作活体检测方式下，用户将根据提示完成指定动作（左右转头、张嘴、眨眼），通过 25 帧连续视频判断和图片房修改校验，确保用户的真人身份验证。在炫彩活体验证方式下，主要通过光纤在脸部的反射结果来进行建模对比，确保用户是真人并验证身份。

五、智能交易

根据百度百科的定义，智能交易是由电脑模拟交易员的下单操作进行机器交易的过程，这是一个比较模糊的定义，与之相近的说法还很多，比如程序化交易、自动化交易、高频交易、量化交易。这些概念之间有交叉的地方，比如智能交易肯定有程序化和自动化的特征，高频交易也具有自动化交易特征，因为高频交易就是为了捕捉人为难以把握的市场利差机会而设计的计算机交易程序，所以高频交易也具有某种智能化特征。如果割裂地看待这些概念，很难理解智能交易的内涵与外延。换一个角度，智能交易是智能金融的一个子项，智能金融本身是人工智能与金融的结合，如果从技术与金融交易结合这个角度来理解智能交易，那么智能交易就是交易的智能化，是将智能化技术应用于金融交易的过程。

技术在不同时期有不同的内涵，从计算机以及信息技术应用于金融业以来，大致可以分为三个阶段：Robert 阶段、Smart 阶段和 Intelligent 阶段，代表着智能的不同程度。在 Robert 阶段，也可以成为自动化、机器人化，是将重复性劳动交给机器，典型的代表就是自动化交易。而在 Smart 阶段，计算机可以做到数据分析、过滤、可视化等。Alphasense 是一家基于知识图谱的语义、金融搜索软件公司，软件可以自动搜索上市公司中年报、季报和会议记录的信息，当决策者提出问题后，软件可以在非常短的时间内形成交易策略。到了 Intelligent 阶段，机器能做的就更多了，可以对数据进行深度分析，捕捉市场机会。目前，也有企业在做这一方面的尝试，典型的代表是美国的金融科技企业 Kensho。

人工智能的浪潮已经渗入到金融越来越多的领域中，我们认为，在当前阶段，智能交易是指人工智能、大数据、云计算等新兴技术在金融交易中的应用。

（一）量化交易

在此次金融科技热潮到来之前，与智能交易最接近的交易方式当属量化交易。

量化交易（Quantitative Trading）是借助现代统计学和数学方法，根据先进的数学模型得出交易策略，而不是依靠人为的主观判断，并且利用计算机技术来进行交易的证券投资方式。量化交易的逻辑是：根据大量历史成交数据，从中找出能带来超额收益的“大概率”事件，运用数量模型去验证和固化这些规律和策略，最后由机器严格执行固化策略，以获取持续的稳定收益。

20 世纪 70 年代，股票市场开始采用量化交易方式代替交易员的工作，后来逐渐发展到期货交易市场、外汇交易市场、黄金交易市场，这些市场价格瞬息万变，交易量大，量化交易的需求更大。有研究认为，发达国家的期货市场中，量化交易方式占到了总交易量的 70% ~80% 。

量化交易之所以普及这么快，是因为有着人工交易无法比拟的优势。

首先，量化交易的投资决策背后有大量数据和多个模型支撑，综合考虑了股票的基本面、估值、资金情况和市场时机、市场结构、股票盈利、市场情绪等因素，背后的逻辑不会因为人的心理因素而变化，因此，投资显得有理有据。

其次，量化交易系统具有强大的信息处理能力。每个基金经理所能关注的股票是有限的，超过一定量，基金经理就不能深入分析每只股票的情况。但是量化交易系统可以同时处理成千上万只股票的数据，从而捕捉到更多市场机会，极大拓展了投资视野。

第三，与基金经理靠经验和知识取胜不同，量化交易是从大概率事件中取胜，因为量化投资就是从大量历史交易策略中寻找到可重复的盈利规律加以利用。

当然，量化交易也有风险，主要是套利的“级差”风险、交易员的操作风险以及系统软件风险。

（二）智能化交易——人工智能如何在量化交易中发挥作用

随着人工智能技术的发展与应用范围日益扩大，机器学习、自然语言处理和知识图谱在量化交易中也逐渐发挥了不可替代的作用。

1. 机器学习与量化交易建模

传统的量化交易建模有两种方法，一是计量统计模型建模方法，分析师首先对数据进行特征分析，然后进行回归分析；另一种方法是专家决策法，将某一领域的专家的选股策略进行复制，然后导入可重复计算的模型里面。这种传统方法的弊端主要是数据来源单一，仅限于交易数据，且特征的选取取决于分析师的主观判断，模型的好坏也与分析师对数据的敏感度有关。

2013 年，全球最大的对冲基金 Bridgewater Asspcoates 组建了一个人工智能团队，该团队将人工智能技术运用到量化交易建模中，与传统的量化交易模型相同的是，模型根据历史数据和统计概率得到交易策略，但是该交易程序能够根据市场变化调整进行动态调整，投资组合也是动态的。

Alpaca 是日本一家利用人工智能进行量化交易的初创企业，旗下的交易平台 Capitalico 基于图像识别技术，可以根据提供的交易图标得出交易策略，这样，普通用户就可以从明星交易员的交易图中学到经验，以便做出更好的投资决策。另外，Alpaca 还推出反映美国股市实时行情的 K 线图工具 AlpacaScan，帮助交易员更好地捕捉市场机会。

另外，香港的 Aidyia 则利用人工智能分析美股市场，模型融入了多种人工智能分析技术，包括遗传算法、概率逻辑。

2. 自然语言处理拓展了数据来源

数据对于量化模型至关重要，信息量越多，模型的预测能力就越强。预期也是市场走势的一个重要因素，而预期的信息往往是散落于新闻报道、社交网络、政府网站上公布的政策信息中，传统的分析方法无法捕捉这些非结构化信息，自然语言处理这类人工智能技术的发展可以快速捕捉到这些文本信息，这位分析师更好的把握市场动态提供了便利。

伦敦的一家对冲基金 CommEq 的投资方法就采用了定量模型和自然语言处理技术，金融科技公司 Sentient Technologies 也将自然语言处理、深度学习等多种人工智能技术运用到量化交易的建模中。还有一个更著名的金融搜索引擎公司 Kensho，结合自然语言处理、图形化用户界面和云计算技术，用户在其界面上输入问题，可以快速搜索到与投资决策问题相关的事件，为金融研究提供辅助信息，及时地反映市场动态。

3. 知识图谱找到事件的因果关系

基于机器学习和自然语言处理技术的量化交易建模在很大程度上依赖历史数据，也就是说量化交易策略依赖于历史的交易模型，这样就存在一个问题，如果出现一件具有拐点意义的重大事件，模型是无效的，这也是为什么金融市场上这么多模型，都无法预测到金融危机的到来。因此，一旦出现“黑天鹅”事件，金融市场就会面临巨大的波动，比如“911 事件”、“熔断机制”等。

此外，机器学习擅长发现变量之间的相关关系，而不是因果关系，因此模型可能会发现虚假关系。一个著名的例子是：1990 年，对冲基金 First Quadrant 发现孟加拉国生产的黄油，加上美国生产的奶酪以及孟加拉国羊的数量与标准普尔 500 指数自 1983 年开始的 10 年时间内均具有 99% 以上的统计相关性，1993 年之后，这种关系莫名其妙地消失了。

知识图谱技术有望解决上述两大难题。知识图谱是一种关系网络，根据规则将不同的实体联系起来。在经济金融领域，实体是指企业、投资人、投资机构等经济活动主体，规则是专家对行业的理解、投资逻辑、风控规则等，关系也无处不在，企业之间可能是上下游关系，也可能是合作关系，或者竞争关系，还有子公司、母公司的关系，或者投资持股关系等。把这些实体按照一定规则联系起来形成的关系网络就是知识图谱，根据知识图谱可以进行更深入的知识推理。

国外有很多公司将知识图谱技术运用于风控领域。Garlik，一家英国公司，基于网络和社交媒体上的个人信息，构建了大规模的语义数据库，提供个人信息泄露报警服务，该公司后来被美国征信机构 Experian 收购，其技术被用于分析个人信用记录。Dataminr 则基于 Twitter 和其他公开的数据，进行数据挖掘，为客户推送有价值的信息，包括舆论热点、金融相关的非交易信息、公共安全预警信息。

Palantir 曾推出一个金融数据分析平台—Palantir Metropolis，用知识图谱技术整合不同的量化资料，并为研究员提供一套方便易用、可以用于复杂搜索，并可以进行可视化编辑的分析工具，人机互动体验良好。目前 Palantir 为客户提供量化策略编写功能，客户可以根据自己创立的规则整合数据，优化模型。

第九章

智能金融的未来趋势、限制因素及潜在风险

一、智能金融未来发展趋势展望

以人工智能、大数据、云计算等最新科技正在加速重构金融的业态和格局，催生了一大批新产品、新业态和新模式，改变了传统金融的组织形式。从前端的智能获客、智能客服，到融资授信、投资决策，再到后端的风险防控、智能监管，以人工智能为主的前沿科技正在向金融领域加速渗透，金融的发展空间获得了空前提升，智能金融已经成为当前金融创新的最重要的一股力量。人工智能技术对传统金融的升级改造是当前以及未来一段时期内金融发展和演变的一个关键性的推动力量，引领着融行业的未来发展方向。金融系统的智能化已经成为不可逆转的趋势，智能金融将成为未来金融行业的主要形态，促使金融行业在服务体系、利益分配格局、风险防控乃至整体形态上发生翻天覆地的变化，正在改变着金融行业的生态格局。

（一）变革原有金融服务体系

智能金融是对金融的一次革命性改造，机器学习、自然语言处理、机器人技术、语音识别技术等人工智能技术的飞速发展正引领金融行业发生一场脱胎换骨的转变，原有的金融服务体系将发生变革，进入从“人”服务到“机器”服务的新纪元。在智能金融时代，人工智能将在某些领域彻底改变当前的金融服务形态，大量劳动力将从低技术含量的工作中解放出来，去从事更加具有价值的工作。而随着人工智能技术的进步与发展，人工智能将更加逼近人类的能力，越来越多的高复杂度的任务也将逐渐由算法和机器人所完成。人工智能所带来的不仅仅是对于人类劳动的替代，而且人工智能将突破人类思想和行动的局限，极大地改善当前金融服务的效率和形式，同时其具有的深度学习能力将能够自我完成金融服务体系的改进，并引领金融行业的进化。具体来说，智能金融将从以下几个方面对原有的金融服务体系带来变革。

第一，智能金融让金融服务更加智能化、个性化和定制化。传统金融服务的开展依赖于物理网点以及人工服务，所提供的是面对面的服务模式，服务范围和内容受到很大限制。受到数据处理、人工能力限制的影响，传统金融服务往往只能够将有限的资源投入到那些最具有价值的客户上，并只为他们提供个性化的精准服务，并不能顾及到所有客户。在互联网金融时代，互联网技术的广泛应用让金融服务的成本大幅降低，同时金融服务的范围得到了极大的拓展，促进了普惠金融的发展。互联网金融的主要优势是依靠互联网强大的信息整合、处理和供求快速匹配的能力，这在拓展服务范围、提升服务效率上具有明显优势。但在向客户提供个性化、精准化的服务方面，互联网金融仍然有所欠缺，中低端客户大多仍然只能够享受到标准化的服务模式和内容。

人工智能的发展将打破这一限制，机器能够在很大程度上模拟人的功能，为每个人都提供高质量的个性化服务成为可能。金融是一个高数据密度的行业，拥有足够庞大的数据规模能够用于机器进行主动学习，模仿人类进行思考和进化，加强机器对于复杂事物和情形的感知和认识。利用人工智能技术可以对于数量庞大、结构各异的数据进行有效整合、处理和分析，并在此基础上进行预判、决策、行动，其在复杂数据的处理方面将大大超过人力的效率，能够大幅度突破人力的限制。在风险防控方面，智能金融也较互联网金融有了很大进步。互联网对于金融的影响更多的是金融交易效率的提升，而金融智能化能够通过人脸识别、大数据等技术在很短时间内根据一个人的历史数据对他的征信情况进行分析和判断，形成更为完整的用户画像，并根据精准的用户画像来提供个性化的服务。普惠金融除了要让每个人都有机会获得金融服务以外，还要根据每个人的独特需求去定制服务。在高性能计算机和海量数据的支持下，人工智能可以提供因人而异、随时随地地定制解决方案，在投资顾问、组合配置等方面可以由模块式服务转向个性化服务，做到真正的普惠金融。人工智能的快速发展将改变现有的金融服务格局，在需求发现、风险管理、投资决策等方面带来革命性影响，使得金融服务更加人性化和智能化。

第二，智能金融的发展将带来越来越多的新模式、新业态、新产品。金融行业正在经历从“互联网+”向“人工智能+”全面升级转变的过程，金融的服务形态正在发生巨大的变化。随着语音图像识别技术、自然语言处理、计算机视觉与生物特征识别、机器学习和神经网络等一系列人工智能技术在金融领域的应用正处于兴起阶段，一些初级人工智能的应用也取得了较为成熟的成果。结合当前人工智能在金融领域的应用来看，已经产生了多个应用场景，包括基于语音识别与自然语言处理技术产生了智能客服、基于生物识别技术产生了智能监控，基于机器学习、神经网络与知识图谱产生了智能投顾等。通过技术的不断创新和进步，并结合用户应用场景的创新和挖掘，将智能金融应用到越来越广泛的场景中，拉近与生活的距离。比如有一天可能会通过人脸、语音、虹膜等多维度身份识别来实现支付、自动放贷等，将金融服务的便利性发挥到极致，使金融真正融入生活中。未来，随着人工智能与金融的深度融合，金融的整个产业链条将全面实现智能化。不仅如此，人工智能具有自我学习、自我进化的功能，可以从历史数据和经验中不断挖掘新的有用的信息，并发现独特的服务方式和模式，开创新的服务领域，并由此催生出越来越多的新模式、新业态。

第三，人工智能等技术的应用将有可能最终替代人力来提供金融服务。目前，人工智能的发展还处于弱人工智能向强人工智能的过渡阶段，通常只能够按照设定好的程序来从事一些辅助性的工作，或者处理一些相对简单和直接的任务，难以适应复杂场景的应用，更不能像人一样进行抽象思考。随着人工智能技术的进一步发展，相关技术将会越来越成熟，强人工智能甚至超人工智能的到来也不再是幻想。人工智能将会承担更多更加智能、更加复杂的工作，这一替代过程将从最低端的体力劳动开始，然后逐渐向越来越高端和专业化的脑力劳动演变。理论上，当人工智能进化到强人工智能乃至超人工智能阶段，人的体力活动和脑力活动都可以被机器所模仿和复制，几乎所有的社会工作都有可能最终被人工智能所替代，真正进入机器“统治”人的时期。对于纯数据领域的金融而言更是如此，互联网正在某些领域弱化传统金融中介的地位和作用，人工智能则会进一步强化这一趋势。人工智能具有更加快速的学习能力、严谨的逻辑推理能力、对复杂海量数据的处理能力以及稳定持续的工作能力，这些优势让传统金融从业者在人工智能面前面临巨大的挑战。未来金融服务有可能完全被机器所承担，用户直接面对的可能不再是金融服务人员而是机器人。

（二）变革金融行业利益分配方式

人工智能对金融行业的改造将会让金融行业产生深刻的结构性变化，重塑金融行业的产业链和价值链，改变金融行业的市场关系和组织形态，进而对金融行业的利益分配方式带来深远影响。

1. 金融机构内部

人工智能发展对社会的一个最直接影响就是劳动力市场结构的转变，当前金融行业的部分环节已经开始机器人化，机器替代人将是人工智能技术发展和应用的一个不可避免的后果。这一过程有助于消除金融系统的过度膨胀，带来管理成本的降低以及运营效率的提升，使得服务更加透明高效。以智能客服为例，目前国内各大金融机构均拥有自身的智能客服机器人，98%的客服问题都交由机器人回答，上百万的交互量仅需要数十人就能够承担，极大地降低了对客服人员的需求。随着人工智能技术的进一步发展，金融服务部门的分支和雇佣人员数量将会持续减少，可以预见的是金融行业的就业格局将会受到冲击。最先被替代的将是部分体力劳动，进而是低端脑力劳动，当人工智能技术进化到人脑乃至更高的层面时，创造、研发等更加高级的脑力劳动也有可能交由机器人来完成。失业的压力将从最前端的服务人员和技术人员向金融行业的中高层蔓延，效率的提升将进一步引发收入在资本和劳动之间的分配方式，金融行业内部的收入不平衡问题在短期内可能会因此而加剧。

2. 金融机构之间

人工智能的发展是一个学习的过程，当前人工智能之所以能够取得快速进展，除了相关技术的突破之外，与前期大量数据的积累也分不开。在弱人工智能阶段，大数据在人工智能的发展中处于关键地位。大数据作为机器的经验认知和理性分析，是人工智能技术成长的养料，此时的人工智能以大数据分析为基础，并基于深度学习的结果赋予机器某项“智能”。因此，这使得一些拥有大量客户群体，从而掌握大量金融交易数据的大型金融机构在推动智能金融的发展上将处于优势地位。短期来看，领先的智能金融必然拥有充足的数据来源，这些海量的数据将会产生巨大的商业价值。中小金融机构虽然掌握了一定的有价值数据，但发展人工智能的大数据基础仍显不足，同时又缺乏必要的技术手段对数据进行整合利用。在智能金融发展的早期，几乎只有大型金融机构才拥有足够的数据基础用于开展人工智能在金融领域的实际应用，因此大型金融机构在市场竞争中的优势地位将被进一步巩固。在进入强人工智能阶段后，对海量训练数据的大规模分析挖掘已经非常成熟，基于特定场景的智能应用将成为主流。基于这种趋势，未来各个金融机构之间的信息孤岛将有望被打通，数据的合作开发和沟通将成为一种趋势。大型金融机构垄断金融市场的局面将会在很大程度上被人工智能技术所打破，由垄断所获得的高额利润将被降低，促进整个金融行业从垄断向竞争转变。更有可能的是，金融的未来将被算法和机器人所主导，掌握最新科技的公司和科学家将会在金融利益链条上占有很重要的地位，金融机构之间的利益分配格局将进行重构。

3. 投资者之间

由于传统金融嫌贫爱富的本质，中低收入人群往往缺乏足够的渠道去获得适合的金融服务，因而并不能够有效利用金融市场来增加自身收入，实际上并不能分享金融创造的财富，反而还要承受金融危机所转嫁的损失。在财富管理方面，在当前金融市场高度发达以及金融产品、投资策略和交易方式的复杂性日趋上升的背景下，投资者的学习成本越来越高，从而产生了专业的投资顾问需求。但传统投资顾问往往存在收费水平高、进入门槛高、服务流程复杂、顾问水平难以保证的问题，无法针对大量用户提供个性化的投资顾问服务，因此一般只针对高收入人群。低收入人群缺乏财富增值渠道，在长期的通货膨胀中，实际上他们的财富是缩水的。人工智能的发展让机器取代人力去对市场行情进行分析并根据相应的理论和算法全自动发现合适的投资组合。智能投顾能够大幅度降低投资顾问的成本，并且其专业性、可靠性并不低于传统投顾，可以大批量地向普通投资者提供优质的个性化服务，满足中低收入群体的财富管理需求。智能金融的发展不仅增强了金融的普惠性质，而且其较低的成本有能力让所有人群都享受到同等体验的专业化服务，从而平滑了财富在投资者之间的分配。

4. 金融行业与实体经济之间

传统金融下，金融资本有自我放大的特性，一旦脱离实体经济而膨胀，将导致经济虚拟化，挤压实体经济的生存空间。特别是在我国相对垄断的金融环境下，金融机构在货币市场上占据议价主导地位，能够通过改变实体经济融资成本的方式来分割实体经济利润，从而保证无论在何种经济运行状况下金融机构都能够不受实体经济发展而获得稳定的利润来源。甚至在经济下行时，金融机构和资本仍能够快速膨胀，进一步扭曲资源配置和经济结构。智能金融的发展能够带动制造业向智能制造转变，促进实体经济向智能化、高端化发展，推进我国经济发展步入“脱虚向实”的新阶段。智能金融带来了在融资、投资管理、风险管理和客户服务等方面的一系列变革，以大数据、云计算、深度学习、语音图像识别等数据和技术创新为核心驱动力，提升了金融对实体经济的服务能力。利用大数据及数据分析相关技术，通过多维数据、模型分析，降低信息不对称程度，降低金融机构运营和管理成本，实现精准营销，解决社会资金结构性失衡问题。传统金融与人工智能的结合，促进了融资渠道多样化，释放了中小微企业融资需求，有助于解决目前银行贷款中存在的融资成本高和规模限制问题，引导资金逐步向实体经济回流。长期来看，智能金融将有助于解决实体经济发展过程中的周期性困境，增强传统金融对实体经济的服务能力，助力实体经济改革创新及转型升级，改变金融产业资本在收入分配中的不合理地位，真正实现金融服务于实体经济的天职和宗旨。

（三）智能金融是金融演化的一个高级阶段

纵观金融的发展历史，过去几千年中金融对于人类生活的影响不可忽视，现代金融的诞生又让金融真正成为现代社会资源配置最广泛的手段。传统金融在极大地促进了市场经济发展的同时，也带来了许多灾难性后果。这主要源于传统金融逐利的本性，同时也是传统金融存在的条件和发展的动力。互联网金融的出现是对传统金融的一次升级改造，金融首次开始摆脱“嫌贫爱富”的属性，进入更加普惠化、大众化的发展阶段。人工智能等最新科技在金融领域的深度应用进一步推动着金融向着更加智能化、个性化和精确化方向不断演进，智能金融的诞生正对原有金融体系带来革命性的变化，智能投顾、智能获客、智能客服等一大批新的金融服务模式不断涌现，在提高服务效率的同时也提供了金融风险防范的众多手段。未来，随着科技与金融的不断融合和进步，金融将逐渐回归其本质属性，最大程度地发挥其配置资源的核心功能，金融也终将进入物尽其用、按需分配的自由时代。

传统金融更加重视对金融资源的所有权，实际上是一个较为封闭的金融环境。特别是对于我国这样的发展中国家而言，金融服务供给存在严重的不平衡性，大型企业、国有企业、高收入人群等群体的金融供给过剩，而中小微企业、低收入人群等对金融服务需求较为迫切的群体金融供给不足。究其缘由，一方面，中小微企业、低收入人群等弱势群体相对而言风险较高，加之金融机构的供给手段单一、信贷配置效率较低、服务成本较高，导致传统金融机构对弱势群体的金融供给意愿低下；另一方面，传统金融在机制上的存在根本缺陷，如要实现服务范围的全覆盖则需要在基础设施和人员配置上投入大量成本，以至于无法处理高度碎片化的客户群体，因而难以真正建立起面向每个人的有针对性的金融服务。传统金融无法解决其中的矛盾，其结果就是财富越来越集中，收入分配差距越来越大，这一重大缺陷引发了关于普惠金融的需求和讨论。

互联网技术所具备的信息及时发布与匹配，强大的信息整合能力以及信息传播的低成本特性，在信息不对称问题上提供了根本性的解决方案，很好地弥补了传统金融在普惠金融上的缺陷，进而对传统金融中介存在的合理性和必要性上提出了挑战。在互联网技术和精神的推动下，一个能够覆盖所有金融服务需求对象、惠及人人的金融服务框架第一次出现了由理想变为现实的可能。互联网金融所具有的方便、快捷、低成本、去中心化等特点提高了资源配置的效率，扩大了金融服务的范围，灵活地解决了特殊金融需求和供给的匹配问题，使金融配置资源更加精确化、个性化。通过互联网技术手段，大量碎片化的资源和市场被有效整合，原本低价值的长尾客户反而成为互联网金融竞相争夺的对象。通过互联网强大的信息汇集和整合能力，每一个特殊的金融服务需求方都有可能以适当的价格寻找到合适的供给方，弱势群体和容易被传统金融所忽视的对象都被纳入到金融服务范围中。可以说，互联网金融是普惠金融的践行者，而普惠金融的现实需求正是互联网金融发展的外在动力。

根据谢平等人的观点，依照金融演化的内在逻辑，互联网金融发展的理想方向是瓦尔拉斯一般均衡中的无金融中介和市场情形，因而也就预示着向更高效率金融市场演化的方向。人工智能与金融的深度融合又将金融带入到一个新的领域，互联网金融是金融智能化的初步阶段，未来金融的全面智能化将是一个必然的趋势。与其他传统行业相比，作为唯一纯数据的领域，金融行业高度信息化、数字化的特点使得人工智能技术的应用范围更加广泛。算法与智能机器正在对金融服务价值链上每一个节点进行深度改造，一个更加多样化的、适合数字化时代的金融环境正在形成。未来，随着人工智能的进化以及更多前沿科技的出现，金融与科技的融合不断深化，未来金融将呈现出另一番光景。人工智能技术的一个特点就是自我进化、自我学习，这意味着人工智能技术在金融领域的应用将由希望借鉴人类有史以来的金融数据和金融经验来重新发现金融发展的新范式，为金融的演变进化找到更多可能的路径，从而朝着更加智能、更加符合金融自身逻辑的全新方向发展。

根据金融演化的方向，可以预想未来金融不仅将彻底摆脱传统金融中介，而且当前金融交易所依赖的实体媒介和工具也有可能会消失。更有可能的是，金融这一行业也将被彻底颠覆，只有其基本功能将会被保留下来。届时，金融交易和服务不再依赖于外在的工具，每个人都是一个金融资源和信息的承载者。在所有信息都被有效收集、处理和整合的情况下，所有金融资源将会自动进行分配，从而实现真正的“共享金融”，不仅实现了资源利用效率的最大化，而且金融也将变成人们改造社会的有效工具。金融创新不再是由金融机构主导的牟利的手段，而是按照每个人的即时需求自动生成对应的金融服务，真正达到针对于每个人的按需服务。在更高的发展阶段上，金融已经完全内生化到生活中，成为一种生活方式。人们不仅不再主动进行金融活动，甚至感觉不到金融服务的存在，但在人们生活的各个场景中，金融又都无处不在，与我们生活中的每一个环节都在发生着关系。金融已经变成个体生命的一部分，成为一种生命金融。

二、当前限制智能金融发展的因素

金融的网络化、智能化已成为不可阻挡的趋势。人工智能对于金融的影响是颠覆性的，进入智能金融时代，金融行业将面临比以往任何时候都更加彻底的变革。近年来，大量资本涌入智能金融领域，各大金融机构和互联网公司也都在加紧布局智能金融，智能金融的发展呈现出一片欣欣向荣的景象。但是，作为刚刚兴起的金融新业态，智能金融要想真正从萌芽期步入成熟期，离不开相关软硬件的基础设施以及配套服务作为支撑，当前仍有一些制约因素是智能金融发展的绊脚石。

（一）高端复合型人才不足

智能金融是最新科技成果在金融领域的应用，科技作为第一生产力的作用越发凸显，而人才是科技创新活动的承担者，对于智能金融的发展至关重要。作为典型的技术驱动型行业，智能金融人才具有多层面、多角度、跨学科的特征。在互联网金融时代，互联网的普及以及相关的软硬件配套是制约其发展普及的主要因素，一旦网络普及度达到一定水平，互联网金融的爆发就是顺理成章的事情。智能金融则是一个高度技术性的新型金融，其核心技术人工智能是一门极富挑战性的前沿科技，被认为是 21 世纪三大尖端技术之一，因此必须要高端专业化的人才去从事相关工作。首先，智能金融是一种新形式的金融创新，仍然具有金融的基本属性，但通过科技的加持，智能金融已经逐渐演变一个庞大而复杂的系统工程，如何做到服务于实体经济、加强风险防范，都需要对金融理论和实践熟练的金融人才。其次，人工智能是智能金融的核心技术，发展智能金融除了需要顶尖的金融人才外，还需要算法工程师、硬件工程师、语言处理专家、AI 软件工程师、AI 评测与研究工程师等人工智能相关领域的技术型人才。人工智能是一门交叉性强的学科，覆盖领域很广，其范围早已远远超出计算机科学的范畴，涉及到自然科学和社会科学的几乎所有学科。高层次的人工智能研发人员通常是具有多种专业学科背景的专业人才，不仅需要掌握计算机科学、数学、逻辑学、统计学等理工学科，而且也要精通语言学、心理学、哲学甚至经济学等人文学科。

另一方面，智能金融具有综合性强、涉及面广的特征，普通专业人才不足以胜任相关职位。随着前沿科技的不断发展以及金融理论和实践的不断深化，科技与金融相互融合的程度越来越深，因此这需要既懂科技又懂金融的复合型人才。高水平、高层次的智能金融人才门槛较之一般行业条件更加苛刻，必须是某种程度上的全才。传统的教育和培训则很难适应这样的市场需求，而且高校中也很少针对智能金融开设相关学科体系。而且这两门学科范式相差很大，对于该领域人才的培养也需要引入系统、专业的教育模式，有必要对于当前的教育体系进行改革。

人工智能从幻想到技术突破也才刚刚实现，相关技术水平还基本处于弱人工智能阶段，针对人工智能技术的人才培训也没有系统展开，导致人工智能相关人才积累还远远不足。根据 LinkedIn（领英）发布的《全球 AI 领域人才报告》，截至 2017 年一季度，基于领英平台的全球 AI 领域技术人才数量超过 190 万，其中美国相关人才总数超过 85 万，高居榜首，而中国的相关人才总数也超过 5 万人，位居全球第七。根据统计，通过领英平台发布的 AI 职位数量从 2014 年的 5 万飙升至 2016 年的 44 万，增长近 8 倍。具体到细分领域，当前对 AI 基础层人才的需求最为旺盛，尤其是算法、机器学习、GPU、智能芯片等方面，相对于技术层与应用层呈现出更为显著的人才缺口。

目前，智能金融领域的人才缺口不断扩大，高端人才更是难求，成为智能金融发展的主要制约因素。近年来，智能金融的新业态、新技术爆发式增长，各大金融机构和科技型企业均在智能金融领域投入巨大，智能金融的快速增长激发了相关领域的人才需求，相关行业的人才吸引量一直高居不下，人才一直呈现出净流入的状态。各个金融机构对于高素质的智能金融人才都是求贤若渴，严重的供需不平衡使智能金融人才的薪资水平居高不下，相关岗位的薪资水平、就业满意度都优于全国平均水平。对我国而言，智能金融人才巨大的供求缺口也反映出我国金融科技人才培养方式的不足，这将在相当一段时间内制约我国智能金融的发展。

（二）技术条件有待进步

在智能金融的两个主要元素中，科技发展占据主导地位，是驱动智能金融发展的主要因素。在互联网与金融融合的过程中，互联网技术的发展同样是决定互联网金融发展速度的主要因素。互联网金融的最初形态是商业银行利用互联网技术对原有服务形式的替代和升级，也就是所谓的金融互联网，而真正意义上的互联网金融开始出现则是互联网企业进入金融领域，通过互联网提供金融服务。其原因就在于互联网金融的发展始终受到互联网普及程度和互联网技术进步速度的制约，这也不难解释为何互联网金融的雏形早在二十多年前就已出现，但直至近几年才在我国出现爆发式增长的趋势。同样，从互联网金融时代进入智能金融时代，技术在背后也扮演了关键性的角色。正是过去几年人工智能技术的突飞猛进，才使得金融智能化成为可能，并由此开启了智能金融发展的新纪元。未来智能金融的发展同样受到智能技术的制约，如果人工智能等技术能够不断取得突破，那么科技在金融领域的应用速度也会加快；而如果科技进步停滞，那么智能金融发展就会遇到瓶颈。

当前，尽管人工智能以及大数据、云计算等科技进步较快，相关应用也取得了可观的进展，对金融的发展起到了很大的推动作用，但智能金融的发展仍然受到技术条件的制约，很多概念和设想并没有真正地实现。就人工智能技术而言，虽然人工智能的最初设想早在 1956 年就已经提出，科学家对于人工智能的发展和应用做过深入探讨和研究，并且以人工智能作为背景或主题的小说和影视作品也一直是读者和观众的最爱，但这一切始终离现实如此遥远。相比于互联网等技术的发展，人工智能始终没有取得突破性进展，直至最近几年神经网络、大数据、深度学习等基础技术取得突破才使得人工智能的时代真正来临。一般认为，人工智能的发展将经历弱人工智能、强人工智能和超人工智能三个阶段。目前，科学界对于人工智能的判断普遍认为仍处于弱人工智能阶段，只能够简单模仿人类的某些行为，还无法像人类一样进行思维和脑力活动。

2016 年 3 月，由谷歌公司基于深度学习技术开发的人工智能程序 AlphaGo 与韩国棋手李世石对战，并以 4:1 的总比分获胜，此后 AlphaGo 与中日韩数十位棋手在网上进行对决，连续 60 局无一败绩，2017 年 5 月 AlphaGo 与世界围棋排名第一的柯洁对战同样获胜。仅仅 5 个月后，谷歌新一代的人工智能围棋程序 AlphaGo Zero 横空出世，相比于 AlphaGo，AlphaGo Zero 不以人类经验为前提，而只依赖于围棋规则，通过 3 天的自学成才，就以 100:0 的不败战绩战胜了曾经打遍天下无敌手的 AlphaGo，人工智能的自我学习和进化能力让人震惊。在我们惊讶于人工智能强大能力的同时，也要清醒地认识到，无论围棋具有多么庞大的可能性，围棋始终是具有明确规则的博弈，也是相对“简单”的领域，而对于充满不确定性和探索性的研究工作，尚未有人工智能能够接近人类的水平，可以说相去甚远。人工智能还完全达不到人类创造性的学习能力，一些基础理论问题尚且需要科学家继续探索，目前不能无限夸大机器的能力。

总的来看，金融行业的智能化还处于起步阶段，许多智能金融的创新还处于概念性阶段，一些智能金融的应用还达不到智能化的水平。而机器人、语言识别、图像识别、自然语言处理、深度学习等人工智能技术虽然获得一定的进展，具备一定的实际应用能力，但距离真正的智能应用还需要很大的提升。在智能金融发展如火如荼的背景下，市场上的智能金融应用良莠不齐，一些科技公司和金融机构炒作智能金融的概念，但并不具备真正的智能技术。在一些智能金融的应用和业态尚不成熟或者还处于概念阶段的时候，许多公司就以此为噱头开始吸引客户，实际上仍然是以传统服务为主。以智能投顾为例，智能投顾作为传统投资顾问模式的替代被许多金融机构作为下一个研究和投资热点，其在客户获取和用户体验等方面确实显现出一些较强的竞争力，但在资产组合收益率方面至今仍未显示出相对于传统投资顾问模式非常明显的优势，其所谓的智能目前主要体现在其普惠性方面。总的来看，金融市场是一个高速变化的行业，市场波动受到非常多的因素影响，要想在海量的金融数据中寻找到金融市场变化的规律，以目前人工智能技术的发展程度还难以做到。可以说，在未来很长的一段时期内，技术瓶颈始终会是制约智能金融发展的主要原因。

（三）金融监管创新滞后

科技在金融领域的广泛应用使得传统金融监管机制暴露出对金融新变化的不适应，监管效率有所下降。首先，金融科技的快速发展使得不同业务之间相互关联、渗透，金融混业经营的趋势更加明显，金融服务业态变得更加多样化，业务边界变得更加模糊，增加了业务识别和监管的难度。同时，去中心化和金融脱媒的趋势也让许多金融交易游离在金融监管视野之外，而且一些金融创新有意规避金融监管，增大了风险监测和管控难度。智能金融涉及多个领域和部门，需要依靠统一的监管规则，协调多部门监管形成监管合力，而在我国分业监管的制度体系下还难以对智能金融实施有效监管。

其次，在金融服务逐渐被算法和机器人所接管的趋势下，系统性风险的爆发可能是由于算法本身存在缺陷，而纯技术领域由于其高端专业性可能无法由传统的金融监管所覆盖。在智能金融时代，金融交易的形态和方式变得更加复杂和多样化，跨机构、跨行业风险关联度增强，风险容易引发其他机构和行业的交叉感染。同时，许多金融交易和服务已经不再由人来进行，其背后的逻辑涉及许多前沿科技和专业知识，因而对于监管人员的专业化要求也越来越高。在金融风险和交易日益复杂化的背景下，人工监管已经难以胜任高难度的金融监管要求，金融监管也将逐步由人工智能监管所替代，因此金融风险防范的很大一部分责任也要由算法工程师来承担。而这又引发另一个问题，即金融监管本身又依赖于技术的发展，而技术的发展会进一步加大监管的难度，这是一个矛与盾的两难问题。另外，在智能金融时代，许多金融交易方式和规则已经发生了变化，传统金融监管制度下所制定的一些标准和要求可能已经不符合实际情况，比如操作风险在人工智能时代可能演变成了算法风险、网络风险等，这就需要监管规则和重点做出及时调整。

智能金融是科技与金融的又一次深度融合，金融混业经营的趋势越来越明显，风险朝着越来越复杂化、多样化的方向发展。实际上，对于智能金融等金融科技的快速发展，在近几年的政府工作报告中以及相关政策文件中，政府对于金融科技的措辞从一开始的促进其健康发展变为越来越注重防范相关风险。各国政府在大力发展智能金融的同时，也都给予了足够的监管重视。但是，对于采用怎样的监管方式，目前还没有一个成熟的模式，各国都在进行探索尝试。在新模式、新业态不断涌现的情况下，对监管创新的要求也越来越高，监管难度快速上升。监管创新落后于智能金融发展是世界范围内的普遍现象，而且还将持续较长一段时间。近年来，一些新型的监管方式和手段开始受到世界各国金融监管部门的关注，例如监管沙箱，穿透式监管等手段。

对于金融监管来说，监管并不是最终目的，其落脚点仍然是要促进智能金融健康发展。监管创新既要保证金融创新能够顺利地进行，不能因为过度监管而抑制了智能金融这一新兴事物的成长。同时又要防范和控制风险，不能放纵市场无限制生长，触发系统性风险。那么，如何限定监管的边界，在鼓励创新和控制风险二者之间进行权衡是监管部门不得不重点考虑的问题。这就要求在监管方式、监管内容和监管理念上有新的突破，从而给世界各国的监管机构带来了比以往任何时候都更加严峻的挑战。

三、智能金融行业的潜在风险

智能金融的崛起正在对传统金融体系进行重塑，并将创造一个更加多样化的金融格局。新的金融格局既蕴含着更多的金融风险因素，造成更加复杂的金融安全形势，同时也带来了更加多样化高效的金融风控手段。人工智能在金融领域的应用如此迅速，并且二者的融合发展已经基本成为业界共识，一个重要原因就在于越来越多的金融机构以及互联网企业等开始利用人工智能技术降低金融交易的风险，减少人为因素对于金融的影响。在互联网时代，网络攻击频率和危害性持续上升，尽管任何技术手段都不能做到百分百的安全保障，但人工智能的发展毕竟带来了更高级的技术防御手段。另外，对于风险的精确识别依赖于对过去海量金融交易数据的处理和分析，这是过去的技术手段所难以实现的。大数据技术虽然在处理海量数据方面取得了巨大的进步，但如何从过去的经验中进行学习，做到智能分析并对未来进行预测仍然显得力不从心。人工智能在大数据技术的基础上，通过将投资者的数据与金融项目的数据实现深度融合，能够实现资产与投资更加精准的配置。人工智能与云计算的结合，能够让金融风险衡量更加精确，不仅不再局限于单个维度的风险计算，甚至能够监控多个行业乃至系统性风险，让金融风险控制在维度上获得极大的拓展，将风险控制带入一个全新的领域。

另一方面，金融与科技相结合后并没有改变金融的本质，风险控制仍然是其核心议题。金融因其突出的跨时空交易特征而内在地存在诸多风险聚集点，人类近现代史上历次经济危机无不是发端于金融领域。以人工智能为核心的最新科技带动了相关技术在金融领域的应用，但与此同时金融科技的快速发展也使得该领域的风险积累逐渐成为突出问题，金融安全形势日趋紧迫。尽管人工智能技术的应用旨在降低金融风险并增加其普惠性，如智能获客、智能投顾、智能风控等，这也是智能金融发展的一个主要动力，但金融的本质决定了风险积累总是与金融发展相同步。在可以预见的未来，智能金融的发展也并不能完全消除金融风险的存在。虽然风险控制已经相比于传统金融有了很大的进步，但金融对实体经济的介入越深，金融风险所带来的影响范围和破坏性也越大。在无法完全消除金融风险的情况下，智能金融本身的风险也仍然不可忽视，这也是智能金融发展中需要首先予以考虑的一个重要问题。智能金融所蕴含的风险，既包括对人工智能等新技术应用所带来的风险，同时也包括金融与科技相互融合发展所引起的交叉性风险。

（一）技术不成熟所引发的风险

人工智能在金融各个领域的应用速度出乎意料，在快速创造新的财富深化的同时也刺激和酝酿着多重市场风险，不仅会造成对世界金融市场的巨大冲击，而且会带来实体经济中产业形态的复杂变化，对市场运行效率和民众生活方式都将产生日益深远的影响。智能金融兼具科技和金融的双重属性，传统的金融风险不仅依然存在，而且还要面临诸多由新科技应用所带来的新型科技风险，风险来源更加广泛和多样化。

智能金融所蕴含的风险一部分来源于技术层面，即人工智能等最新科技应用所隐藏的风险。最关键的问题是，目前人工智能技术还处于比较初级的阶段，许多关键性的技术还处于研发和改进之中，一些已经应用的技术也还并没有完全成熟，运用到金融交易和场景中难免会埋下一定的风险隐患。智能金融已经成为投资的下一个风口，大量资本将会涌入，为了抢占市场，许多不成熟的技术被提前运用到市场交易中。在依靠人工智能相关技术来降低金融风险的应用中，由于技术尚未成熟，还不能达到预想的风险控制效果，比如在应对网络攻击时，人工智能对攻击类型的判断准确性还有待提高。另外，不成熟的技术本身就是一个巨大的风险来源，由于人们对于高科技的过度信赖导致新技术应用所带来的风险被严重低估，从而容易引起难以预料的后果。例如，当一个错误的算法被应用到金融自动交易系统中时，机器所做出的错误决策会导致大规模的经济损失，这在事前是难以察觉的。值得注意的是，很多金融机构所应用的智能技术并不是自身开发的，而是外包给外部科技公司，所以这些金融机构自身也并不能够完全了解所用技术的风险。在金融交易、资产配置、信用评估等多个领域的应用中，不成熟的技术应用会暴露出许多技术风险，在安全、隐私和数据质量上还萦绕着算法出故障的风险和担忧，这引发了对于新的监管的呼吁。

根本上，金融的作用在于有效地配置资源，科技应用的目的在于完善金融功能。

如果无视金融的本质功能，一味地追求技术上的领先，那么技术滥用可能会带来更多的坏处。假如智能金融带来了更大的风险，而且暂时并没有很好的办法对风险进行有效的控制，那么技术应用可能对于金融而言并不是有利的，反而会扰乱金融市场，违反了智能金融发展的初衷。

（二）技术本身所包含的风险

除了技术不成熟可能会引发风险之外，人工智能所带来的风险还来源于技术本身。在智能金融应用越来越广泛之时，金融网络化程度越来越高，大数据、人工智能的技术应用本身就可能成为网络攻击的目标和手段，所以在智能金融发展的初期应当对其发展边界做出一定的限定，防止因过度扩张而引发系统性风险。根据零壹智库的估计，网络犯罪是当今商务世界的头号威胁，每年造成的损失超过 4000 亿美元，而金融科技领域的风险不断上上升。2016 年，全球重大数据泄密事件达 980 个，其中来自移动设备的欺诈占比 60%，同比上升 170%，预计到 2019 年数据泄密导致的经济损失在全球范围内将达到 2.1 万亿美元，到 2020 年在线支付欺诈预计将达到 256 亿美元。[①] 在国内，根据互联网金融风险分析技术平台的监测数据，2017 年 5 月，仅我国境内发现的违规或异常互联网金融平台就达 1960 个，占总数的 10% 以上，同时还发现成千上万的互联网金融漏洞和网站攻击行为。

技术风险的另一个方面在于机器学习本身也会产生错误，虽然我们通常认为人在处理某些事情时容易受到环境、情绪等因素的影响而做出错误判断，但机器学习同样也会出现预料不到的偏差。机器学习基于提供给机器的海量数据，学习能力取决于算法，但实际上无论提供的数据多么全面，仍然有可能会失去某些重要的信息。假设机器基于过去专家的经验来进行学习，而这些经验本身如果是存在偏差的，那么机器学习从一开始就会被这种偏差所误导。当机器学习出现错误时，往往是系统性偏误，机器本身并不具有纠错的能力，因此基于错误的学习结果而做出的判断几

① 零壹智库：《中国金融反欺诈技术应用报告》，2017 年 8 月。

乎毫无疑问会带来错误的结果。而对这个错误的纠正可能会异常的复杂，并且会付出难以估量的成本。

除了技术风险上升之外，技术的应用也会引起其他方面的风险，如社会风险、道德风险等。金融智能化犹如大机器生产，会产生技术对于人力的替代，导致就业岗位持续流失，扩大低端失业人口，并进一步加大贫富差距，从而引发严重的社会动荡和危机。随着人工智能技术的持续发展，一些专业性很强的工作也有望由人工智能等最新科技所完成，为此人类就必须通过学习来掌握人工智能和算法还无法完成的工作，这不仅会加大学习的成本，而且一旦进入超人工智能阶段，人类学习就再也无法超越机器学习。另外，人工智能的发展会让机器和算法对于人类社会的介入越来越深，使得技术型垄断变得越来越牢不可破。这对于那些不能掌握人工智能的人和组织来说是灾难性的，因为再也无法通过自身学习来获得工作机会，甚至在财富分配中完全处于失去了话语权。这促使我们在未来考虑技术的公有性质，确保任何人和组织都不能够对技术实行垄断，技术所创造的价值必须被所有人所共享。在最低程度上，要保证每个人生存和发展的权益，不能够因为技术而创造出越来越庞大的贫困失业人口。

技术风险还来源于技术的恶意运用，这是技术的两面性。作为一种颠覆性技术，人工智能既有可能被用作好的方面，来造福广大人类，也能被用于做坏事。并且人工智能能够为人类带来多大的便利，就有可能造成多大的破坏，两者具有同样的效率，这是技术的中性所决定的。例如，利用恶意软件进行网络犯罪近年来愈演愈烈，造成了大范围的损失，而人工智能不仅具有更高效的网络传播力，而且可以利用神经网络去学习和模仿，轻而易举地攻破网络防线，其破坏性将远胜普通的网络攻击。

（三）智能金融引起系统性风险上升

事实上，科技与金融的结合具有两面性，一方面科技能够提升金融服务的效率、降低金融服务的成本，并带来更加高效和多样化的风险防控手段；另一方面，科技也放大了金融的风险属性，带来了新的风险来源。互联网金融、智能金融等金融科技的出现不但不能消除传统金融风险，甚至在某些方面放大了金融风险的属性。在互联网金融时代，互联网既是金融配置资源的手段的同时也是风险传播的途径；而进入智能金融时代后，人工智能技术对于金融的渗透更加深入，这不仅加快了风险网络化趋势，而且也让相当一部分金融风险变得更加不确定、不可控，也更具传染性和破坏性。

具体而言，科技对金融的深入渗透不仅催生出了新的风险源，放大了风险的表现形式和传播速度，而且使风险变得更加复杂和隐蔽，加大了预防风险的难度。首先，金融科技成倍增加了资本流动的速度和频率，放大了金融活动的虚拟属性，对传统信用风险、流动性风险和市场风险的监管要求大幅提升，稍有不慎就可能引发系统性风险。其次，在金融科技领域不断涌现的新技术、新业态、新模式又带来了许多风险控制的新议题，包含区块链、人工智能、保险科技、网络安全、电子银行、消费金融科技、供应链金融、行业监管等，每一项新议题的解决都具有不小的难度。金融科技延伸和拓展了金融功能链、产业链、价值链，让风险暴露在互联网金融的整个链条上，使得任何一个环节出现问题都有可能带来新的金融风险，不断积累的交叉风险甚至会造成对全行业的巨大冲击。在金融网络化程度越来越高的趋势下，金融风险呈现出越来越明显的多元性、复合性和交叉性的特征，变得更加隐蔽、更具破坏性以及更加具有扩散性。

金融体系经过科技的升级改造后，金融系统复杂性迅速上升，金融机构之间的关联性更强，资源流动速度更快，极有可能导致风险在整个体系内进行传导，并且风险传导的速度也会随着技术而提升。如果相同的技术、算法和标准被众多金融机构采用，那么金融市场主体的行为将更加趋同，从而可能引发羊群效应，放大金融市场波动和顺周期性。例如，在智能投顾领域，如果各个证券公司都采用类似的智能算法为客户提供投资建议时，就很容易出现同买同卖的现象，从而加剧了市场共振。同时，科技在提升服务效率的同时也让服务方式更加虚拟，业务边界更加模糊，市场变得更加开放，从而也放大了信用风险、流动性风险等传统金融风险。科技在金融领域的广泛应用使得金融风险变得更加不可控，稍有不慎就有可能对整个金融系统造成破坏，进而引发金融危机和经济危机，金融科技安全已经成为了国家安全的一部分。特别是在智能金融发展的初期，资本的逐利性使得风险防控往往受到忽视，一旦缺乏必要的监管手段，就必然会引起金融体系的整体风险上升，多重风险叠加极有可能引发系统性风险。

另外，科技与金融的深度融合以及全球金融系统网络化发展加快了金融风险的蔓延速度，扩大了金融风险的影响范围，客观上方便了金融危机的跨行业、跨区域传导。以中国为例，智能金融在国内的发展已经取得很大进展，部分领域已经在国际上处于领先地位。中国在金融科技领域所积累的大量风险不仅会对国内金融市场带来隐患，而且随着中国金融科技在世界范围内的布局，以及全球金融一体化进程的持续推进，金融科技风险可能会跨地区、跨国家地蔓延，进而引起全球金融市场动荡。例如，摩纳哥、丹麦等国正计划用网络支付取代传统现金支付来打造无现金国家，同时越来越多的国家开始降低现金使用率，这一趋势可能令相关风险从地区风险上升为全球风险。

（四）体制机制不完善带来的风险

目前，随着一些人工智能技术相继获得突破和进展，大量金融机构、互联网企业等纷纷开始投入大量资源进行智能金融相关技术的研发，希望抢占下一个科技高地。然而，智能金融仍处于起步阶段，法律法规、标准规范、监管体系等必要的制度尚未完全建立起来，缺少必要的制度保障，很多企业和交易处于监管真空。这造成了市场上一度鱼龙混杂，劣币与良币共存，行业发展并不规范。由于很多智能金融服务和技术的提供主体是互联网企业，对很多互联网企业而言缺少缺乏风险管控的经验和能力，有的甚至没有金融业经营资格，以智能金融之名行非法集资敛财之实，从而积累了大量金融风险。作为新兴事物，金融科技获得了企业和投资者的大量关注，成为近年来的投资热点，但投资者往往又难以分辨真假，因而一些非法分子往往利用金融科技来骗财敛财。2015 年的“e 租宝事件”就是典型案例，e 租宝通过虚假宣传以过高收益率吸引大量投资者，仅一年半内非法吸收资金就多达 500

多亿元，而非法吸取的巨额资金被公司高层擅自挪用，最后资金入不敷出，资金链断裂，不仅造成了投资者的大量损失，而且也给整个 P2P 行业带来了极其严重的负面影响。

在当前智能金融受到追捧的背景下，一些互联网平台就打着“智能投顾”、“智能理财”的旗号进行证券投资基金产品销售，但并未取得相应牌照。混乱的市场秩序也很快引起了金融监管机构的注意，对此证监会表示，“一经发现互联网平台未经注册，以‘智能投顾’等名义销售公募基金产品的，将坚决予以查处”。[①] 目前，整个市场仍然处于酝酿和成长的初期，相关的制度体系还在构建之中，必然会出现市场主体良莠不齐、市场竞争混乱的局面。可以预见，随着前期政策红利的逐渐收紧，政府监管和行业自律将为智能金融行业发展划出规则界限，新的监管手段将会逐步推出，智能金融将逐步摆脱“野蛮生长”的局面，市场整合和市场出清将明显加快，整个行业步入更加规范、稳定和成熟的发展轨道。

持续积累的风险给不断加速的金融创新敲响了警钟，智能金融快速发展背后的风险问题仍然不容乐观。在金融科技飞速发展的今天，智能金融的每一次进步以及其交易维度的每一次扩展都有可能带来新型风险和风险的积累，因而如何有效地识别、衡量、分析和防范风险仍是当前所面临的一个亟待解决的重大课题。可以说，智能金融的发展远不仅仅是技术的问题，技术只是为金融而服务，如何防范金融风险、服务实体经济仍然是智能金融发展的核心主题。风险控制始终是金融科技能够长久发展的基石，这一关键性问题能否得到有效解决对于金融科技能够继续推进供给侧结构性改革至关重要。长期来看，智能金融的健康发展仍然有赖于监管制度的进一步完善以及风险防控技术的不断提升。

---

① 证监会：《坚决查处互联网平台擅自开展公募基金销售活动》（http：//finance. ifeng. com/a/20160819/14779283_ 0. shtml）。

第十章

对我国智能金融产业发展的建议

随着科技与互联网的不断发展，金融行业的风险也随之愈加复杂、难以控制。但是从另一个方面来说，互联网以及科技给金融行业带来的不仅仅是挑战，还有不可多得的机遇，互联网给金融行业带来的创新也是不能估计的。不断地创新、改革让金融行业走入了新的时代，金融风险种类越来越复杂，变化也越来越频繁。但是科技衍生出的智能风控系统给这个难题带来了转机。智能风控依靠大数据、云计算等数据为金融风险防控系统带来了“多维+快速”的监管优势，同时不同类型的智能风控系统也在一定程度上完善了金融行业的风险防控体系。智能风控的类型在现在主要有三类：一是研发自用型，即企业自己研发自己使用、贴合自身金融业务、相对具有定制化的金融风险智能防控系统；二是技术输出型，即智能风控企业为商业银行、小贷机构、理财平台、消费金融公司等提供信用评估审核、智能风控、反欺诈等金融解决方案，方便了小微企业的金融风险防控工作；三是混合型，即研发自用型与技术输出型相结合的智能风控系统，也就是既支持企业自身业务发展又对外技术输出的智能风控系统。

一、推进金融体制机制改革，加速传统金融向智能金融转变

加入人工智能、大数据、云计算等新兴智能技术以后，金融业的服务广度、服务体验、服务效率都将发生颠覆性的变化，金融业的生态系统也将迎来重新洗牌和构建的过程，其中，智能金融体系的主体应该包括提供智能金融产品服务的科技公司、传统金融机构、新兴金融组织，以及金融监管机构。构建一个能够良性互动的智能金融生态系统的关键在于监管体制、法治、社会诚信、人才等软件问题，在这里，首先分析一下金融体制机制中存在的不利于金融智能化发展的矛盾，这些阻碍因素主要表现在以下几个方面。

第一，分业监管与交叉混业经营的矛盾。20 世纪 90 年代的金融体制改革，将金融业划分为银行、证券、保险三大块，金融体制机制的运转核心就是分业经营。这种金融体制机制与当时的经济金融发展水平相适应，对于促进经济增长、维护金融稳定发挥了重要作用。但是经过从改革开始三十多年的发展，我国的经济实力迈上了一个大的台阶，随之而来的是经济主体的金融需求也越来越多元化。此外，科技水平也有了较大发展，金融交易技术随着科技进步不断提高。金融需求和金融供给能力的增加共同推动金融创新层出不穷，尤其是 2015 年以来，我国互联网金融发展势头迅猛，金融科技发展也是方兴未艾。银行、证券、保险机构之间界线日益模糊，传统金融机构交叉经营、混业经营、跨境经营的潮流势不可当，新兴金融组织和科技企业与传统金融的融合日益深入。在混业经营的发展大势之下，现行的金融体制机制受到挑战。一是现行金融体制比较重视流动性和安全性而牺牲效率。分业的监管制度导致对金融机构的条条框框的限制较多，总体而言监管成本较高，金融效率偏低。二是缺乏有效的监管协调机制，存在重复监管、监管空白并存，同时也催生了大量监管套利行为。分业监管制度还有一大弊端，就是监管信息沟通协调机

制不顺畅，系统性风险识别与把握是一大难题，这也是互联网金融发展起来以后，监管部门尤其重视系统性风险的原因。

第二，中央与地方之间金融监管协调的矛盾。当前的金融管理体制是中央垂直管理为主，地方为辅，地方政府负责管理地方中小金融机构和准金融机构以及风险处置。这种两分法使得监管在促进地方金融创新和风险控制之间很难找到平衡点，首先，地方金融业发展差异巨大，理应采取差异化的监管方式，但是在中央垂直管理为主的监管体制下，中央监管部门是围绕一定的监管目标开展监管活动，因此制定的监管政策往往统一性过多，而差异性不足；其次，地方政府接近基层，了解当地的金融发展特色和金融机构的需求，监管政策的差异化监管职责就落在了地方政府身上，但是地方政府在监管资源、监管手段以及专业能力方面又较为薄弱。所以，当前的金融管理体制难以激发保护方金融市场主体的创新活力，不能有效支持地方金融机构服务地方微观实体经济，特别是小微企业融资难问题得不到有效解决。

第三，金融创新与投资者权益保护的矛盾。在金融发展和深化的过程中，金融机构创新的动力越来越强烈，部分金融机构急于进入创新业务领域、推出创新产品，风险管控相对缺失，尤其是没有严格落实投资者适当性原则，对投资者和金融消费者权益保护的关注不够。从金融机构来说，在金融智能化转型过程中，金融机构有降低经营成本和获得更多利润的内在动力机制，但是市场发展初期，对于技术创新带来的风险认识和防范手段都不够；从智能金融的投资者来说，智能金融的发展一方面增加了产品的复杂程度，客观上要求金融消费者对金融产品的甄别能力更高，但是另一方面智能化产品又增加了金融服务的覆盖面，即智能金融会推动普惠金融的发展，增加的那部分消费者恰好是金融知识储备更低的群体，这种甄别难度的增加以及辨别能力的下降使得金融消费者从总体上来看风险识别能力下降；从金融消费者纠纷处理机制来看，当前我国有关金融消费者和投资者特别是中小投资者保护的立法、司法严重滞后，也缺乏系统、有效的金融监管和保护机制，这些将成为制约智能金融创新的因素。

当前的金融体制在一定程度上限制了智能金融的发展，为了建立更加适合智能金融发展的金融体制，需要从以下几个方面对金融体制进行改革。

第一，适应金融业综合化经营趋势，从机构监管向行为监管转变。20 世纪 90 年代，美国经济学家罗伯特·莫顿提出了功能监管的概念，他认为金融有六大经济功能，金融创新的过程是在技术进步推动下，不同金融机构在执行六大金融功能时成本会发生相对变化，从而出现了相互替代。在持续的金融创新过程中，金融机构提供金融服务和产品的边界在不断变化，在传统的机构监管模式下，监管空白和多头监管并存的现象是必然的，解决之道就是对从事同一业务的金融机构采取统一的监管，即功能监管模式。同样也是 20 世纪 90 年代，英国经济学家迈克尔·泰勒提出了行为监管的概念，行为监管强调金融消费者保护、促进市场公平竞争、提高金融市场透明度、信用体系建设、反洗钱和反恐怖主义融资等金融犯罪。行为监管与功能监管的内涵有相似之处，但行为监管更适用于综合经营的金融体系。2008 年金融危机之后，英国对金融监管体制进行改革，成立金融审慎监管局（PRA）和金融行为监管局（FSA），形成了审慎监管和行为监管的“双峰监管”模式。美国应对混业经营的趋势，也在机构监管基础上加强合作性的功能监管。长期以来，我国金融业形成了分业经营、分业监管的格局，机构监管和功能监管合为一体。但是在金融创新的驱动之下，金融机构经营范围不断扩大，银行、证券、保险机构之间的业务合作、混合经营越来越多，机构监管越来越不适应金融业务发展的需要。监管机构有必要运用功能监管、行为监管理念，探索综合经营体制下有效的监管方式，探索机构监管和行为监管的协调合作机制，有效解决监管真空与监管重叠，减少监管套利。

第二，建立健全金融消费者保护机制。在金融智能化转型过程中，金融消费者权益保护面临新的挑战。金融智能化是金融与科技深度融合的产物，伴随着科技的进步和金融市场行为的创新，金融消费者权益保护的内涵不断扩大，其中一个重要的变化就是金融市场参与主体范围扩大，包括金融消费者群体，由于技术进步，原先不能获得金融服务的群体现在也能获得金融服务，金融服务提供者范围扩大，金融产品的供给方不仅有传统的银行、证券、保险等机构，还有新兴的互联网金融公司。此外，技术创新还带来了新的金融业态，比如P2P、众筹、智能投顾等。因此，针对智能金融服务提供商，必须建立更加严格的金融消费者保护机制，首先是智能金融机构要加大信息披露，对投资者进行足够的风险提示，畅通消费者就纠纷解决渠道；其次引导投资者提高风险意识，加大用户信息安全教育工作。此外，还要充分发挥行业协会的作用，制定行业发展标准，明确金融机构行为规范。

第三，建立金融监管合作与协调机制。一是在现有的金融监管体制下，加强“一行三会”之间的跨部门监管合作。针对智能金融发展的新情况，建立监管合作长效机制，加强重大监管政策的沟通协调、跨行业业务的日常监管协作以及现场检查沟通协作，共同防范和化解金融风险，合作开展投资者和金融消费者权益保护。二是完善金融监管部门及地方政府的监管协作和联动机制。在以“一行三会”的专业金融监管的基础上，引导地方金融管理创新，对于“一行三会”难以覆盖的领域，承担起监管和风险处置的职责，构建条块结合的管理协调机制，实现金融发展与金融风险防范责任的协调统一。三是加强与国际金融监管机构和发达国家金融监管部门的沟通协作及信息共享。积极参与国际金融体系及监管规则的重建，努力争取国际金融“话语权”，将有利于我国国家利益、有利于我国金融市场发展的意见建议反映在新的国际金融规则中。

二、创新金融监管方式，完善智能金融监管

智能金融的发展已经势不可挡。伴随着金融和科技的迅猛发展和深度融合，全球金融业正发生新的变化，大数据、人工智能、区块链、移动互联网、物联网等创新技术作用于金融产品的开发、定价、获客、营销、客服、风控等环节，颠覆了传统的金融体系和服务模式，带给消费者全新的体验。智能数据分析应用于投资、借贷、保险和征信行业，以大数据、云计算和智能硬件为支撑的人工智能技术已经成

金融业业务开展的基础，支持了金融产品的创新。智能投顾以低成本、高效率、广覆盖的方式为普通投资者提供投资建议服务，包括大类资产配合、资产组合动态调整等。金融搜索引擎利用人工智能技术可以从大量噪音信息中快速查找正确且有价值的信息，提高了研究工作的效率。区块链作为一种分布式账本技术，提供了去中心化的信息传递及保存机制，并且保证了交易者的个人隐私，利用区块链技术进行交易的中间成本几乎为零，对现有的以金融机构为核心的交易体系有极强的替代性，未来可能会成为数据追踪和防伪、银行、股票、众筹合约等的颠覆性技术。

智能金融的发展带来了巨大的监管挑战，首先，智能金融消费者权益保护难度加大。智能金融内涵丰富、外延广泛，普通的金融消费者不具备专业的鉴别能力，许多金融服务公司常常以智能金融为噱头宣传金融产品，导致人工智能金融产品和服务良莠不齐，智能金融市场鱼龙混杂，智能金融的消费者和投资者权益保护难度加大。其次，对智能金融监管的困难也有技术层面的原因，比如在智能理财业务中，投资组合的调整和投资模型的设定融入了人工智能、机器学习等技术，监管部门在判断是否存在内幕交易等违法行为时需要理解机器人投资模型背后的逻辑。所以目前世界各国对人工智能的监管普遍落后于实践创新。第三，智能金融的业务模式创新的推广，需要诸多监管要求，最基本的包括反洗钱审查、业务操作的合规性、投资者适当性等操作要求。

针对智能金融的监管体制和政策应当顾及智能金融的特点以及未来的发展趋势，其主要目的在于促进智能金融健康发展。

首先，构建公平透明的竞争环境。与以往的金融创新主要由传统金融机构主导不同，此次金融创新是由新兴的金融组织机构主导的，主要是有些科技型企业根据自身的技术优势，将云计算、大数据、人工智能等新兴技术应用于金融领域，为消费者提供基于互联网平台、移动终端的金融服务，对监管者而言，新兴金融主体如何监管是一个值得探讨的课题。构建智能金融监管框架不可忽视这一类主体。竞争是创新的推动力量，中国的互联网金融和金融科技发展势头迅猛，在很大程度上是由于监管者初期采取比较宽松的态度，经过 2015 年互联网金融集中爆发之后，互联网金融企业、金融科技企业已经开始被纳入监管范围之内。金融科技企业和互联网金融公司是智能金融发展的主要推动力量，对待这类金融主体的监管应该遵循公开、公平、公正原则，对于传统金融机构与新兴金融机构给予公平的对待，对于所有合法的金融市场主体，在业务准入等各方面适用同样的法律与监管规则，不采取差别化对待，同时，鼓励和引导所有金融从业主体，通过金融科技创新，积极服务实体经济，走可持续的发展道路。

其次，树立"事前"、"事中"、"事后"并重的监管理念，提高金融监管的前瞻性和适应性。目前，在金融创新和混业经营大趋势下，金融机构之间竞争非常激烈，不仅传统金融机构之间竞争加剧，新兴金融主体也加入竞争当中，各类金融产品层出不穷，尤其是打着金融科技、智能金融旗号的产品非常多，往往是一家机构推出一类创新产品，其竞争者也争相推出类似产品，比如以智能投顾为例，国内号称推出智能投顾平台的企业就有二十多家。此外，在互联网技术的支持下，金融企业跨境经营趋势加剧，国内 BAT 三巨头均已开始进军海外市场。腾讯 2017 年第二季度的财报显示，微信的海外用户已经突破两亿。从 2015 年开始，蚂蚁金融就已经开始与世界各国的商业巨头建立合作关系，其海外版图已经包括新加坡、韩国、美国、澳大利亚、泰国等国家。2017 年 9 月，京东金融与泰国尚泰集团成立合资公司，为泰国和东南亚地区消费者提供金融科技服务。金融活动的多元化、国际化、跨界化发展使得金融监管的滞后性、监管真空、监管失效等问题更加突出。智能金融的监管尤其需要前瞻性思维。另外在保持相对稳定性的同时，建立监管的动态调整机制，使得监管规则更加适应金融业务模式创新，并为创新预留一定的发展空间。比如出台相关监管规则时可以设立"有效期"，然后根据技术、市场变化等因素，对监管效果进行评估，定期反馈与调整。在对监管有效性的探讨上，充分发挥专家、智库、金融机构等各方作用，共同深入研究金融技术创新的新情况、新问题，为监管规则的评估提供科学依据。

再者，发展监管科技，创新金融监管理念与技术。金融机构与科技的深度融合趋势不可逆转，金融监管当局采取更加开放、包容的态度，利用智能技术最新研究成果，加快研究有利于提升监管能力的金融科技创新，提高监管效率，降低监管成本等。运用大数据、人工智能等技术创新监管技术，实时抓取相关数据，预判金融风险，提高监管数据的时效性和前瞻性。基于大数据构建智能分析模型，一方面可以利用大数据、云计算等新兴信息技术深度挖掘数据背后的信息，提高对关键数据的分析能力，另一方面也可以减少人工报送数据可能导致的错误干扰，切实提升金融监管的有效性。同时，要高度重视金融科技创新带来的风险，加强与金融科技创新参与者的联系和信息沟通，进行风险提示，警示避免因为过度强调技术先进性，而忽视金融创新的潜在巨大的外部性风险。

金融智能化背景下，金融产品、模式推陈出新，金融风险披着创新的外衣更加隐蔽，危害更大，倒逼监管创新加速。各国央行都在密切关注大数据、区块链、人工智能、云计算等前沿科技带来的金融风险，并不断地推出新的监管规则应对新技术的挑战。欧盟委员会提议改革欧洲金融监管机构的职责，由欧洲监管机构（ESA）负责欧盟内技术创新工具的监管，建立创新中心或监管沙盒，由欧洲证券及市场管理局（ESMA）直接管理资本市场数据，负责批准在欧盟法律框架下各种欧盟以及非欧盟国家相关的协议和计划，负责监管投资基金。新加坡、英国等国家金融监管部门采取监管沙箱（Regulatory Sandbox）这种相对灵活的监管方式，在给定的业务范围内，简化市场准入标准，降低市场准入门槛，强调投资者权益保护，金融机构在沙箱内可以迅速实现人工智能金融应用的落地运营，金融监管部门则根据业务的运营发展状况，决定是否予以推广。

沙箱（Sandbox）原本是一种运用于计算机安全领域的虚拟技术。这一计算机用语描述的是一种专门为保证应用程序安全性的受限的运行环境。通过设置应用程序的访问权限，为一些来源不可信、具备破坏力或无法判定程序意图的程序提供试验环境。沙箱既能保证测试环境的真实性，又能保证安全性，通过预设的隔离措施保证真实系统安全和数据不被篡改。①

---

① 《国际“监管沙箱”研究：如何让金融创新张弛有度》（http：//www. weiyangx. com/203406. html）。

监管沙箱（Regulatory Sandbox）运用了沙箱具有可控性的测试理念，在一定范围内为金融创新提供安全测试环境，是金融监管模式的变革。该模式首创于英国，金融监管当局在金融机构满足一定的消费者权益保护条件下，简化审批程序，给予金融创新企业有限的授权（类似于行政许可证），监管当局对其经营过程进行监控，并评估业务创新的风险及对金融体系的冲击，从而判断是否给予正式的监管授权，若通过测试，则可在沙箱之外推广该项金融创新。

监管沙箱是一种风险可控的金融创新试验，在科技与金融深度融合的时代，具有重要的现实意义。

首先，监管沙箱是一种促进创新的信号。监管者推行监管沙箱的目的非常明确，也给市场传达了清晰的监管导向——鼓励能真正改善消费者体验的金融创新。当前严格的金融监管存在抑制金融创新的倾向，但是创新是促进有效竞争，提高消费者福利的重要途径。监管沙箱是构建更具弹性的监管制度的一种尝试，能在风险可控的情况下，测试检验创新项目对系统性风险的影响和消费者福利的改善。相比其他监管模式，监管沙箱的优势体现在：一是创新成本低且可控，让金融创新在监管的特殊许可下实现低成本快速实验；二是为调整现有监管规则提供参考依据，通过试运行，可以鉴别出不适应创新需要的监管规定；三是有助于消费者权益保护，由于监管沙箱是提供的一定范围内的真实测试环境，消费者权益不会因为沙箱测试而不被保护。

第二，确保创新测试的过程良性有序运作。英国监管当局市场调研显示，沙箱有助于建立监管者与创新者之间的良性合作机制，监管的不确定性会抑制创新，而沙箱的操作流程试图建立一种监管与市场的良性互动关系。监管者需要借助创新者了解创新实质，监管的介入，为创新者提供了更加规范和透明的市场环境，规避不必要的风险，避免劣币驱逐良币，让真正有利于改善消费者福利，真正带来模式变革的创新脱颖而出。

第三，为监管者与市场主体提供有效的沟通方式。监管者和市场之间的良性互动关系里离不开有效的沟通。沟通有助于提高市场主体对监管的理解，也有助于减少监管执行的博弈成本。实践中，英国监管当局鼓励采用圆桌会议、非正式会谈等方式，加强与市场创新主体之间的沟通，甚至进行合作，通过沟通，让监管者更好地把握创新的未来趋势，了解创新的重要途径，理解创新的本质。

第四，沙箱监管可以提高监管的公平性和透明度。监管，在以往的监管体制下，市场主体可能会受到差异化的监管对待，规则的不透明使得创新是否能落地具有很大的不确定性。据英国监管当局测算，这种不确定性会让创新业务上市时间延后1/3，增加的成本将达到产品生命周期收入的8%。由于监管的不确定性，创新型企业的估值大约会降低15%，使很多企业无法实现融资。沙箱监管机理机制充分体现了公平与透明的监管原则要求。申请标准对所有创新企业一视同仁，严格的信息披露机制保证测试过程的透明性，公平对待市场主体可以有效降低创新业务进入市场的时间和成本。

第五，沙箱监管为金融消费者带来更好的体验。沙箱监管增加了产品种类和服务，降低了成本，提高了金融服务的可得性。监管沙箱可以促进监管者与创新者的合作，确保新产品和服务进入大众市场前，谨慎评估消费者面对的风险，并采取适当的限制条件，提高了金融消费者权益的保护力度。

三、优化金融市场环境，提升智能金融对实体经济的带动作用

2017 年全国金融工作会议指出，“金融是实体经济的血脉，为实体经济服务是金融的天职，是金融的宗旨，也是防范金融风险的根本举措”。金融市场环境是指在一定的金融体制和制度下，影响经济主体活动的各种要素的集合。从外部看，金融市场环境包括社会信用程度、金融法律体系的健全程度、政府对金融的支持力度。前两者比较好理解，政府支持金融业的表现主要包括：不干预银行贷款政策、采取

措施制裁信用缺失者，组织司法纪检监察等相关部门清理银行不良资产等。从内部看，主要是内部的治理机制，包括信贷制度、内控制度等。优化金融市场环境可以从以下几个方面入手。

第一，加强金融市场法制建设。金融法律、法规是实施金融监管、保障金融安全的依据，也是保证金融监管规范化、法制化的手段。一方面，要不断加强金融法律法规的立法工作，加强地方性法规的建设，运用法律手段防范金融风险，保障金融安全，同时不断修订和调整落后于智能金融发展需要的法律法规，增强金融市场的竞争性和公平性，填补金融法律空白地带。另一方面要加强金融执法，保证金融监管机构的独立性，同时加强金融执法队伍的建设，提升金融执法人员的专业素养和道德水平。

第二，规范政府职能。政府适当通过窗口指导、贴息贷款、优惠利率等政策，提高金融机构对落后地区和新兴行业金融服务的支持力度，与此同时引入新的监管理念和方法，减少对金融活动日常经营的干预，同时有效防范金融机构的系统性风险，促进金融市场健康发展。

第三，扩大金融服务的覆盖面。技术创新为扩大金融服务覆盖面提供了支持，可以适当增加社区银行、村镇银行、小额贷款公司、农村资金互助社等新型金融机构的服务能力，完善 ATM 机等金融基础设施在乡镇和社区的布局，优化资源配置，扩大信用卡、金融 IC 卡、手机支付、网上支付等现代金融支付工具的行业应用范围和使用人群，鼓励贷款、理财产品、保险、等多层次的金融服务向金融服务薄弱环节渗透。

第四，创新金融服务模式。随着居民收入水平的提高，金融服务需求也越来越多元化，单一的金融服务模式不足以满足民众对更好金融服务的需求，金融业迎来了个性化发展的历史机遇，而个性化金融服务离不开金融服务的创新。创新金融服务模式，需要根据经济发展程度、市场环境和目标客户的特征，对客户群体进行细分，有针对性地开发满足不同需求的金融产品。比如，针对中小企业融资难问题，应该创新融资方式，一是扩大抵质押品范围，比如开展应收账款、知识产权、股权、订单等质押贷款；二是推广供应链融资、“信贷工厂”、“网络贷款”等多重信贷服务模式；三是改进信贷评审方法、优化审批流程；四是加强小微企业信用体系建设，健全小微企业信用担保体系，完善再担保体系。第五，加大财富管理产品研发力度。鼓励银行、证券、保险、基金、信托、等金融机构跨行业合作，推出组合产品，满足居民多元化的财富管理需求。强化财富管理产品的个性化定制，完善财富管理流程中的规范化处理和质效提升。活跃场外市场、私募基金、风险投资等各类要素市场及配套设施，促进财富管理从普适产品向特色服务、价值选择过渡。

第六，加大互联网金融产品的研究和创新。一方面鼓励金融 IT 企业跨界经营金融业务，充分利用互联网 IT 技术优势，针对个性需求和多样化需求开发互联网金融产品，并为客户提供一站式服务；另一方面鼓励传统金融机构运用互联网开放平台开展业务，加强与其他金融机构、互联网科技公司的合作与交流，在客户获取、产品研发、产品营销、风险管理等各方面优势互补。当然，在此过程中必须加大技术研发，改善互联网金融的运行环境，保障互联网金融交易平台的安全性和客户隐私保护。

四、加大基础理论和技术研发力度，强化智能金融国际领先地位

智能金融与互联网金融和金融科技既有区别又有联系。传统的金融包括银行、保险、券商，在互联网金融发展阶段，有互联网公司进入金融领域，也有金融机构利用互联网发展业务，典型的例子包括支付宝、P2P、众筹，到了金融科技发展阶段，则强调的是利用技术降低服务成本，发展新的商业模式，比如互联网征信、大数据风控、智能投顾等。而智能金融则要求利用人工智能技术来实现金融的自动化和智能化。当然，三者之间也有交叉，比如个人征信、P2P、众筹，都引入了人工智能算法。

近年来，人工智能与人类智能的对决引发了人工智能发展热潮。2016 年，AlphaGo 以 4∶1 的战绩首次战胜人类冠军李世石，标志着人工智能取得重大突破。2017 年 10 月，Nature 上发表题为“Mastering the game of Go without human knowledge”的论文，公布了 Deep Mind 的最新研究成果，AlphaGo Zero 在没有人类棋谱的帮助下，通过自我学习，以 100∶0 的成绩战胜了 AlphaGo，人工智能再次引起轰动。AlphaGo Zero 的强大之处在于：首先，AlphaGo Zero 的训练效率更高，相比 AlphaGo 运用了 48 个 TPU，历时三个月，学习 3000 万棋局才打败人类，AlphaGo Zero 仅在 4 个 TPU 上，历时三天，自我训练了 490 万棋局，棋艺就已经超过了 AlphaGo。其次，AlphaGo Zero 不需要人类先验的知识，而是依靠自我加强学习（Reinforcement Learning）。

AlphaGo Zero 之所以能“无师自通”，得益于对深度学习模型最新研究成果的应用。首先，在 AlphaGo Zero 出现之前，基于深度学习的增强学习方法按照使用的网络模型数量可以分为两类：一类使用一个 DNN“端到端”地完成全部决策过程（比如 DQN），这类方法比较轻便，更适用于离散动作决策；另一类使用多个 DNN 分别学习 policy（策略）和 value（胜率值）等，这类方法比较复杂，更具通用性，AlphaGo 就采用了第二种模型。但是 AlphaGo Zero 综合了两种方法的优点，采用类似 DQN 的一个 DNN 网络实现决策过程，并利用这个 DNN 得到两种输出 policy 和 value，然后利用一个蒙特卡罗搜索树完成当前步骤选择。其次，经过多年的发展，已经达成一个共识，DNN 模型训练过程需要消耗大量人类标注样本，这种方法不适用于小样本领域。因此，近年来减少对样本依赖的方法得到重视，比如 Few-shot Learning 和 Transfer Learning。AlphaGo Zero 也采用了此类技术进行训练。第三，AlphaGo Zero 采用了 ResNet 中的残差网络结构（Residual network），这种方法极大扩展了网络深度，极大提高了深度学习网络的分类和识别效果。

从阿法狗的进化速度可以看出，AI 的发展日新月异，人工智能是智能金融发展的基础，加大智能金融理论基础和技术的研发力度，很大程度上就在于加大对人工智能的投入。

第一，人工智能的底层技术是大数据和云计算，人工智能的应用会在数据资源丰富、数据价值密度高的行业率先开展，人工智能需要金融业的大数据。金融业在业务开展过程中产生和累计了大量高密度和高价值的数据，对这些数据的分析将挖掘出新的商业价值。

第二，在投资决策领域，人工智能依托于大数据可以提供更加客观和有效的投资指导。量价数据分析是最基本的股票投资分析，通常，投资经理会按照经验从量价数据的时序序列中寻找时空模式，以此来预测股票的涨跌，并决定何时买入、卖出股票。但这种根据经验的模式抽取，一定会受到个人因素的限制，很难有最优性的保障。人工智能有望弥补经验的缺陷。目前，基于深度神经网络的语音序列识别技术已经达到人类语音识别的精度，ResNet 算法中二维模式识别技术已经超过人类图像识别精度。

第三，人工智能可以快速处理海量文本信息。文本数据对于金融决策也有重要作用，根据文本数据中的语义、主题、情感，可以得到市场对一个行业或者一个公司的预期，从而判断股票价格的走势。传统的文本分析工具主要包括简单的统计工具、标准分类法以及主体模型法，当面临海量文本信息时，相对应的分类模型规模也会增加，导致训练时间过长。如果想在文本中分辨出上百万不同类型的主题，则可能需要上千台服务器，运行几周或者几个月才能完成任务。显然，传统的文本分析工具时效性和操作性极差。人工智能在文本处理方面已经取得突破性进展，微软已经开发出可以处理千万词表的新型循环神经网络 LightRNN，以及可以分析百万主题的人工智能模型 LightLDA，再通过微软的 Multiverso 参数服务器进行分布式部署，可以用一个只有几十台服务器的小型计算机集群，对海量文本数据进行超细粒度的实时分析，在信息获取和利用方面获得巨大优势。

第四，人工智能可以提高券商研究员的研究效率。可以粗略地将券商研究员的工作分为四个步骤：搜索目标行业和企业、查找相应的数据、根据经验解读数据、得出研究结论并以一定的方式呈现给投资者。在搜索阶段，研究员通常是在百度或者在同行的聊天中得到应该关注的行业线索，并且通过公开资料的查找确定行业中值得关注的公司信息。确定研究目标以后，通常会在一些金融数据库中提取特征数据，常用的是彭博和万得。第三步，研究员将这些数据放入 Excel 表格中，根据自己的理解（这种理解包括理论和经验）将数据表格制作出来。第四步，在提取出的数据表格基础上，经过统计分析、画图、画表等方式将分析结果呈现出来。一份券商研究报告的出炉往往是以上四个步骤反复迭代的结果。在此过程中，研究员将大量的精力用在了搜索、查找数据、文本信息上，而人工智能可以通过语义联想做相关搜索工作，通过一系列算法进行撰写报道的摘要、产业链的分析和数据的集成，这将极大提高分析师的效率。

以上四个方面只是人工智能运用于金融的一些可能情况，事实上，还会有更多的应用场景，总的说来，人工智能将带来两方面的变革：一是降低金融服务成本，提高信息传递速度，比如智能客服、智能理赔、流程银行等；二是充分挖掘金融大数据资源，提供全新的金融产品，比如智能投顾、反欺诈。2017 年 7 月，国务院发布了《新一代人工智能发展规划》，将人工智能定位为“引领未来的战略性技术”，强调人工智能是新一轮国际科技竞争主导权的关键所在，对于经济发展、社会建设创新都有决定性作用。规划还指出，人工智能在金融行业应用的具体范围包括四个方面：一是建立金融大数据系统，提升金融多媒体数据处理与理解能力；二是创新智能金融产品与服务，发展进行新业态；三是鼓励金融行业应用智能客服、智能监控等技术和装备；四是建立金融风险智能预警与防控系统。

虽然智能金融是一个新兴事物，目前国内外对智能金融技术的基础、智能技术在金融行业的切入点，以及智能金融的盈利模式都处于探索阶段。美国已经有相对成熟的智能金融公司 AlphaSense 和 Kensho，但我国的智能金融发展相对落后，国内还没有比较成熟的公司。

2015 年，毕马威将中国 Fintech50 和国际 Fintech100 做了比较。毕马威将 Fintech 分为了消费金融、借贷、支付汇兑、大数据/大数据征信、众筹、理财、财富投顾、交易、保险、直销银行、综合金服、信息、科技系统、比特币和区块链、其他。其中，大数据/大数据征信、财富投顾、科技系统是与智能金融相关的领域，然而，从这三个领域的公司数量来看，中国的金融科技企业集中于大数据领域，而在财富投顾和科技系统领域几乎是空白，尤其是中国的智能金融还处于起步阶段。

事实上，美国已经有一些金融科技企业用人工智能为核心来改造金融的数据产业链，比较突出的有 Alphasense 和 Kensho（进入 2016 年国际 Fintech100 榜单），另外，还有一些未入榜的公司，比如 Palantir 和 Dataminr。而中国的智能金融几乎是一片空白。

表 10－1　　美国部分智能金融企业概况

系　统	美国公司	公司主营业务	融　资
基础信息服务	Alphasense CB insights	投资者的“Google”搜索引擎 VC 机构的 SAAS 数据分析工具	B 轮 3300 万美元 A 轮 1000 万美元
投资研究系统	DataMinr Palantir Kensho	基于社交网络的舆情分析公司 信息安全和反欺诈情报分析公司 金融投资领域的问答助手	D 轮 1.3 亿美元 累计融资 1.6 亿美元 累计融资 2500 万美元
融资交易系统	Sentient Technologies	人工智能量化交易模型	累计融资 1.4 亿美元

资料来源：《智能金融的核心引擎：一览与前瞻》。

哪些是智能金融的关键基础理论和技术呢？《人工智能发展规划》给出的答案是“跨媒体分析推理技术”，包括“知识图谱构建与学习、知识演化与推理、智能描述与生成等技术”。其中知识图谱技术的作用是从信息中心发掘和构建深度的知识关联，使得信息价值线性化，知识图谱技术能否融入金融实践中，将决定智能金融的进展情况。

五、加快人才培养效率，优化智能金融人才结构

（一）中国智能金融人才稀缺

人才是创新的主体，智能金融人才是智能金融发展的重要支撑。智能金融是人

工智能和金融的结合，人工智能本身也是一门交叉性学科，因此，智能金融尤其需要既懂技术、又懂金融的复合型人才，智能金融体系、监管制度变革、产品研发都需要相应的人才支撑。随着科技与金融融合程度全球范围内中的不断深化，大力发展智能金融事业，建立高素质的智能金融人才队伍变得日趋重要。科技是第一生产力，而人是科技的主宰者，在经济全球化和金融自由化快速发展的背景下，全球对智能金融人才的争夺也日益激烈，给我国的智能金融人才队伍建设带来了巨大的挑战。智能金融行业不同于传统行业，对人才的要求更高，具有需求广泛、结构多样、多角度、多层面等特征，高素质的智能金融人才很难通过传统的学校教育和培训方式培养。虽然我国有大量的人员从事在与金融科技和智能金融相关的行业，但是真正的混合型人才并不多，人才的缺乏势必会成为我国智能金融发展的软肋。政府有必要重视相关人才队伍的建设，金融体系内部也要加强相关的培养和储蓄准备，争取从内部员工中发现并发展更好的智能金融人才。

2017 年 4 月，普华永道发布了《2017 年全球金融科技调查中国概要》，报告显示，在金融科技的竞争浪潮中，金融机构需要的是复合型人才。71% 的中国受访者难以招聘到符合需要的人才，或者很难留住人才，而全球受访者的这一比例达到了 80% 。在这一波的人工智能发展浪潮中，金融业对人才的需求已经发生了改变，在前台窗口，机器替代人成为趋势，而支撑起智能金融整体服务架构的后台，对程序员、架构师等研发人员需求激增，2017 年平安银行技术和 IT 人员新增了 1000 多名，高盛三分之一的员工是计算机工程师。2017 年 7 月 6 日，全球职场社交平台 LinkedIn 发布的《全球 AI 领域人才报告》显示，与人工智能相关的工作岗位，正在以井喷式的速度增加。全球 AI 人才需求 3 年翻了 8 倍，从业者达 190 万，中国人工智能人才数量与美国差距明显。

（二）构建智能金融人才体系的措施

第一，坚持引进和培养并重，加大对金融复合型人才的培育机制建设。在全球化的趋势下，各国的资本市场和金融服务业的竞争最终表现为金融人才的竞争。目前，全世界最优秀的金融人才集中在华尔街和伦敦这样的世界金融中心，相比之下我国缺乏金融专业人才，尤其是具有国际视野的高端金融人才，难以满足金融业混业经营以及跨国经营发展的需要。受金融危机以及人工智能技术的影响，华尔街对金融人才的需求减少，另一方面，亚太地区，尤其是中国和印度的金融科技发展非常迅速，对金融人才的吸引力增加，应充分利用全球金融人才流动加速的这一有利时机，完善人才引进机制，加大对海外优秀人才的引进力度。优化金融人才发展环境，做到国际金融人才进得来、留得住、用得好。积极鼓励金融机构加大国际金融人才培训，扩大引进国际金融职业资格认证考试体系、举办国际性金融研讨会等多种形式，提升国际金融人才的能力和水平。

第二，构建合理的金融业和金融科技企业人才流动机制。去除阻碍人才流动的制度障碍，从员工职业发展规划的角度，不断优化组织内部的岗位安排、薪酬制度、规章制度等，形成正向的激励机制，增加人才的流动性，实现人力资本的动态匹配。

第三，创新人才引进机制。传统的招聘方式主要分为两种：校园招聘和社会招聘，校园招聘主要采取校园宣讲、主流校园招聘网站简历投递两种渠道，社会招聘则主要是推荐和猎头公司的形式。为了挖掘优秀的智能金融人才，必须在传统招聘基础上拓展新的途径，包括对一些国内外的科技公司进行寻访，鼓励员工的内部推荐，开展智能金融人才的信息库建设储备工作，通过为高校学生提供实习岗位，挖掘有发展潜力的可塑人才，优先吸纳到金融行业工作。其次，注重发挥人性关怀政策的作用，在招聘环节安排和之后的工作环境上做一些柔性的软化妥协，对引进的人才做到，特殊人才特殊关怀，提供透明化的可预期的职业发展路径，绩效考核更注重实效，而不是论资排辈。

第四，金融机构应作好人才培养的顶层设计与规划。构建员工跨序列、跨部门的流动机制。拓宽科技与产品条线人员补充途径，形成与智能金融发展相适应的人才梯队结构和充足的人才储备规模。加强金融科技融合型、复合型人才的培养和使用，倡导科技文化建设。

六、推动智能金融行业标准化建设

标准是为了维持特定领域的秩序，经相关参与主体协商一致制定，并由公认机构批准，在一定范围内被参与主体重复使用的一种规范性文件。标准是任何行业健康发展的技术支撑，金融行业也不例外，众多金融业标准构成了金融业治理体系和治理能力现代化的基础性制度。

（一）金融行业标准化概况

国际上负责金融标准化的组织主要是国际标准化组织（ISO）下属的金融服务标准化技术委员会（ISO/TC68），成立于1948年，专门负责银行、证券及相关金融业务标准化工作的技术委员会，主要开展编码、业务流程及安全方面的金融技术标准化工作。除了ISO之外，还有其他一些国际组织也制定金融业的行业标准，它们是欧洲银行标准委员会（ECBS）、环球银行金融电信协会（SWIFT）、国际金融信息交换组织（FIX）、金融服务技术联盟（FSTC）、国际编码机构协会（ANNA）、国际货币基金组织组织（IMF）。

金融业是现代服务业，信息技术使用密集度较高，金融标准化工作有利于提高金融机构管理水平，加速金融信息化进程。我国的金融业标准化工作起步较晚，1991年成立了第一届全国金融标准化技术委员会（简称“金标委”），2002年成立第二届金标委。2008年，经国务院批准，中国人民银行开始承担部分金融业行业标准化建设职责：“负责会同金融监管部门制定金融控股公司的监管规则和交叉性金融业务的标准及规范；组织制定金融业信息化发展规划，负责金融标准化的组织管理协调工作，指导金融业信息安全工作；中国人民银行的部分司局在标准化管理中也承担相应的职责。其中，金融稳定局承担会同有关方面研究拟定金融控股公司的监管规则和交叉性金融业务的标准、规范工作。科技司负责拟定金融业信息化发展规划，承担金融标准化的组织管理协调工作，指导、协调金融业信息安全和信息化工作，承担中国人民银行信息化及应用系统的规划、建设、安全、标准化及运行维护等工作，承办中国人民银行系统的科技管理工作，拟定银行卡业务技术标准，协调银行卡联网通用工作。征信管理局负责组织拟定征信业发展规划、规章制度及行业标准；拟定征信机构、业务管理办法及相关信用风险评价准则。”

从组织上来看，金标委负责银行、证券、保险、印钞造币等金融业务标准化工作，中国人民银行对金标委进行领导和管理。金标委下设三个分技术委员会，保险、印制、证券。经过多年的努力，我国金融标准化取得丰硕的成果，金融标准化整体水平明显提高，国际标准采标率也有所提升。目前，金标委已经制定和发布了多项涉及银行、证券、保险行业的国家标准和行业标准。2016 年 12 月 28 日，中国人民银行正式发布实施《公司金融顾问（JRT 0139—2016）》，该标准由中国金融教育发展基金会牵头发起设立，并由全国金融标准化技术委员会审查通过经。此项标准是我国第一部公司金融行业标准，多方金融机构，包括银行、保险、证券、信托、独立金融咨询服务机构都高度认可此项标准，带来了较好的社会效益。

（二）为什么要进行智能金融行业标准化建设

标准化是推动智能金融行业规范运行的市场基础，有利于保护和推动技术和制度创新，有助于落实高效率监管、提升产业透明度和降低各类运营风险。

第一，标准化建设有利于推动智能金融健康可持续发展。金融创新对原有的金融业标准提出了新挑战，客观上要求制定新标准，以及配套制度和监管，规范市场秩序、保障信息安全、提高市场效率、增强市场透明度，更好地满足全社会对金融创新的需求。当前市场上人工智能的概念很多，不仅对于金融消费者，甚至对于从业者而言都难辨真伪。有些机构在宣称产品时打上人工智能的标签，而实际上仍然依靠人工完成业务操作。举个例子，有一家号称是基于人工智能的金融客服机构，表面上是运用大数据与人工智能技术，梳理出用户最关心的客服问题，然后再通过微信端进行统一解答，但在实际业务操作环节中，依然有大量问题是通过人工团队进行语音回复，总体上来看，客服效率并没有提高，运营成本也没有下降。鱼龙混杂的金融创新带来的必然是交易成本增加。比如，传统金融机构在选择有“人工智能”标签的互金平台合作时，会显得更加小心谨慎，需要专门对平台的运营数据进行分析，评估人工智能技术对提高金融服务效率、降低服务成本方面的作用。标准化建设，不仅有助于规范金融机构业务和技术，促进金融机构创新合作和竞争的有序发展，提高金融服务和产品的透明度和质量。标准化建设还有助于金融消费者和投资者依照标准来保护其正当权益。最终，将促进智能金融朝着服务实体经济、普惠金融的方向发展。

第二，标准化建设有利于防范智能金融行业风险。在云计算、大数据、人工智能、移动互联网等新技术的推动下，银行、证券、保险等传统金融业态借助金融科技持续快速发展，金融业新业务、新产品、新服务、新渠道、新的运营方式不断涌现。但是，新技术在促进金融创新的同时也带来了新风险。突出表现在金融信息安全形势严峻，新型电信网络诈骗案件频发。防控金融风险、保障金融安全已经成为经济金融发展过程中一项至关重要的任务。准确判断风险隐患是保障金融安全的前提。目前已经达成的一个共识：分业监管体制很难穿透业务本质，在金融业与其他行业，以及金融业内部深度融合的背景下，由于是以机构为主体开展监管，可能存在不同机构开展同类业务面临的监管标准不一致，甚至不存在监管，这就导致了监管套利和监管失效问题。目前，防止发生系统性金融风险已成为金融工作的主题。金融标准的制定和实施将有助于金融活动在既定的标准和规则下有序运行，从而提升金融业竞争能力、抗风险能力，有效防止系统性风险，服务实体经济。开展金融风险管控标准建设，规范金融业务开展，为金融机构提供风险管理指引，是新形势下金融行业规范、平稳发展的要求。①

第三，标准化建设有助于监管部门跟踪评估金融业务的风险特征，从而完善制度短板和填补监管空白，将穿透式监管落到实处。2008 年国际金融危机后，为了防止危机重演，部分国家推广了全球法人机构识别编码（LEI），提升了金融体系的透明度。LEI 为每一家参与金融交易的法人机构分配唯一身份识别编码，并

① 吴晓灵：《积极推进金融风险管控行业标准建设》，《中国经济信息》，2017 年第 11 期。

制定了标准化的数据报送准则。交易各方须严格按准则及时提交并更新相关信息，任何获得 LEI 编码的法人机构都可以获取其交易对手的相关信息。LEI 打破了银行、证券、保险等传统金融子部门之间的界限，使跨部门风险的穿透式监管在技术上变得可行。

（三）智能金融行业标准化建设的可行性建议

2017 年 5 月，人民银行等五部门联合发布《金融业标准化体系建设发展规划（2016～2020 年）》，明确提出了金融业标准化工作的四项主要任务。一是建立新型金融业标准体系，全面覆盖金融产品与服务、金融基础设施、金融统计、金融监管与风险防控等领域；二是强化金融业标准实施，发挥政府、行业协会、认证机构、企业等各方面的作用；三是建立金融业标准监督评估体系，分类监督强制性标准和推荐性标准实施；四是持续推进金融国际标准化，在移动金融服务、非银行支付、数字货币等重点领域，加大对口专家派出力度，争取主导 1～2 项国际标准研制。根据这一顶层设计，智能金融的标准化建设应该包含以下几个方面。

第一，智能金融是一个集合的概念，包含了多种业务形式，比如智能投顾、智能获客、智能交易、智能银行、金融云等。因此，智能金融标准化建设可以分解为多项新兴业务标准化建设，比如，智能金融云计算技术金融应用体系标准框架、金融大数据标准体系框架、智能投顾行业标准等。

第二，规范智能金融的服务范围和工作内容，为智能投顾、智能获客、智能交易、金融云、智能风控、智能银行等业务制定统一的业务标准和操作要求，并对相关业务开展形成示范和引导作用。

第三，对从业人员职业道德、能力和知识水平进行标准化界定。针对各项智能金融业务风险点，明确相关的职业道德要求和从业者能力和知识水平要求，做到职业能力与智能金融人才等级相匹配。

第四，发挥行业协会的作用，跟踪智能金融领域最新动态，理解业务流程、技术在智能金融中的作用，为统一标准提供参考建议。

附 录

附表　　有关智能金融、互联网金融以及金融科技的主要政策梳理

时 间	发布部门	文 件	主要内容
2014 年 3 月	国务院	政府工作报告	促进互联网金融健康发展
2015 年 3 月	国务院	政府工作报告	互联网金融异军突起；促进互联网金融健康发展
2015 年 7 月	人民银行等十部门	关于促进互联网金融健康发展的指导意见	支持互联网金融稳步发展；明确互联网金融监管责任；规范互联网金融市场秩序
2015 年 6 月	国务院	关于大力推进大众创业万众创新若干政策措施的意见	支持互联网金融发展，引导和鼓励众筹融资平台规范发展，开展公开、小额股权众筹融资试点
2015 年 7 月	国务院	关于积极推进“互联网 +”行动的指导意见	促进互联网金融健康发展，全面提升互联网金融服务能力和普惠水平，鼓励互联网与银行、证券、保险、基金的融合创新，为大众提供丰富、安全、便捷的金融产品和服务，更好满足不同层次实体经济的投融资需求，培育一批具有行业影响力的互联网金融创新型企业
2015 年 9 月	国务院	关于加快构建大众创业万众创新支撑平台的指导意见	鼓励互联网企业依法合规设立网络借贷平台，为投融资双方提供借贷信息交互、撮合、资信评估等服务；积极运用互联网技术优势构建风险控制体系，缓解信息不对称，防范风险，规范发展网络借贷

续表

时 间	发布部门	文 件	主要内容
2015 年 9 月	国务院	国务院关于印发促进大数据发展行动纲要的通知	发展新兴产业大数据。大力培育互联网金融、数据服务、数据探矿、数据化学、数据材料、数据制药等新业态；积极发展互联网金融和移动金融等新业态
2015 年 11 月	国务院	“十三五”规划纲要	规范发展互联网金融
2016 年 3 月	国务院	政府工作报告	规范发展互联网金融
2016 年 5 月	中共中央、国务院	国家创新驱动发展战略纲要	以新一代信息和网络技术为支撑，积极发展现代服务业技术基础设施，拓展数字消费、电子商务、现代物流、互联网金融、网络教育等新兴服务业，促进技术创新和商业模式创新融合
2016 年 7 月	中共中央办公厅、国务院办公厅	国家信息化发展战略纲要	引导和规范互联网金融发展，有效防范和化解金融风险
2016 年 7 月	国务院	“十三五”国家科技创新规划	完善科技与金融结合机制，大力发展创业投资和多层次资本市场；建设国家科技金融创新中心，推动科技人才、科研条件、金融资本、科技成果开放服务，在京津冀及全国创新驱动发展中发挥核心支撑和先发引领作用
2016 年 10 月	国务院办公厅	互联网金融风险专项整治工作实施方案	规范各类互联网金融业态，优化市场竞争环境，扭转互联网金融某些业态偏离正确创新方向的局面，遏制互联网金融风险案件高发频发势头，提高投资者风险防范意识，建立和完善适应互联网金融发展特点的监管长效机制
2017 年 3 月	国务院	政府工作报告	高度警惕互联网金融累积风险
2017 年 7 月	国务院	新一代人工智能发展规划	智能金融。建立金融大数据系统，提升金融多媒体数据处理与理解能力。创新智能金融产品和服务，发展金融新业态。鼓励金融行业应用智能客服、智能监控等技术和装备。建立金融风险智能预警与防控系统

参考文献

[1] 叶秀敏．智慧金融的特征及与传统金融的区别．信息化建设，2012（9）

[2] 谢世清．论云计算及其在金融领域中的应用．金融与经济，2013（2）

[3] 李彦宏．人工智能的互联网时代已经到来．网易科技报道，2016（9）

[4] 鲍捷．知识图谱如何助力实现智能金融．金卡工程，2016（7）

[5] 于施洋，王建冬等．大数据环境下的政府信息服务创新：研究现状与发展对策．电子政务，2016（1）

[6] 扎世君，李角奇．企业全面风险管理的流程及措施．企业改革与管理，2008（7）

[7] 吴磊．智能投资顾问的运行风险与监管对策．时代金融，2016（10）

[8] 李稻葵．智能金融：监管与创新．http：//www. ocn. com. cn/chanjing/201612/xhlae09113725. shtml

[9] 张启宏．基于人工智能的金融监管信息系统．现代计算机，2002（6）

[10] 尹振涛．中国普惠金融发展的模式、问题与对策分析．纵横经济，2016

[11] 赵浩森．新方位背景下传统金融业转型策略探索．金融在线，2016

[12] 李森．资本关注金融科技成最吸金领域．中国战略新兴产业，2016（14）

[13] 赵浩森．“新方位”背景下传统金融业转型策略探析．全国商情，2016（11）

[14] 黄楚新、王丹．“互联网+”意味着什么——对“互联网+”的深层认识．新闻与写作，2015（5）

[15] 李彦宏．人工智能革命对于实体经济将来会有巨大影响．http：//society. people. com. cn/n1/2017/0309/c1008-29134091. html

[16] 赵海娟．智能金融产业发展获助力．中国经济时报，2017（8）

[17] 李洪侠．现代金融服务体系三大方向．中国证券报，2014（9）

[18] 张诚．新时代银行智能客服应用研究与展望．生产力研究，2017（7）

[19] 邹儒楠．贸易预警情报的推送服务研究．商场现代化，2006（11）

[20] 冶忠林．智能问答系统的研究与实现，西南交通大学硕士学位论文，2016

[21] 贾智慧．客服中心语言质检系统设计与实现，西安电子科技大学硕士学位论文，2015

[22] 张霄军，张凌岚，刘军．基于Web语料挖掘技术及其系统设计．上海电力学院报，2004（2）

[23] 张印芳．高校图书馆个性化智能服务中的隐私保护．图书馆学刊，2013（12）

[24] 牛温佳等．用户网络行为画像——大数据中的用户网络行为画像分析与内容推荐应用．北京：电子工业出版社，2016

[25] 什么是用户画像？金融行业大数据用户画像实践．http：//www. 36dsj. com/archives/35363

[26] 搜索下一站：个性化搜索基本方法和简单实验．http：//blog. csdn. net/soso_ blog/article/details/6050346

[27] 张航宇．智慧银行：破解零售银行业务发展规模与效率瓶颈．中国银行业，2016（8）
[28] 刘琪．欺诈成互联网金融“黑天鹅”跨行业联防联控势在必行．证券日报，2015-10-31
[29] 鲍忠铁．移动商业动力．高科技与产业化，2016（12）
[30] 王雪玉．拥抱智能银行．金融科技时代，2015（4）
[31] 2020年全球数据量达40ZB 目前中国占13%．http：//it.21cn.com/prnews/a/2012/1213/22/2011 1951.shtml
[32] 郭晶晶．智能银行对我国商业银行转型的重要作用．经贸实践，2017（9）
[33] 陈悦．银行“智能服务”有啥新玩法．中国品牌，2017（2）
[34] 薛浩天．传统商业银行——创建智能银行．时代金融，2016（4）
[35] 孙石泽．城镇居民对智能银行使用体验的调研分析．金融理论探索，2017（8）
[36] 李璠．关于智能金融下的IT治理模式的思考．中国金融电脑，2017（2）
[37] 涂福泽，王志勇．当前网点智能化运行和推广工作中存在问题及管理策略．中国金融电脑，2017（4）
[38] 孙石泽．城镇居民对智能银行使用体验的调研分析．金融理论探索》，2017年第4期，第53~60页
[39] 涂福寿，汪志勇．当前网点智能化运行和推广工作中存在问题及管理策略．中国金融电脑，2017（4）
[40] 同花顺投资账本．2017年第一季度股民大数据报告，2017-04
[41] 张立钧．中国智能投顾市场蕴藏巨大潜力．清华金融评论，2016
[42] 李佳勋．中部省市合作应对中小企业金融风险法律探析．经济导刊，2009（11）
[43] 史学岗，方霞，王金利．金融风险的防范与信息披露．贵州警官职业学院学报，2003（5）
[44] 韦成府，吴越，王左利．科技引领图书馆探索未来．中国教育网络，2013（7）
[45] 陶安．“大数据”时代下的信息资源建设．软件导刊（教育技术），2014（10）
[46] 大数据时代已经到来，你了解吗？http：//developer.51cto.com/art/201505/476507.htm
[47] 如何进行大数据分析及处理．http：//www.thebigdata.cn/jiejuefangan/12819.html
[48] 张驰．一文看懂机器学习与大数据风控．雷锋网，2016-11-03
[49] 智能风控哪家强？盘点19家输出智能风控能力的Fintech公司．http：//b2b.toocle.com/detail--6387341.html
[50] 董莉．任买串联消费生命周期．IT经理世界，2016（10）
[51] 陈莹莹．“普惠金融公司”技术再升级推出“云图”动态风控系统．中国证券报，2016
[52] 宫晓林，杨望，曲双石．区块链的技术原理及其在金融领域的应用．国际金融，2017（2）
[53] 赵阔，邢永恒．区块链技术驱动下的物联网安全研究综述．信息网络安全，2017（5）
[54] 梁斌．从“比特币挖矿”看区块链技术的共识机制．中国金融电脑，2016（9）
[55] 张健．区块链：定义未来金融与经济新格局，北京：机械工业出版社，2016
[56] 李志杰，李一丁，李付雷．法定与非法定数字货币的界定与发展前景．清华金融评论，2017（4）
[57] 吴志峰．区块链与数字货币发行．国际金融，2016（9）
[58] 徐明星等．区块链：重塑经济与世界．北京：中信出版社，2017
[59] [美] 斯特凡·韦茨．搜索：开启智能时代的新引擎．北京：中信出版社，2017
[60] 张霞．浅析云计算在企业中的应用．黑龙江科技信息，2014（7）
[61] 零壹智库．中国金融反欺诈技术应用报告，2017-08
[62] 证监会．坚决查处互联网平台擅自开展公募基金销售活动．http：//finance.ifeng.com/a/20160819/14779283_0.shtml
[63] 国际“监管沙箱”研究：如何让金融创新张弛有度．http：//www.weiyangx.com/203406.html
[64] 吴晓灵．积极推进金融风险管控行业标准建设．中国经济信息，2017（11）